BRIDGING THE GAP

VOIX FRANCOPHONES

DISCUSSIONS SUR LE MONDE CONTEMPORAIN

Content-driven Conversation and Composition in French

KATHERINE M. KULICK

COLLEGE OF WILLIAM AND MARY

Heinle & Heinle Publishers
A Division of Wadsworth, Inc.
Boston, Massachusetts 02116 U.S.A.

The publication of **Voix francophones: discussions sur le monde contemporain**
was directed by the members of the Heinle & Heinle College French
Publishing Team:

Editorial Director: Patricia L. Ménard
Production Supervisor: Barbara Browne

Also participating in the publication of this program were:

Publisher: Stanley J. Galek
Vice President, Production: Erek Smith
Editorial Production Manager: Elizabeth Holthaus
Managing Developmental Editor: Beth Kramer
Project Manager: Carl Spector
Manufacturing Coordinator: Jerry Christopher
Interior Book Design: Decode, Inc.
Cover Design: Caryl Hull Design Group
Illustrations: Valerie Spain
Maps: Magellan Geographix; Richard Harrington

Library of Congress Cataloging-in-Publication Data

Kulick, Katherine M.
     Voix francophones : discussions sur le monde contemporain : content–
driven conversation and composition in French / Katherine M.
Kulick.
     p. cm. -- (Bridging the gap)
     French and English.
     ISBN 0-8384-4622-1
     1. French language--Textbooks for foreign speakers--English.
2. French language--Composition and exercises.   3. French language-
-Spoken French.   I. Title.   II. Series : Bridging the gap (Boston,
Mass.)
PC2129.E5K85 1994
448.2'421--dc20   93–45816
                                         CIP

Manufactured in the United States of America.

ISBN 0-8384-4622-1

Heinle & Heinle Publishers is a division of Wadsworth, Inc.

10 9 8 7 6 5 4 3 2 1

TABLE DES MATIERES

UNITE 4

RELIGION: TRADITIONS, EVOLUTION, QUESTIONS   **132**

UNITE 5

INTRODUCTION TO THE *BRIDGING THE GAP* SERIES

KATHERINE KULICK

The *Bridging the Gap* content-driven materials complete the "bridge" between language skill courses and content courses by focusing first on content, with language skill development in an active, but supporting role. The texts and organization of these materials are clearly content-driven, yet while they are compatible with most upper-division courses in their focus on particular issues and themes, they are unique in their design to provide the linguistic support needed for in-depth examination of the subject matter and continued skill development.

At the advanced level, the *Bridging the Gap* program offers two coordinated content-driven textbooks in French, in German, and in Spanish. The two books in each language share a focus on the same set of topics in contemporary social, political, and cultural issues throughout the French-speaking, German-speaking, and Spanish-speaking regions of the world. Both texts provide substantive readings in depth as well as in length. Multiple readings on each topic offer differing viewpoints.

The two books differ in the skills they continue to develop. One book provides an emphasis on oral and written discourse strategies, while the other book focuses primarily on reading strategies. While each textbook may be used independently, when used together the two books offer an even deeper exploration of current cultural and social issues with a global perspective and substantial skill development support.

The readings in each book are authentic texts drawn from a wide variety of recent sources. Rather than presenting a sample of twelve to fifteen different topics and treating each one in a superficial manner, each team of authors has chosen to focus on five to eight topics in order to explore them in greater detail. All of the authors have agreed that the development of advanced level skills requires extended exposure to, and thorough exploration of, each topic. Detailed description, supporting opinions, etc., require a degree of familiarity with the subject matter that cannot be achieved in one or two class meetings. In order to explore and develop advanced level discourse strategies, an extended period of time is essential.

In addition to their focus on content, these materials are unique in their approach to skill development. Rather than simply recycling earlier grammatical instruction, these advanced level materials enable students to interact with authentic materials in ways that will help them acquire new skills that will set them apart from intermediate level learners.

As students leave the intermediate level and post-intermediate level skill development course to focus on literature, civilization, film, etc., we, as instructors, recognize the need for student language skills to continue to be developed even as the course focus shifts from language skills to content-oriented instruction. We would like our students to demonstrate an increasing sophistication and complexity in their language skills and in their interaction with authentic texts and documents. The content-driven materials in the *Bridging the Gap* series are intended to enable students to reach these goals.

CONTENT-BASED FRENCH: *VOIX FRANCOPHONES*

The content-driven approach presents an image of the Francophone world in its diversity. Content-driven teaching instructs students in a subject matter using the target language while teaching the language itself at the same time. While equal attention is paid to language and content, language is the means to an end, not the end in itself. This is an excellent approach for teaching language at the advanced levels: exploring a subject in depth requires that the language used to describe the subject be sharpened and expanded.

	Discussions sur le monde contemporain	**Le Monde contemporain en textes**
Unité 1	Les Enjeux de la Francophonie	Les Identités
Chapitre 1	Le Rayonnement culturel de la France	La France
Chapitre 2	L'Identité francophone et l'identité nationale: les profils multiples	La Francophonie
Unité 2	L'Environnement et la gestion de la planète	L'Environnement
Chapitre 3	L'Environnement: C'est l'affaire de tous	Les Ecolos en France
Chapitre 4	Faire avancer le monde, sans faire reculer la terre	L'Arbre et le Sahel
Unité 3	Immigration: Perspectives multiples	L'Immigration
Chapitre 5	L'Emigration et l'immigration	La France face à l'immigration
Chapitre 6	La Voix des immigrés	La Deuxième Génération
Unité 4	Religion: Traditions, évolution, questions	La Religion
Chapitre 7	Ce que croient les Français	La Religion en France
Chapitre 8	La Condition féminine dans un monde islamique	La Religion en Afrique et aux Antilles
Unité 5	Valeurs d'hier, d'aujourd'hui et de demain	Passé, présent, avenir
Chapitre 9	Au seuil de l'an 2000: tendances des Français	La France et son passé
Chapitre 10	Regard sur l'actualité africaine	Le Maghreb en transition

PREFACE

INTRODUCTION

Voix francophones: discussions sur le monde contemporain is a unique, student-centered textbook focusing on contemporary social and cultural issues in the Francophone world. A content-driven textbook for advanced-level conversation, composition, or composition/conversation courses, *Voix francophones* uses authentic texts to explore current issues while providing the linguistic support necessary for students to operate at this sophisticated level. It is intended for third- or fourth-year college students or fifth-year high school students. It offers the opportunity for in-depth exploration of five major issues in contemporary society.

    Voix francophones addresses two very pressing needs:

1. *Voix francophones* responds to the need for up-to-date, authentic materials on contemporary issues in the Francophone world. The title reflects an important decision to provide multiple viewpoints on each issue presented and to let each group or region represented speak for itself.

2. *Voix francophones* also responds to the need for linguistic support at the discourse level for advanced courses in French conversation, composition, and combined composition *and* conversation courses. The oral or written strategies described in *Voix francophones*, which are taken from textbooks for young French-speakers, offer concise explanations or schematic outlines.

UNIQUE FEATURES

Teachers of advanced-level conversation and composition courses frequently note that in order to develop appropriate discourse strategies students need a degree of familiarity with the subject matter (new vocabulary, understanding of concepts, etc.) that cannot be achieved in two or three class meetings. In order to fully explore diverse points of view and to go beyond a superficial discussion, students need an extended period of time to explore each topic. By touching upon fewer topics but going into greater depth, *Voix francophones* gives students the opportunity to fully develop their ideas, to present them orally or in writing, and to revise their original theses.

    Voix francophones focuses on five main themes, each of which is the focus of oral and written discussion for three weeks in a fifteen-week semester or two weeks in a ten-week quarter.

Unité 1: Les Enjeux de la Francophonie

Unité 2: L'Environnement et la gestion de la planète

Unité 3: Immigration: Perspectives multiples

Unité 4: Religion: Traditions, évolution, questions

Unité 5: Valeurs d'hier, d'aujourd'hui et de demain

Each unit is divided into two chapters. The first chapter addresses the unit theme from a French (France) perspective. The second chapter of each unit focuses on the same theme but offers the point of view of writers from Quebec, the Maghreb, the Antilles, or Francophone Africa. The style of the texts is varied, including articles from magazines, newspapers, government reports and documents, as well as literary selections. (See the coordinated reader, *Voix francophones: le monde contemporain en textes*, for additional literary readings.)

CHAPTER ORGANIZATION

Each chapter of *Voix francophones* is divided into three parts. Each part opens with an authentic reading (*Texte*) followed by a quick comprehension check (*Vérification*) and an activity designed to elicit student opinion on the unit theme (*A votre avis*). Next, one discourse strategy or writing hint is presented: *Stratégies pour écrire* (Part I), *Regarder de près* (Part II), *Stratégies pour s'exprimer* (Part III). This is reinforced immediately by a practical application of the strategy or hint using the earlier authentic text. The following *Discussion* section presents activities that delve more deeply into the issue and require students to demonstrate critical thinking skills. In the final stage, students are encouraged to go beyond the specifics presented in the articles and examine these issues as they relate to their own life experiences and their own culture (*Expansion*). Each unit concludes with an oral activity (debate, panel discussion, or role play) and a suggested written activity. These final activities serve as a synthesis for the two chapters of the unit (*Synthèse*).

WAYS TO USE *VOIX FRANCOPHONES*

FOR A CONVERSATION COURSE

In a conversation course, the teacher may elect to omit the written assignments, use them to support the speaking skills, or have the students prepare the activities for oral presentation in class. The linguistic focus will be on the section entitled *Stratégies pour s'exprimer*. The pace of the class (one unit every two or three weeks) allows time for students to give oral presentations, perform role plays, or hold debates. In addition, video news broadcasts may also be easily incorporated into the course to reinforce listening skills and provide additional viewpoints and updates.

FOR A COMPOSITION COURSE

In a composition course, the teacher may elect to omit some of the longer oral activities, use them as preparatory activities for writing assignments, or have students prepare written position papers offering their viewpoints. The linguistic focus will be on the two sections entitled *Stratégies pour écrire* and *Regarder de près*. The first section is an organizational strategy usually at the discourse level, while the second is a brief reminder of a more technical aspect of writing. The pace of the class allows for some in-class writing, peer editing, and/or computer-assisted writing options.

FOR A COMPOSITION/CONVERSATION COURSE

In a combined composition and conversation course, **Voix francophones** gives teachers the opportunity to coordinate instructional efforts in both areas while providing a natural link through the unit themes. The composition and conversation skills are truly integrated and reinforce one another while maintaining the content focus of the course. Instruction in both skills can be contextualized and balanced, leaving time for the instructor to combine this text with a grammar reference or a reader.

COORDINATED READER

Voix francophones: discussions sur le monde contemporain is designed and written to coordinate with the advanced-level reader, **Voix francophones: le monde contemporain en textes**. The two books share the same organizational scheme and the same five unit themes. When combined with the conversation and composition text, the reader offers supplementary readings for greater depth with a strong literary focus.

ACKNOWLEDGMENTS

I would like to gratefully acknowledge the helpful comments offered by the following reviewers who read the manuscript at various points in the development process:

Betty Guthrie   University of California–Irvine

Margaret Haggstrom   Loyola University

Geoffrey Hope   University of Iowa

In addition, I would like to express deep appreciation to the entire Heinle & Heinle team for their invaluable support: Charles H. Heinle (president); Stan J. Galek (publisher); Pat Ménard (editorial director) and Amy Jamison (assistant editor); Carlyle Carter (copy editor); and Barbara Browne (production supervisor).

I would also like to thank Carl Spector (project manager) and Esther Marshall and Christiane Fabricant (native readers) for their patience, good humour, and attention to detail.

Finally, I would like to thank Tom Hale (The Pennsylvania State University) for first introducing me to the rich diversity of the Francophone world. The interest sparked years ago continues to grow.

VOIX FRANCOPHONES

LE MONDE CONTEMPORAIN EN TEXTES

LES ENJEUX
DE LA
FRANCOPHONIE

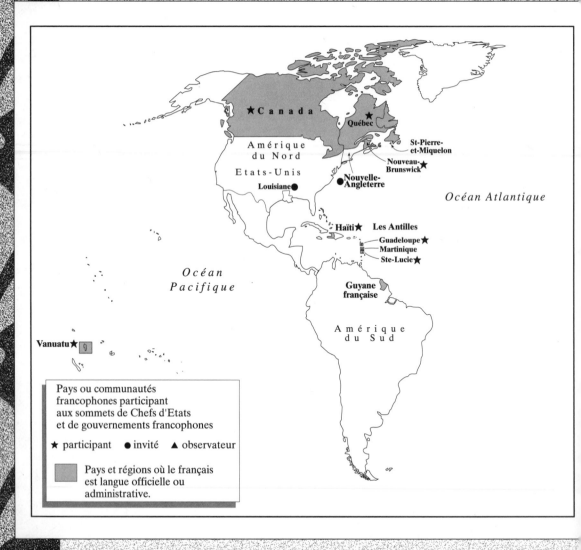

Canada ★
Québec ★
Amérique
du Nord
Etats-Unis
St-Pierre-
et-Miquelon
Nouveau-
Brunswick ★
Louisiane ●
Nouvelle-
Angleterre ●
Océan Atlantique
Haïti ★   Les Antilles
Guadeloupe ★
Martinique
Ste-Lucie ★
Océan
Pacifique
Guyane
française
Amérique
du Sud
Vanuatu ★

Pays ou communautés
francophones participant
aux sommets de Chefs d'Etats
et de gouvernements francophones

★ participant   ● invité   ▲ observateur

Pays et régions où le français
est langue officielle ou
administrative.

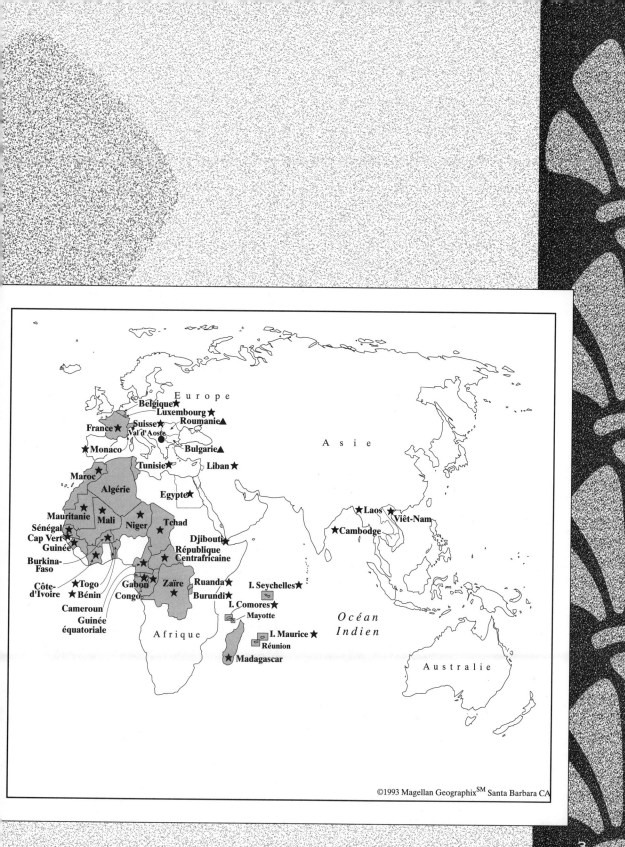

Europe

Belgique ★
Luxembourg ★
Suisse ★
Val d'Aoste
Roumanie ▲
France ★
Monaco ★
Bulgarie ▲
Tunisie ★
Liban ★
Maroc ★
Algérie
Egypte ★

Asie

Mauritanie ★
Mali ★
Niger ★
Tchad ★
Sénégal ★
Cap Vert ★
Guinée ★
Djibouti ★
République
Centrafricaine
Burkina-
Faso
Côte-
d'Ivoire ★
Togo ★
Bénin ★
Gabon ★
Congo ★
Zaïre ★
Ruanda ★
Burundi ★
I. Seychelles ★
Cameroun
Guinée
équatoriale
I. Comores ★
Mayotte

Laos ★
Cambodge ★
Viêt-Nam ★

Afrique

I. Maurice ★
Réunion

Océan
Indien

Madagascar ★

Australie

©1993 Magellan Geographix^SM Santa Barbara CA

CHAPITRE 1

LE RAYONNEMENT CULTUREL DE LA FRANCE

Le but de ce chapitre est d'examiner le rayonnement culturel de la France. Comment se peut-il qu'un pays si petit en taille maintienne une si grande influence mondiale, hors de proportion de sa puissance économique ou militaire?

Outre les réponses suggérées par les textes et par les discussions en classe, ce chapitre nous présente quelques stratégies (comment faire un résumé, comment relier les idées entre elles) et techniques linguistiques (les composants du paragraphe) qui seront renforcées et pratiquées dans le contexte de la discussion et du travail écrit. Les textes serviront de point de départ pour les activités orales et la pratique de l'écriture.

FRANCOPHONIE: UN TERME QUI RECOUVRE TROIS NOTIONS

Que veut dire le terme **francophonie**? Il convient tout d'abord de distinguer les **Etats de la Francophonie** (concept géopolitique) et les **pays francophones** (notion sociolinguistique).

Les Etats de la Francophonie sont les Etats membres de la Communauté francophone, c'est-à-dire ceux qui sont représentés à la «conférence des chefs d'Etat et de gouvernement des pays ayant en commun l'usage du français» (Sommets).

Les pays francophones se caractérisent, quant à eux, par l'importance du statut social qu'y a le français, du fait notamment de son utilisation dans l'éducation, dans les médias et dans la vie professionnelle.

Dans les Etats francophones, le français jouit, en droit ou de fait, du statut de langue officielle ou administrative, de façon exclusive ou non; c'est le cas d'une trentaine d'Etats ou de régions.

La liste des Etats qui participent aux instances politiques de la Francophonie figure également sur la carte aux pages 2–3. Il apparaît que si, à l'exception de l'Algérie, tous les pays francophones... sont membres de la Francophonie, les Etats de la Francophonie ne sont pas tous, en revanche, francophones... Certains des Etats de la Francophonie comptent très peu de francophones, comme on peut le constater en observant la carte. Mais des rapports historiques avec la culture française (Cambodge, Egypte, Laos, Roumanie), un enseignement du français développé (Bulgarie), des liens étroits avec des voisins francophones (Cap-Vert, Guinée équatoriale) et le désir de se joindre à un nouvel espace de coopération expliquent leur participation. Ils renforcent le poids international de la Communauté francophone.

LES FRANCOPHONES DANS LE MONDE

	FRANCOPHONES RÉELS		FRANCOPHONES OCCASIONNELS	
	Nombre	**%**	**Nombre**	**%**
AFRIQUE	**30 001 000**	**4,7**	**40 617 000**	**6,3**
Afrique du Nord-Est	219 000	0,3	1 700 000	2
Maghreb	14 455 000	24,7	17 030 000	29
Afrique Subsaharienne	13 477 000	3,3	19 745 000	4,8
Océan Indien	1 850 000	13,2	2 142 000	15,2
AMÉRIQUE	**8 682 000**	**1,2**	**3 565 000**	**0,5**
Amérique du Nord	7 286 000	2,9	3 200 000	1,3
Amérique Centrale, Caraïbes	1 216 000	0,7	365 000	0,2
Amérique du Sud	180 000	0,06		
ASIE	**1 627 000**	**0,05**	**810 000**	**0,03**
Proche- et Moyen-Orient	1 491 000	0,8	800 000	0,4
Extrême-Orient	136 000	0,005	10 000	0,0004
EUROPE	**63 952 000**	**8,1**	**9 200 000**	**0,1**
Europe de l'Ouest	62 872 000	17,5	5 200 000	1,4
Europe de l'Est et l'ex-URSS	1 080 000	0,3	4 000 000	0,9
OCÉANIE	**350 000**	**1,3**	**33 000**	**0,1**
MONDE	**104 612 000**	**2**	**54 225 000**	**1**

Les Enjeux de la Francophonie (Centre National de Documentation Pédagogique, 18 mars 1992).

PREPARATION A LA LECTURE

Répondez aux questions suivantes en vous référant à la carte de la francophonie dans le monde et en discutant avec vos camarades de classe.

1. Y a-t-il des régions francophones dont vous n'avez jamais entendu parlé? Lesquelles?

2. Que veut dire **DOM-TOM**? Ecrivez les quatre noms des DOM.

3. Lesquels des pays qui participent aux sommets de chefs d'Etats et de gouvernements francophones ont une langue autre que le français comme leur langage officiel?

4. La France, par sa superficie, est un petit pays. Comment pourriez-vous expliquer son influence mondiale?

Introduction au monde francophone

Pourquoi la France, petit pays à l'échelle planétaire par sa superficie et par sa population, joue-t-elle le rôle d'une grande puissance? Et la France est-elle capable de conserver la position privilégiée qu'elle a tenue jusqu'à présent?

La France a une superficie modeste: 550 000 km^2, auxquels s'ajoutent les 95 000 km^2 des Départements d'Outre-Mer et les 24 000 km^2 des Territoires d'Outre-Mer (Terre Adélie non comprise). C'est peu par rapport aux immenses Etats tels que les Etats-Unis, 17 fois plus vastes, ou la Chine, la Russie, le Brésil... Cependant, en Europe, la France apparaît comme un pays de taille moyenne: elle est plus vaste que l'Espagne, la Grande-Bretagne ou l'Italie et sa superficie représente près du quart de celle de l'ensemble de l'Europe des douze. Mais, de toute façon, la superficie n'est pas un critère suffisant, comme le montre le Japon, petit pays mais grande puissance économique.

De même, la France n'arrive qu'au dix-neuvième rang des Etats du monde au point de vue de la population: les 56 millions d'habitants de l'Hexagone, et les 2 millions des DOM-TOM sont peu de chose face aux 1 100 millions de la Chine, aux 850 millions de l'Inde, ou aux 250 millions des Etats-Unis... En Europe, la France est loin derrière l'Allemagne réunifiée (80 millions d'habitants) mais sa population est comparable à celle de la Grande-Bretagne et à celle de l'Italie: la population française représente 15% de la population totale de la Communauté des douze.

La place de la France sur la scène internationale tient pour une large part à son passé: première puissance en Europe sous Louis XIV, la France est devenue le symbole de la liberté et des droits de l'homme depuis 1789, même si elle n'a pas toujours appliqué, en métropole ou ailleurs, les grands principes qu'elle proposait aux autres... Le rayonnement intellectuel et culturel de la France reste considérable, ce qui se traduit encore aujourd'hui par la connaissance de la langue française par les élites de nombreux pays.

Quelques 134 millions de personnes utilisent quotidiennement la langue française. Le français est parlé non seulement dans notre pays et ses possessions d'Outre-Mer mais aussi chez certains de nos voisins, en Wallonie belge, en Suisse romande et aussi outre-mer, au Québec, en Haïti, dans les Etats issus des anciens empires coloniaux. La «francophonie» se maintient grâce aux établissements scolaires français à l'étranger, grâce à l'action efficace des «Alliances françaises»; une bonne partie des 2 millions de Français installés à l'étranger sont des enseignants en coopération. Cependant, la langue française n'est plus qu'au douzième rang des langues parlées dans le monde, elle vient bien après les langues des grands pays asiatiques, le chinois, l'hindi, l'indonésien, le japonais... après également des langues européennes comme l'espagnol, le portugais, et surtout l'anglais, qui est devenu la langue internationale.

La France conserve un poids politique beaucoup plus considérable que ne le laisserait prévoir le nombre de ses habitants ou le rayonnement de sa langue. Elle est un des cinq membres permanents du Conseil de sécurité de l'ONU,[1] avec droit de veto, aux côtés des Etats-Unis, de la Russie, du Royaume-Uni, de la Chine. Le siège de l'UNESCO est à Paris et le Parlement européen se réunit à Strasbourg. Les DOM-TOM sont dispersés à travers le monde et, tout en constituant de véritables îlots de prospérité au milieu des Etats du Tiers Monde, ils représentent des points d'appui stratégiques de première importance, qui ont été encore valorisés par l'extension de la Zone Economique Exclusive jusqu'à 370 km du rivage. Comme elle a également signé des accords de coopération avec certains Etats africains, la France est susceptible d'intervenir partout dans le monde lorsque les circonstances l'exigent. Elle s'efforce de montrer qu'elle reste une grande puissance militaire, capable de conserver une véritable autonomie dans le domaine de la défense, avec sa force de frappe nucléaire.

On pourrait se demander si de tels efforts ne sont pas démesurés, si la France a vraiment les moyens de sa politique. Il faut souligner cependant que son ambition s'appuie sur une puissance économique qui est loin d'être négligeable: la France est au quatrième rang dans le monde pour le commerce extérieur, après les Etats-Unis, l'Allemagne et le Japon. Elle est le premier pays agricole de la CEE[2] et le deuxième exportateur mondial de denrées[3] agricoles. Mais elle est aussi un grand pays industriel et les Français ont eu trop souvent le tort de douter de leurs capacités d'innovation. Après l'avion Concorde, échec commercial mais succès technologique, la France a su imposer à ses partenaires européens le programme Airbus dont elle reste le maître d'œuvre. De même, la fusée Ariane s'est révélée être un remarquable outil dans la conquête de

---

[1] **ONU:** Organisation des Nations Unies   [2] **CEE:** Communauté économique européenne
[3] **la denrée:** *produce*

l'espace. D'autres succès, le TGV, l'exploration sous-marine, le Minitel... ne doivent pas être sous-estimés, même s'ils s'accompagnent de quelques échecs, en particulier dans le domaine de l'informatique.

La France conserve aussi une place de choix dans les industries de luxe, la haute couture, la parfumerie, la bijouterie, les grands vins et alcools, la gastronomie... Paris est une des grandes capitales artistiques du monde: elle a su fixer des étrangers qui ont trouvé chez nous les conditions de liberté nécessaires au plein épanouissement de leur talent.

Alain Huetz de Lemps dans Gabriel Wackermann, éd., *La France dans le monde* (Paris, Nathan, 1992), pages 7–8.

VERIFICATION

Complétez les phrases suivantes selon les informations données dans le texte.

1. La France est un pays de taille moyenne.

   Elle a une superficie plus vaste que _____ mais moins

   vaste que _____.

2. Du point de vue de la population, la France est aussi grande que

   _____ mais moins grande que _____

   et _____.

3. Bien qu'il y ait 134 millions de personnes qui utilisent quotidiennement le

   français, la langue française se trouve au _____ rang

   des langues parlées dans le monde. Parmi les langues les plus parlées dans le

   monde se trouvent _____.

4. En dépit de sa taille moyenne et de sa population modeste, la France joue

   un rôle politique important dans le monde aussi bien qu'en Europe. Au

   niveau mondial, la France _____,

   et au niveau européen, la France _____.

5. Sur le plan économique la France est une force majeure. Reconnue pour

   ses innovations technologiques, comme _____

   et _____, la France est aussi un centre mondial pour

   _____.

A VOTRE AVIS

Etes-vous d'accord ou pas avec les phrases suivantes tirées du texte? Justifiez vos réponses.

1. «La place de la France sur la scène internationale tient pour une large part à son passé.»

2. «La superficie n'est pas un critère suffisant, comme le montre le Japon, petit pays mais grande puissance économique.»

3. «La France conserve un poids politique beaucoup plus considérable que ne le laisserait prévoir le nombre de ses habitants ou le rayonnement de sa langue.»

4. «Comme elle a également signé des accords de coopération avec certains Etats africains, la France est susceptible d'intervenir partout dans le monde lorsque les circonstances l'exigent.»

5. «On pourrait se demander si de tels efforts (sa puissance militaire et son autonomie de défense avec sa force de frappe nucléaire) ne sont pas démesurés, si la France a vraiment les moyens de sa politique.»

6. «Paris est une des grandes capitales artistiques du monde: elle a su fixer des étrangers qui ont trouvé chez nous les conditions de liberté nécessaires au plein épanouissement de leur talent.»

STRATEGIES POUR ECRIRE

COMMENT FAIRE UN RESUME

Pour faire un résumé, il faut d'abord avoir soigneusement étudié le texte, et respecter les sept règles suivantes: «réduire le texte au quart environ» (avec une tolérance de +/– 10%), ne pas changer le système d'énonciation, reformuler différemment «avec correction et concision» les idées essentielles, ne pas les déformer, respecter leur enchaînement (ordre), ne pas ajouter de commentaire personnel, enfin, indiquer le nombre de mots utilisés.

PREMIERE LECTURE: L'APPROCHE GLOBALE DU TEXTE

1. Lire intégralement le texte.

- Observer la date de publication, c'est une indication essentielle. Repérer le nom de l'auteur, puis le titre donné au passage. Ce titre est souvent vague ou trompeur: l'idée directrice du texte.

- Lire attentivement: souligner les idées directrices, signaler dans la marge du texte, par un point d'interrogation, un passage mal compris, mais ne pas s'attarder sur ces difficultés avant d'avoir lu tout le texte.

2. Faire un premier bilan.

- Caractériser le texte en répondant si possible aux questions suivantes:

— De quoi le texte parle-t-il? Noter les principaux thèmes rencontrés.

— Comment l'auteur en parle-t-il? Caractériser le ton dominant et le type de développement (exposition de faits, défense d'un point de vue personnel...).

— Quelle est l'intention générale de l'auteur?

APPLICATION

A. En vous référant au texte précédent, faites un premier bilan en suivant les recommandations pour l'approche globale de la lecture précédente.

DEUXIEME LECTURE: L'ANALYSE DU DEROULEMENT DU TEXTE

1. Distinguer les étapes du texte.

- Encadrer les principales articulations logiques; tracer une barre verticale à la fin d'un passage présentant une unité de sens (cela ne correspond pas nécessairement à un alinéa,[1] le texte pouvant être compact ou morcelé). On signale ainsi un changement dans le système d'énonciation, la présentation d'un autre aspect du même problème, l'introduction d'un nouveau point de vue.

- Expliciter les liens logiques perceptibles à la lecture mais non formulés par l'auteur.

- Elucider les obscurités rencontrées.

2. Faire un second bilan.

- Déterminer l'idée directrice du texte; corriger éventuellement la première interprétation.

- Caractériser plus précisément la démarche de l'auteur: réfutation, démonstration, plaidoyer,[2] etc.

APPLICATION

B. Préparez l'analyse du déroulement du texte.

TROISIEME LECTURE: LA MISE EN EVIDENCE DE L'ESSENTIEL

1. Analyser chaque étape.

- Etape par étape, rechercher l'idée essentielle et souligner les expressions ou propositions la mettant en évidence.

---

[1] **un alinéa:** *indentation of a new paragraph*   [2] **un plaidoyer:** *appeal*

- Mettre entre crochets[3] ce qui ne doit pas être retenu; un exemple, une image, une courte digression. En revanche conserver un exemple ayant le statut d'argument, ou, mieux, dégager l'idée suggérée.

2. *Schématiser le plan du texte.*

- Mettre une feuille de brouillon à côté du texte; chaque étape du plan est ainsi placée exactement au niveau du développement de cette étape dans le texte.

- Indiquer sous forme de titre, pour chaque étape, l'idée essentielle, retrouvée à l'aide des termes soulignés. Inscrire le lien logique qui la sépare de l'étape suivante.

- Préciser la hiérarchie des idées, en numérotant différemment étapes intermédiaires et grandes étapes.

- Inventer éventuellement un titre synthétique explicitant l'unité de plusieurs étapes.

3. *Vérifier la longueur du résumé.*

- Compter le nombre de mots du résumé. Puis vérifier si ce nombre ne dépasse pas de 10 pour cent le nombre de mots autorisé.

- Si le résumé est trop long, il faut gagner en concision. Si le résumé est trop court, c'est qu'une idée essentielle a été oubliée. Reprendre le plan et vérifier si chaque étape a été résumée. Si aucun oubli n'est repérable ainsi, c'est le plan qui est mauvais: revoir la préparation de chaque étape.

DISCUSSION

Mise à part l'histoire coloniale de la France, comment peut-on expliquer l'influence mondiale de la culture américaine, de la culture allemande et de la culture japonaise?

EXPANSION

Analysez chaque étape selon les instructions et schématisez le plan du texte. Soyez prêt(e) à présenter votre résumé en classe ou à le comparer avec ceux de vos camarades de classe.

❀ ❀ ❀ ❀ ❀ ❀ ❀ ❀

---

[3] **entre crochets:** *in brackets*

La France extravertie: heurs et malheurs d'un modèle culturel exportable

Lisez attentivement le texte suivant et soulignez l'idée directrice de chaque paragraphe.

Il est peu de peuples qui accordent autant d'importance que les Français à leur poids et à leur influence planétaires. Depuis fort longtemps, leur inquiétude n'est pas celle de l'originalité de leur culture, mais de son rayonnement. Sont-ils assez connus, respectés, admirés, aimés? Parle-t-on encore assez leur langue et lit-on assez leur littérature? Les suit-on dans les cheminements de leurs pensées? Imagine-t-on un responsable politique européen, autre que français, déclarer comme Jacques Delors...: «Notre pays doit partager sa souveraineté pour mieux rayonner»?...

Il y a du nombrilisme et du chauvinisme dans cette idée fixe, comme certains observateurs étrangers ne manquent pas de le remarquer. *Arrogant*, disent parfois, outre-Manche et outre-Atlantique, voire au Japon, ceux qui ne sont pas totalement subjugués par le charme français, la baguette de pain et le beaujolais nouveau. Plus nuancé se révèle le portrait dressé par Peter Mayle, auteur du grand *best-seller* anglais *A Year in Provence*. Le caractère des Français est affectueusement décrit comme un mélange de bon sens, de naïveté, de rouerie,[1] d'entêtement,[2] de solide paresse, de négligence, de générosité et de sensualité rustique: une fusion d'Astérix et d'Obélix en quelque sorte... Luis de Pablo dit très joliment (*Universalia*, 1991, p. 571) qu'un «étranger éprouve souvent l'impression que chez tout Français sommeillent, dans un curieux mélange, Rabelais, Montaigne et Robespierre»...

QUE RESTE-T-IL DU RAYONNEMENT FRANÇAIS?

Au-delà de l'opinion que les Français se font d'eux-mêmes, au-delà de l'américanisation apparente d'un certain nombre d'expressions et de pratiques, on admettra que l'image de la France dans le monde est avant tout culturelle et que c'est là la partie la moins contestée de son rôle international. Théodore Zeldin, qui connaît bien la France et qui parfois, à son égard, ne s'embarrasse pas de langage fleuri, dit qu' «aucune vie n'est tout à fait complète si elle ne comprend pas au moins un élément français»...

Le français est la langue maternelle ou d'usage familier d'environ 134 millions de personnes et 24 millions d'autres le parlent correctement. Au total, cela ne fait guère qu'un peu plus de 3% de la population mondiale (17% pour le mandarin, 10% pour l'anglais, 7% pour l'hindi et 7% également pour l'espagnol). Il ne sert à rien de le regretter. Mais, sans doute est-il important d'au moins maintenir. Ne serait-ce que pour éviter une uniformisation et une aseptisation de la vie culturelle planétaire à laquelle poussent des moyens de communication toujours plus performants.

---

[1] **la rouerie:** *trickery*   [2] **l'entêtement:** *(m.) obstinacy, stubbornness*

Jean-Robert Pitte, *La France dans le monde* (Paris, Nathan, 1992), pages 13–14, 21–22.

La Langue, la culture et le peuplement

L'action internationale d'un pays ne s'appuie pas que sur sa diplomatie et sur ses forces armées. Elle est favorisée par la manière dont sa langue est utilisée pour la vie de relation ou pour l'accès aux formes supérieures du savoir ou de la littérature, et par le rayonnement de sa culture. La présence de nationaux, susceptibles de servir de relais[1] un peu partout dans le monde, est aussi un atout…

Mais les Français émigrent peu, c'est une donnée ancienne. La culture française qui s'exporte ne se situe pas au niveau populaire. C'est celle de milieux éduqués. Elle se présente comme une composante de la civilisation, comme «la» civilisation, et s'adresse aux élites. Cela fait sa force, mais aussi sa vulnérabilité. Le rayonnement du pays est lié à l'existence de certains types de structures sociales: la culture française convient à des milieux où les hiérarchies sont fortes et où elle peut séduire à la fois les aristocraties traditionnelles et les classes qui s'enrichissent et aspirent à la reconnaissance.

Depuis deux générations, l'évolution sociale générale ruine une partie des bases traditionnelles du rayonnement français: le nationalisme a conduit à imposer, dans un nombre croissant de pays, la première scolarisation dans la langue du pays; les révolutions ont contraint à l'exil nombre de membres des vieilles aristocraties (qui se sont alors volontiers installés en France, dont ils connaissent la langue et dont la civilisation leur était familière) ou leur a fait perdre pouvoir et influence. Les conditions de la promotion sociale ont changé: il est moins important que par le passé de faire preuve de goût et de raffinement. C'est à l'efficacité que se mesure le succès. L'usage du français a donc reculé[2] au profit de l'anglais. Et la culture américaine, qui ignore l'opposition classique entre versant élitaire et versant populaire, mais a été la première à se structurer comme culture de masse, est devenue plus séduisante. La France a réagi. Des efforts considérables sont faits pour que l'usage du français ne disparaisse pas. La culture que l'on vend a pris d'autres visages. A l'heure où l'enrichissement fait redécouvrir l'importance de l'art de vivre, on rappelle la tradition de la table, des vins, des ambiances conviviales. La fréquentation touristique de la France… témoigne du succès de cette formule. Mais elle n'offre pas à l'action internationale le même support que les formes plus traditionnelles. Les Japonais sont surpris de la manière dont les Français réagissent à leur invasion commerciale: ils n'ont à l'égard des Français que de bons sentiments, adorent leurs chansons, leurs films, leurs restaurants et leurs parfums. Ils ne se rendent pas compte qu'un grand pays a besoin d'autre chose pour vivre. Il doit être capable d'exporter ses technologies et ses produits. L'image que l'on a de la France et de sa culture gêne son expansion économique et commerciale.

---

[1] **le relais:** *relay*   [2] **reculer:** *to retreat, pull back*

CONCLUSION

La France ne se limite pas à l'Hexagone. Elle existe au-delà, dans les esprits, dans les aménagements que ses citoyens ont créés ou suggérés, dans l'usage de la langue. Tout pays doit assurer sa sécurité et développer des relations commerciales et culturelles pour vivre... Ce qui fait la spécificité de l'action internationale de la France, c'est la complexité des motivations qui l'animent. Les Français ont, comme tous les peuples, le désir de se protéger des aléas[3] de l'histoire—c'est un sentiment très fort chez eux, à la mesure même des dangers que la prospérité du pays et ses nombreux voisins lui créaient. Mais d'autres forces les poussent. La France est née de la réunion de terres diverses par la langue et par l'histoire. Elle a cimenté son unité par l'évocation d'un passé, d'un temps partagé («Nos ancêtres les Gaulois...») et par l'implication dans un projet commun. La France ne vit que par les ambitions plus ou moins utopiques dont elle se veut porteuse. Elle a une vocation de témoin de l'humanité: à certains moments, elle tient à bien remplir son rôle de «fille aînée de l'Eglise». A d'autres, elle se dévoue à la cause de la Liberté, de l'Egalité et de la Fraternité.

La France est un voisin encombrant: elle le doit à cette propension à défendre de grandes causes et à cette volonté d'apparaître comme un témoin. La France doit à sa culture d'avoir connu un rayonnement hors de proportion avec la place qu'elle occupe dans la vie économique ou dans le domaine militaire. Elle doit aujourd'hui s'adapter aux mutations majeures qui ont imposé, à la place du couple culture populaire/culture élitaire de jadis, des cultures de masse. Saura-t-elle proposer des options spécifiques adaptées au monde nouveau? Tel est l'enjeu[4] essentiel pour elle en cette fin de siècle. Il est clair que c'est à une autre échelle, celle de l'Europe ou de groupements plus vastes encore, que se prennent aujourd'hui les décisions économiques. Quel rôle peuvent dès lors tenir les Etats nationaux, sinon celui de propagateurs de la culture? C'est dans ce champ, et dans ce champ seulement, que la France peut encore s'affirmer comme un des pôles de la vie internationale.

---

[3] **un aléa:** *risk*   [4] **un enjeu:** *stake, bet*

Paul Claval, *La France dans le monde* (Paris, Nathan, 1992), pages 33–39.

VERIFICATION

Indiquez si les phrases suivantes sont vraies ou fausses en inscrivant un **V** ou un **F** à côté de chaque phrase.

1. ____ Les Français s'intéressent beaucoup à maintenir et à élargir leur influence culturelle.

2. ____ Le caractère des Français est souvent vu comme un portrait séduisant de charme et de mystère.

3. ____ L'influence française est peut-être la plus répandue dans le domaine de la technologie.

4. ____ Après l'anglais et le mandarin, le français est la langue la plus parlée dans le monde.

5. ____ L'influence d'un pays s'appuie principalement sur sa langue, sa littérature et le rayonnement de sa culture.

6. ____ Le rayonnement de la culture américaine dépend de sa puissance politique et militaire.

7. ____ L'image populaire de la France contribue à son succès économique et commercial.

8. ____ A travers les années, la France a connu un rayonnement de sa culture qui s'explique facilement par sa vie économique et son rôle militaire.

A VOTRE AVIS

Répondez aux questions suivantes en justifiant vos réponses.

1. Etes-vous d'accord avec l'auteur qui déclare «qu'il est peu de peuples qui accordent autant d'importance que les Français à leur poids et à leur influence planétaires»? Les Américains sont-ils plus ou moins concernés par leur poids et leur influence planétaires?

2. D'où vient cette image du caractère français décrit «comme un mélange de bons sens, de naïveté, de rouerie, d'entêtement, de solide paresse, de négligence, de générosité et de sensualité»?

3. Pourquoi la culture française est-elle associée à un certain élitisme?

4. Expliquez la citation de Théodore Zeldin: «Aucune vie n'est tout à fait complète si elle ne comprend pas au moins un élément français.» Etes-vous d'accord avec Zeldin?

5. A quoi associe-t-on la culture américaine? Pourquoi?

6. Comment la France peut-elle s'orienter pour assurer le rayonnement de sa culture dans le prochain siècle?

REGARDER DE PRES

LES COMPOSANTS DU PARAGRAPHE

Chaque paragraphe ne comporte qu'une idée importante. L'idée directrice du paragraphe est de développer cette seule idée au mieux en utilisant des idées-arguments et des exemples.

LES COMPOSANTS DU PARAGRAPHE

- *L'idée directrice* est celle pour laquelle le paragraphe est construit; chaque paragraphe n'en comporte donc qu'une; le changement d'idée directrice oblige un changement de paragraphe, avec passage à la ligne et commencement en retrait du paragraphe suivant.

- *Les idées-arguments* développent l'idée directrice pour la faire comprendre et la justifier; sans elles les idées directrices restent des affirmations gratuites.

- *Les exemples* servent parfois aussi d'arguments, mais leur rôle est le plus souvent d'illustrer une idée-argument déjà donnée; ils peuvent parfois être absents si les arguments théoriques sont suffisamment explicites.

Les auteurs évidemment ne respectent cette organisation que lorsqu'ils veulent atteindre la plus grande rigueur dans leurs démonstrations, c'est cette rigueur-là qu'il faut vouloir dans les dissertations et les discussions.

APPLICATION

A. Dans chaque paragraphe du deuxième texte, soulignez l'idée directrice.
B. Choisissez un paragraphe du deuxième texte. Ensuite identifiez l'idée directrice, les idées-arguments et les exemples du paragraphe.

DISCUSSION

La culture française est admirée et respectée par un grand nombre de pays qui n'ont jamais été des colonies de la France. Du point de vue des autres pays du monde, qu'est-ce qui attire ces pays à la culture française? Qu'est-ce qui explique votre intérêt pour la langue et la culture françaises?

EXPANSION

Répondez à la question suivante en écrivant un essai de quelques paragraphes. La France est-elle capable de conserver la position privilégiée qu'elle a tenue jusqu'à présent? Comment?

La Population des DOM-TOM:
originalité et diversité des sociétés de la France d'outre-mer

Lisez le texte suivant en soulignant les noms des Départements d'Outre-Mer et des Territoires d'Outre-Mer.

Ultime vestige d'un empire colonial disparu, la France d'outre-mer ne constitue en aucune manière un ensemble géographique. A l'exception de la Guyane, située dans le continent sud-américain, elle n'est formée que d'îles ou d'archipels, le plus souvent minuscules, dispersés au milieu de mers lointaines. Leur seul trait commun réside dans l'intensité des liens de toutes natures (économiques, sociaux, culturels, linguistiques, politiques, affectifs) qui les unissent à la métropole. Certaines îles d'outre-mer sont françaises depuis plus longtemps que les dernières provinces métropolitaines rattachées à la France (Lorraine, Corse ou Savoie, par exemple).

A l'exception de Saint-Pierre-et-Miquelon, les DOM-TOM sont tous situés aux portes du Tiers Monde, mais ils n'en font pas partie, loin s'en faut. Si leurs économies sont toujours des économies dominées, fortement marquées par l'ancienne préférence impériale, elles bénéficient en retour du soutien national: le déficit des échanges commerciaux y est compensé par les transferts sociaux depuis la métropole (allocations familiales, sécurité sociale, aides au logement...). Le revenu disponible par habitant est partout largement supérieur au revenu primaire. Le chômage, et en particulier le chômage des jeunes, qui est la principale plaie[1] sociale de la France métropolitaine, sévit[2] avec beaucoup plus de force encore dans l'Outre-Mer, mais ses effets directs sont tempérés par la solidarité avec la métropole (allocations de chômage, Revenu Minimum d'Insertion...). Les infrastructures (routes, aéroports, ports, télécommunications, électricité et eau potable), les équipements collectifs (hôpitaux, écoles, universités), et les services publics et privés offerts aux populations sont ceux des pays plus développés.

Certes les populations des différentes composantes de la France d'outre-mer n'ont pas toutes le même niveau de vie. Les écarts[3] sont grands entre Mayotte et Tahiti, aux deux extrêmes, et les différences entre classes sociales et entre régions sont plus marquées qu'en métropole. Cependant les DOM-TOM font partout figure d'îlots de grande richesse au milieu de mondes pauvres. Si le revenu moyen d'un habitant de la France d'outre-mer est inférieur de moitié à celui d'un métropolitain, le Produit Intérieur Brut par habitant de la Polynésie française dépasse celui de la Nouvelle-Zélande, celui de la Nouvelle-Calédonie lui est à peine inférieur, celui d'un habitant des Antilles françaises est supérieur à celui des Bahamas ou de Porto Rico qui ne font pourtant pas figures de pays pauvres. Le Produit Intérieur Brut par habitant de la Guyane est plus de deux

---

[1] **la plaie:** *plague*   [2] **sévit:** *rages* (**sévir** = *to rage*)   [3] **un écart:** *difference, gap*

fois supérieur à celui du Brésil ou du Surinam; et celui de la Réunion trois fois supérieur à celui de l'Afrique du Sud ou de l'île Maurice, dix fois supérieur à celui de Madagascar.

Sur le plan administratif, légal et politique, il n'y a quasiment[4] pas de différences entre les Départements d'Outre-Mer (DOM), et les départements de la métropole; ceux-ci font d'ailleurs partie intégrante de la CEE. La population des DOM (et des collectivités territoriales de Mayotte et de Saint-Pierre-et-Miquelon) s'élevait à 1 528 000 habitants au recensement de 1990. La présence française dans les Territoires d'Outre-Mer (TOM) est plus récente et les survivances de l'empreinte coloniale y sont plus visibles. Les TOM, tous situés dans l'océan Pacifique, disposent d'une plus grande autonomie interne que les DOM, et les usages coutumiers y cohabitent toujours avec les pratiques administratives françaises. Il n'est pas exclu que certains d'entre eux choisissent à court ou moyen terme la voie de l'indépendance. Les recensements dans les TOM étant totalement distincts de ceux de la métropole, on ne possède pas de dénombrement à une même date donnée pour l'ensemble des conscriptions. On peut cependant estimer qu'en 1990 la population des TOM devait s'élever à 370 000 habitants.

La population de la France d'outre-mer est très composite sur le plan ethnique, linguistique et racial. Dans les archipels de l'océan Pacifique, à Mayotte et en Guyane, cette dernière est formée des descendants des autochtones[5] et d'éléments immigrés, ou issus d'immigration, très divers. A Mayotte, 90% de la population est musulmane et d'origine comorienne:[6] à Wallis et Futuna en Polynésie, où le christianisme a supplanté des anciennes religions, respectivement plus de 97% et de 83% de la population sont de souche[7] indigène: en Nouvelle Calédonie, par contre, les habitants d'origine mélanésienne[8] continuent à former la principale communauté (45% de la population), mais sont moins nombreux que l'ensemble des habitants de souche européenne (42%), descendants de colons établis depuis plusieurs générations et natifs de métropole, et des habitants de souche polynésienne ou wallisienne (13%).

Ailleurs, la totalité de la population est issue de l'immigration, ancienne ou récente. Saint-Pierre-et-Miquelon, au large de l'île canadienne de Terre-Neuve, est quasi-exclusivement peuplé des descendants de marins venus des côtes françaises de la Manche et de l'Atlantique.

Les anciennes «isles de sucre», la Réunion, la Martinique et la Guadeloupe sont en revanche peuplées à 80 ou 90% de Noirs (les lois et les traditions de la République française interdisent qu'aucune question dans les recensements[9] ne porte sur la race, la religion ou la langue, on peut difficilement mesurer l'importance relative des différents groupes humains qui peuplent les DOM). Ces

---

[4] **quasiment:** *almost*   [5] **un(e) autochtone:** *native*   [6] **comorien(ne):** *des îles Comores*
[7] **la souche:** *root*   [8] **mélanésien(ne):** *de Mélanésie*   [9] **le recensement:** *census*

populations ont eu longtemps tendance à vivre en vase clos[10] et l'équilibrage récent des échanges migratoires avec la métropole n'a pas encore produit d'effet; en 1990, 90% des habitants des îles étaient nés sur place... La société guyanaise est beaucoup plus complexe et de très loin la plus mêlée... La moitié seulement de la population résidant en Guyane en 1990 est née dans le département.

---

[10] **en vase clos:** *in isolation*

Jean Thumerelle, *La France dans le monde* (Paris, Nathan, 1992), pages 93–96.

VERIFICATION

Répondez aux questions suivantes en vous référant au texte précédent.

1. Lesquelles des îles suivantes ne font pas partie de la France d'outre-mer? (la Guadeloupe, la Réunion, Madagascar, Porto Rico, Wallis)

2. Lequel des DOM-TOM français est situé en Amérique du Nord?

3. Les TOM sont tous situés dans quel océan? (l'Atlantique, le Pacifique, l'océan Indien)

4. Quel DOM-TOM français a le niveau de vie le plus élevé? Lequel est le plus pauvre?

5. Comparez le revenu moyen d'un habitant de France avec celui d'un habitant de la Polynésie française. Faites la même comparaison entre un habitant de la Polynésie française et un habitant des Bahamas.

6. Lesquels des deux, les DOM ou les TOM, ont une plus grande autonomie interne dans les coutumes et l'administration de leur région?

7. Quel DOM-TOM a une population à 90% musulmane?

8. Quels trois DOM-TOM sont connus comme «les anciennes isles de sucre»?

A VOTRE AVIS

Répondez aux questions suivantes en justifiant vos réponses.

1. Quels sont les avantages et les inconvénients d'être un Département d'Outre-Mer français?

2. Comment peut-on expliquer un tel écart entre le revenu moyen d'un citoyen français né à la Martinique et celui d'un autre né en Normandie?

3. Dans quel domaine est-ce qu'il n'y a pas de différence entre un Département d'Outre-Mer et un Département de la métropole?

4. Quelle est la différence principale entre un Département d'Outre-Mer et un Territoire d'Outre-Mer?

5. Décrivez la diversité des sociétés de la France d'outre-mer. Pourquoi est-il difficile d'évaluer l'importance relative des différents groupes humains qui peuplent les DOM?

6. A votre avis, les DOM-TOM vont-ils choisir l'indépendance dans le proche avenir? Pourquoi ou pourquoi pas?

STRATEGIES POUR S'EXPRIMER

COMMENT RELIER LES IDEES ENTRE ELLES

Les liens logiques, ou termes d'articulation, sont des mots ou des locutions qui explicitent le rapport que l'on établit entre deux faits ou deux idées. Ce sont des maillons[1] qui relient les unités de sens.

POUR CLASSER LES IDEES ET LES FAITS

1. Additionner, préciser l'ordre des éléments.

premièrement, d'abord, en premier lieu (pour débuter)
en outre, de plus, par ailleurs, ensuite (pour les éléments suivants)
enfin, en dernier lieu (pour terminer)

2. Mettre en parallèle, hiérarchiser.

également, de même, ainsi que, d'une part... d'autre part, avant tout, non seulement... mais encore

POUR OPPOSER DES IDEES OU DES FAITS

1. Marquer une forte contradiction.

mais, en revanche, alors que, tandis que, au contraire
exemple: Saint-Pierre-et-Miquelon est peuplé des descendants de marins venus des côtes françaises de la Manche et de l'Atlantique. Les anciennes «isles de sucre», la Réunion, la Martinique et la Guadeloupe sont ***en revanche*** peuplées à 80 ou 90% de Noirs.

2. Rectifier.

en réalité, en vérité, en fait

3. Marquer faiblement une opposition.

cependant, néanmoins, pourtant, toutefois
exemple: Certes les populations des différentes composantes de la France d'outre-mer n'ont pas toutes le même niveau de vie. ***Cependant*** les DOM-TOM font partout figure d'îlots de grande richesse au milieu de mondes pauvres.

---

[1] **le maillon:** *link*

4. *Mettre en contraste par comparaison.*

- *Expression de la supériorité:* plus... que, plus de... que, être supérieur à, plus... plus, d'autant plus... que

  exemple: La France est ***plus vaste que*** l'Espagne.

  Le Produit Brut Intérieur par habitant de la Guyane ***est plus de deux fois supérieur à*** celui du Brésil.

  Le PNB de la Réunion est ***trois fois supérieur à*** celui de l'Afrique du Sud.

  Les DOM-TOM sont ***d'autant plus divers qu'***ils accueillent les immigrés qui viennent s'installer. = Les DOM-TOM sont déjà divers, et encore plus parce qu'ils accueillent les immigrés qui viennent s'installer. (Une idée de cause s'ajoute à la comparaison.)

- *Expression de l'égalité:* aussi... que, autant... que, autant de... que, comme, le même, même... que, de même que, ainsi que (Le verbe de la proposition subordonnée n'est pas exprimé.)

  exemple: Du point de vue de sa population, la France est ***aussi grande que*** la Grande-Bretagne.

  Il est peu de peuples qui accordent ***autant d'importance que*** les Français à leur poids et à leur influence planétaires.

  Les habitants de la Réunion sont des citoyens français ***comme*** les habitants de l'Alsace.

  La France accorde les ***mêmes*** droits aux citoyens des DOM ***qu'***à ceux de la métropole.

- *Expression de l'infériorité:* moins... que, moins de... que, moins... moins, d'autant moins... que

  exemple: On trouve ***moins de*** problèmes sociaux ***que*** de problèmes économiques.

POUR ETABLIR UNE RELATION DE CAUSE A CONSEQUENCE

1. *Présenter une cause.*

   parce que, sous l'effet de, à force de, en raison de, puisque, car, non que, mais parce que, sous prétexte que

2. *Présenter une conséquence.*

   c'est pourquoi, par conséquent, ainsi, d'où, de ce fait, donc, bref, dès lors, en retour, au point que, tant... que

   exemple: Si les économies des DOM-TOM sont toujours des économies dominées, elles bénéficient ***en retour*** du soutien national.

DEPARTEMENTS ET TERRITOIRES D'OUTRE-MER

Guadeloupe

superficie:	1 780 km²
population:	386 987 h
densité:	185 h/km²

à 8 h 30 d'avion de Paris

population active par secteur		part du PNB produite
agriculture	15%	8%
industrie	20%	12%
services	65%	80%

ressources: canne à sucre, rhum, bananes, ciment, tourisme.

Martinique

superficie:	1 100 km²
population:	359 572 h
densité:	299 h/km²

à 8 h 30 d'avion de Paris

population active par secteur		part du PNB produite
agriculture	10%	6%
industrie	17%	11%
services	73%	83%

ressources: rhum, banane, ananas, pétrole raffiné, ciment, tourisme.

Réunion

superficie:	2 510 km²
population:	597 823 h
densité:	206 h/km²

à 14 h 20 d'avion de Paris.

population active par secteur		part du PNB produite
agriculture	18%	8%
industrie	12%	15%
services	70%	77%

ressources: sucre de canne, parfum, rhum, vanille.

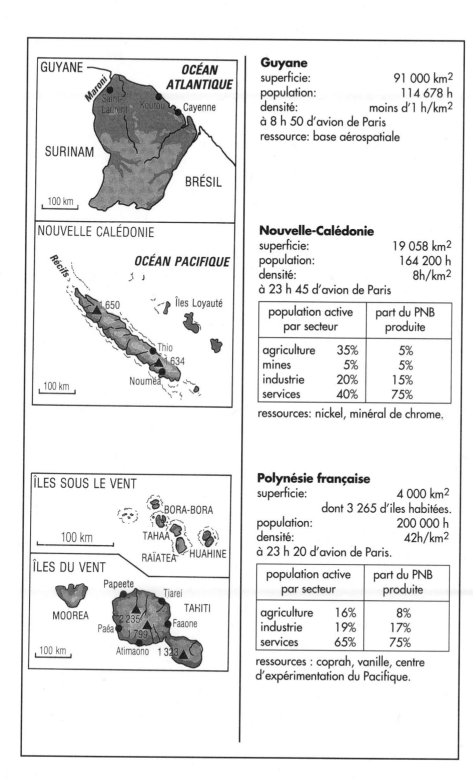

Guyane

superficie: 91 000 km^2
population: 114 678 h
densité: moins d'1 h/km^2
à 8 h 50 d'avion de Paris
ressource: base aérospatiale

Nouvelle-Calédonie

superficie: 19 058 km^2
population: 164 200 h
densité: 8h/km^2
à 23 h 45 d'avion de Paris

population active par secteur		part du PNB produite
agriculture	35%	5%
mines	5%	5%
industrie	20%	15%
services	40%	75%

ressources: nickel, minéral de chrome.

Polynésie française

superficie: 4 000 km^2
dont 3 265 d'iles habitées.
population: 200 000 h
densité: 42h/km^2
à 23 h 20 d'avion de Paris.

population active par secteur		part du PNB produite
agriculture	16%	8%
industrie	19%	17%
services	65%	75%

ressources : coprah, vanille, centre d'expérimentation du Pacifique.

APPLICATION

En vous référant aux cartes des Départements et Territoires d'Outre-Mer français aux pages 22–23, écrivez un paragraphe de description et de comparaison.

DISCUSSION

D'après l'auteur de cet article, les économies des DOM sont toujours dominées par la France, mais elles bénéficent en retour du soutien national. A votre avis, quels sont les avantages et les inconvénients d'être loin de l'Hexagone mais de nationalité française?

EXPANSION

Le Canada et les Etats-Unis sont des anciennes colonies britanniques. Choisissez un de ces deux pays et décrivez les témoins du rayonnement culturel de la Grande-Bretagne qu'on y trouve encore aujourd'hui. Comment ces anciennes colonies ont-elles changé depuis la période coloniale? Dans quels comportements est-ce qu'il y a toujours des similarités avec la culture britannique?

CHAPITRE 2

L'IDENTITE FRANCOPHONE ET L'IDENTITE NATIONALE: LES PROFILS MULTIPLES

Le but de ce chapitre est d'examiner le concept de l'identité francophone. Jusqu'à quel point les anciennes colonies de la France s'identifient-elles toujours à l'Hexagone? Quel est le rôle du français dans leur identité nationale actuelle?

Outre les réponses suggérées par les textes et par les discussions en classe, ce chapitre nous présente quelques stratégies (comment employer des citations, comment se servir du discours rapporté) et techniques linguistiques (l'analyse d'un poème) qui seront renforcées et pratiquées dans le contexte de la discussion et du travail écrit. Les textes serviront de point de départ pour les activités orales et la pratique de l'écriture.

PREPARATION A LA LECTURE

Que savez-vous du concept de la **francophonie**? Complétez l'enquête préliminaire en indiquant si les phrases suivantes sont vraies (**V**) ou fausses (**F**). Par la suite, vous aurez l'occasion de vérifier vos réponses en lisant l'article qui suit.

1. ____ Le mot **francophone** est un terme récent qui date des années soixante.

2. ____ Léopold Sédar Senghor est l'ancien président du Sénégal.

3. ____ Les années soixante-dix correspondaient à la période de la décolonisation et donc à l'émergence de nouvelles nations.

4. ____ Le but de l'ACCT est une coopération culturelle et technique des pays francophones.

5. ____ Il y a une certaine ambivalence à l'égard de la langue française de la part de certains peuples francophones.

6. ____ L'Egypte est un des adhérents de l'ACCT.

7. ____ Le sommet des pays francophones se tient chaque année à Paris.

8. ____ La Communauté francophone est devenue une force politique aussi bien qu'une force culturelle.

Que veut dire être *francophone?* D'où vient le terme et qui s'y associe?

C'est le géographe français Onésime Reclus (1837–1916) qui le premier a employé, et probablement inventé, le mot **francophonie**.[1] A ses yeux, ce terme désignait en même temps les «populations» parlant français et «l'ensemble des territoires» où l'on utilisait la langue française. «Il ne s'agit pas ici, précisait-il, de la seule France "maternelle", la plus homogène et la plus centralisée de toutes les nations, mais de la France "générale", la France mondiale, la France majeure qui est américaine, africaine, asiatique, océanique.»[2]

DE QUENEAU A SENGHOR

Selon le Trésor de la langue française, l'expression réapparaît en 1959, sous la plume de Raymond Queneau,[3] dans *Zazie dans le métro* où il écrit: «Gabriel pérorait[4] devant une assemblée dont l'attention était d'autant plus soutenue que la francophonie y était plus dispersée.» Toutefois, le concept de francophonie a été véritablement introduit en 1956 par Léopold Sédar Senghor, alors député du Sénégal (Afrique occidentale française), dans un article de la revue *La Nef* intitulé: «Où va l'Union française?»[5] Senghor y plaidait la cause d'une République fédérale et envisageait notamment les perspectives d'une langue commune permettant à un ensemble de pays et de peuples de jouer un rôle dans le monde qui était en train de naître. L'idée de francophonie était lancée et, en novembre 1962 dans la revue *Esprit*, Senghor la définissait comme «cet humanisme intégral qui se tisse autour de la terre, cette symbiose des énergies dormantes de tous les continents, de toutes les races, qui se réveillent à leur chaleur complémentaire». Pour sa part, le président tunisien, Habib Bourguiba,[6] la présentait en 1965 comme «un Commonwealth à la française respectant les souverainetés de chacun». Ces premières années 60 correspondaient à la période de la décolonisation

[1]Le mot **francophonie** apparaît pour la première fois en 1880 sous la plume d'Onésime Reclus. [2]*Lâchons l'Asie, prenons l'Afrique. Où renaître? Et comment durer?* (Librairie universelle, 1904). [3]Raymond Queneau était un écrivain français (1903–1976). [4]**pérorer** = *to hold forth* [5]**l'Union française**: nom donné par la Constitution de 1946 à l'ensemble constitué par la France et les pays d'Outre-Mer [6]Habib Bourguiba était président de la République de 1960–1974.

et donc à l'émergence de nouvelles nations. Aux présidents du Sénégal et de la Tunisie devait bientôt s'associer le président du Niger, Hamani Diori,[7] dans la même volonté de maintenir «les liens qu'une histoire commune avait établis avec l'ancienne métropole, et dont la langue française était à la fois le symbole et l'instrument».[8] Cet accord débouchera en 1966 sur un projet de communauté francophone et, en 1970, sur la création à Niamey de l'Agence de coopération culturelle et technique des pays francophones (ACCT).[9]

UN «COMMONWEALTH» A LA FRANÇAISE

Dix ans plus tard, à l'occasion d'un sommet franco-africain tenu à Nice en 1980, le président Senghor, reprenant l'idée d'un «Commonwealth à la française», appelait à la construction d'une «Communauté organique pour le développement des échanges culturels». Il répondait ainsi au président algérien Chadli[10] qui, quelque temps auparavant, avait publiquement dit «non, à la francophonie en tant qu'expression de colonialisme économique et culturel».

Conscient de l'ambivalence de notre langue, «à la fois de l'aliénation et langue de libération de nombreux peuples», Senghor affirma alors: «Le français doit à présent jouer un rôle de premier plan dans le développement des cultures du Tiers-Monde, dans les rapports nouveaux entre les cultures nationales et le développement endogène,[11] entre développement socio-culturel et développement économique.» «Le merveilleux instrument trouvé dans les décombres du régime colonial», ce «soleil qui brille hors de l'Hexagone» (Senghor), devient la clef de voûte de la francophonie, c'est-à-dire d'une authentique communauté de «pays ayant en commun l'usage du français» et répartie sur les cinq continents.

Cet ensemble linguistique, uni par un héritage spirituel commun, s'inscrit ainsi dans la dialectique de l'unité et de la diversité des cultures. La notion de francophonie peut ainsi rallier à elle de nombreux partisans, en France comme dans les pays entièrement ou partiellement francophones. C'est ainsi qu'en 1985, le ministre égyptien des Affaires étrangères, Boutros Ghali,[12] justifia l'adhésion de son pays à l'ACCT en déclarant voir dans le français «la langue de non-alignement».[13]

L'année suivante, en février 1986, se déroule à Versailles et à Paris le premier sommet des «pays ayant en commun l'usage de la langue française». Quarante pays participent à cette confédération francophone que le secrétaire général des Nations Unies, Perez de Cuellar, qualifie «d'événement historique qui suscite l'intérêt de toute la communauté mondiale».

---

[7]Hamani Diori a été destitué de la présidence en 1987. [8]Michel Leymarie, «La Francophonie», *Après-demain*, No. 256–257 (juillet–septembre 1983). [9]cf. l'article de Max Egly dans *Echos*, No. 56. [10]Chadli était président de la République de 1979–1992. [11]**endogène**: *endogenous, produced from within* [12]Boutros Ghali est secrétaire général des Nations Unies depuis 1992. [13]Entretien avec Philippe Gardénai, *Qui vive*, No. 1 (novembre 1985).

Le second sommet, en septembre 1987 à Québec, donne lieu à une «déclaration de solidarité» des chefs d'Etat et de gouvernement des pays francophones. Ceux-ci réaffirment leur volonté de faire de l'ensemble des pays qu'ils représentent «une communauté solidaire» et de consolider «un espace où l'usage d'une langue commune favorisera la libre circulation des biens culturels, l'échange des connaissances scientifiques, le transfert et l'adaptation des nouvelles technologies».

Enfin le troisième sommet, qui s'est tenu à Dakar en mai 1991, a été principalement marqué par la déclaration du Président François Mitterrand annonçant «l'annulation de la dette publique des trente-cinq pays les plus pauvres». Il a aussi permis à la Communauté francophone de prendre conscience qu'elle était devenue non seulement «une réalité politique, économique et culturelle fondamentale dans la vie de (leurs) Etats», mais aussi un facteur d'équilibre entre les nations.

La francophonie est un enjeu, un pari, qui requiert une véritable volonté politique. La langue française n'est plus un instrument de conquête, elle ne doit pas être le drapeau d'une nostalgie. Comme le souligne Philippe de Saint-Robert, «c'est plus simplement, et peut-être plus efficacement, un outil de connaissance et de développement. Ou bien les francophones sauront maintenir cet outil en usage, le mettre à la portée de tous, le rendre nécessaire à ceux-là mêmes dont il n'est pas le seul moyen de pensée et d'expression, ou bien la France verra s'évanouir la dernière chance de son vieux rêve d'universalité...»[14]

---

[14]*Hérodote* No. 52 (juillet–septembre 1986).

A. Kimmel, *Vous avez dit France* (Paris: Hachette, 1992), pages 172–175.

VERIFICATION

Indiquez si les phrases suivantes sont vraies (**V**) ou fausses (**F**). Corrigez les phrases qui sont fausses. Comparez vos réponses à celles dans *La préparation à la lecture.*

1. ____ Le mot **francophone** est un terme récent qui date des années soixante.

2. ____ Léopold Sédar Senghor est l'ancien président du Sénégal.

3. ____ Les années soixante-dix correspondaient à la période de la décolonisation et donc à l'émergence de nouvelles nations.

4. ____ Le but de l'ACCT est une coopération culturelle et technique des pays francophones.

5. ____ Il y a une certaine ambivalence à l'égard de la langue française de la part de certains peuples francophones.

6. ____ L'Egypte est un des adhérents de l'ACCT.

7. ____ Le sommet des pays francophones se tient chaque année à Paris.

8. ____ La Communauté francophone est devenue une force politique aussi bien qu'une force culturelle.

A VOTRE AVIS

1. Pourquoi y a-t-il cette ambivalence à l'égard de la langue française de la part de certains peuples francophones?

2. Est-ce que le fait d'être citoyen d'un pays francophone implique une expérience commune? Expliquez.

STRATEGIES POUR ECRIRE
COMMENT EMPLOYER DES CITATIONS

Une citation est une reproduction exacte des paroles ou des écrits d'un autre. Les médias en émaillent leurs discours. Vous-même êtes souvent invité(e) à recourir à ce procédé dans vos écritures. Solution pratique ou exercice imposé, citer peut aussi prolonger le plaisir de la lecture.

A quoi sert une citation?

1. A rendre compte de l'opinion d'autrui en conservant la formulation d'origine

2. A prouver l'exactitude de l'interprétation que l'on fait des pensées de quelqu'un: la citation accrédite le commentaire qu'on donne

3. A fournir un échantillon (*sample*) particulièrement caractéristique de la pensée et du style d'un auteur

4. A faire partager le plaisir qu'on a pris à lire un écrivain

Où trouver des citations?

1. Les dictionnaires de citations.

2. Recopiez un passage d'un texte apprécié. Pensez à noter les références.

Citer ou reformuler?

1. Un passage peut mériter d'être cité lorsque la pensée exprimée est profonde et perdrait à être traduite.

2. Un extrait, généralement bref, formulé d'une manière brillante ou poétique gagne à être cité plutôt que paraphrasé.

3. Certains propos peuvent être cités, moins pour leur valeur, qu'en raison du prestige de l'auteur: ce dernier est supposé «faire autorité»; ne pas abuser de ce genre de références.

La citation dans les exercices scolaires

1. Dans l'introduction d'une dissertation ou d'une discussion, la citation peut remplir deux rôles: soit présenter une opinion à commenter, soit, dans l'entrée en matière, accrocher l'attention du lecteur.

2. En tant qu'extrait exemplaire du style d'un écrivain, la citation est indispensable pour une dissertation sur un sujet littéraire.

3. Témoignage d'une expérience de lecture ou de connaissances littéraires, la citation de grands auteurs rend compte, dans une certaine mesure, de votre culture et de la nature de vos goûts. Mais attention: ne soyez pas pédant et montrez que vous avez assimilé ce que vous citez!

L'intégration au discours

1. A l'écrit, les guillemets délimitent le passage cité. Présentez les références entre parenthèses.

2. Si vous ne retenez que quelques termes d'une citation et non une ou plusieurs phrases, intégrez ces mots dans votre texte. Faites les modifications grammaticales nécessaires mais en les signalant: mettez entre crochets les changements; signalez par les points de suspension une coupure.

Le respect de l'esprit et de la lettre

Si on choisit de citer des propos, il faut le faire avec exactitude: conservez les particularités de l'expression (même les erreurs—à signaler par [sic]). Conservez la mise en page d'un extrait de poème ou indiquez par une barre les limites des vers. N'oubliez pas de citer l'auteur.

APPLICATION

Pour chacune des citations suivantes identifiez de quoi il s'agit et donnez une justification en vous référant aux explications offertes dans le passage précédent.

1. «Il ne s'agit pas ici de la seule France "maternelle", la plus homogène et la plus centralisée de toutes les nations, mais de la France "générale", la France mondiale, la France majeure qui est américaine, africaine, asiatique, océanique.» (Onésime Reclus)

2. une «Communauté organique pour le développment des échanges culturels» (Léopold Senghor)

3. «le merveilleux instrument trouvé dans les décombres du régime colonial», ce «soleil qui brille hors de l'Hexagone» (Léopold Senghor)

4. le français «la langue de non-alignement» (Boutros Chali)

5. la déclaration annonçant «l'annulation de la dette publique des trente-cinq pays les plus pauvres» (François Mitterrand)

DISCUSSION

Le terme **francophone** sert-il comme concept de l'unification et donc une vue de l'avenir ou reste-t-il témoin d'un passé colonialiste? Est-ce que cette dualité pose des conflits?

EXPANSION

Lisez le poème suivant. Notez bien le titre du poème qui est sous forme de question. Quelle réponse à cette question est suggérée dans le poème? Soulignez les images poétiques qu'il serait important de citer.

Qui es-tu? Francis Bebey (Cameroun)

Qui est-tu?
Je suis Mamadi, fils de Dioubaté.
D'où viens-tu?
Je viens de mon village.
Où vas-tu?
A l'autre village?
Quel autre village?
Quelle importance?
Je vais partout, là où il y a des hommes,
C'est ainsi ma vie.

Que fais-tu dans la vie?

Je suis griot,[1] m'entends-tu?
Je suis griot, comme l'était mon père,
Comme l'était le père de mon père,
Comme le seront mes enfants
Et les enfants de mes enfants.

---

[1] **un griot:** un personnage qui est la bibliothèque de son village. Il connaît les récits traditionnels, les chansons et les contes mais aussi les généalogies des chefs et des rois.

Je suis griot pour vivre comme aux temps anciens
Des feux de joie et des danses rituelles
Et chanter les hauts faits du vaillant guerrier[2]
Et la bonté du riche
Qui laisse son miel couler dans ma calebasse[3]
Et son mil joncher le sol de ma case.

Je suis griot, m'entends-tu?

Je suis griot comme du temps où nos pères
Ouvraient le cœur à la naissance du jour
Et l'hospitalité au voyageur inconnu
Attardé sur la route de la nuit.

Je suis descendant de Diéli,
L'homme à qui son frère donna
Sa propre chair et son propre sang
Pour déjouer[4] la faim terrible
Dressée sur le sentier brûlant de la forêt
Comme le masque menaçant du squelette de la mort.

Je suis enfant de Guinée,
Je suis fils du Mali,
Je sors du Tchad ou du fond du Bénin,
Je suis enfant d'Afrique...
Je mets un grand boubou[5] blanc,
Et les blancs rient de me voir
Trotter les pieds nus dans la poussière du chemin...
Ils rient?
Qu'ils rient bien.
Quant à moi, je bats des mains et le grand soleil d'Afrique
S'arrête au zénith pour m'écouter et me regarder,
Et je chante, et je danse,
Et je chante, et je danse.

---

[2]**un guerrier**: *warrior* [3]**une calebasse**: une sorte de courge à laquelle on donne la forme voulue pour obtenir l'ustensile désiré—cuiller, bouteille, etc. Les calebasses rituelles sont souvent décorées. [4]**déjouer**: *to foil, thwart* [5]**le boubou**: le vêtement que l'on met pour sortir

Extrait de *L'Afrique noire en poésie* (Paris: folio junior, 1986), pages 14–15.

❀ ❀ ❀ ❀ ❀ ❀ ❀ ❀ ❀ ❀ ❀

L'Identité antillaise existe.
La poésie ne la cherche pas. Elle l'exprime.

Ecrivain guadeloupéen, Daniel Maximin est auteur de deux romans et producteur à France-Culture de l'émission «Antipodes». Poète, il a de la poésie antillaise une connaissance intime. Pour lui, elle jaillit[1] de la terre natale comme la lave du volcan et rejoint en profondeur toutes les laves du monde. Voilà qui laisse peu de prise à toute crise d'identité.

«Pour moi, la poésie antillaise n'exprime pas la quête d'une identité. L'identité antillaise existe depuis plus d'un siècle. C'est parce qu'il y a identité qu'il peut y avoir création et non l'inverse.

Notre littérature s'enracine dans une culture qui a environ 200 ans d'existence. Il n'y a pas de jeunesse ni de vieillesse des civilisations, il y a, à chaque fois, des générations qui viennent et qui assument le passé, qu'il soit récent ou millénaire.

La génération de nos pères, Césaire,[2] Damas, que l'on a nommés les "poètes de la négritude", exprime déjà totalement une réalité antillaise, celle que j'appelle "quatre continents pour faire une île"; l'Europe, l'Afrique, l'Asie partiellement, et tout cela en Amérique. L'Afrique à travers une solidarité politique et culturelle: c'est la fameuse rencontre Césaire-Senghor. Il ne s'agit pas pour eux de faire un retour mythique à l'origine: leur origine, ce sont les Antilles. Ce qui ne les empêche pas d'aller à la rencontre de la culture et des religions africaines, interdites par la colonisation.

Ils sont aussi allés en Europe et y ont pris tout ce que Césaire appelait "les armes miraculeuses" pour un combat, le combat surréaliste, mené en commun avec d'autres poètes contre l'oppression sous toutes ses formes, ce que Damas appelle tous les "ismes": fascisme, nazisme, colonialisme, etc. En ce sens, ils ont été poètes de la liberté comme Eluard, Breton, Desnos, les poètes russes ou espagnols qu'ils ont pu rencontrer à l'époque.

On peut ainsi dire que c'est cette génération qui a découvert l'Amérique. Ce fut en particulier la première grande rencontre avec les Haïtiens et surtout les poètes noirs américains et les écrivains latino-américains. Ils ont découvert leur profonde communauté d'esprit.

Aujourd'hui, s'il y a prise de conscience, c'est celle de l'évidence de notre identité. La poésie antillaise n'est pas une poésie d'angoisse ni de quête nostalgique, ni de ressentiment. Le passé n'est pas un poids qui empêche le présent d'exister. Ce qui compte, c'est de transformer le passé, de créer à partir de ce que l'on a. La poésie antillaise est une poésie d'affirmation et de reconnaissance de la richesse multiple de notre identité; celle-ci est d'autant plus revendiquée et épanouissante qu'elle est issue de la rencontre violente de tous ces continents...

---

[1]**jaillir**: *to gush, burst forth* [2]Aimé Césaire: écrivain et homme politique français, né en Martinique; entré en 1991 au répertoire de la Comédie Française

Les sociétés antillaises sont nées d'une volonté européenne de faire table rase, d'arracher[3] les gens à leur société, leur histoire, leur religion. Donc, il a fallu construire à partir d'un manque originel et d'une autre culture imposée. En l'absence de rituels ou de références culturelles, il ne reste que l'appel de ce que l'on voit pour exprimer une symbolique, pour créer. Donc, à défaut d'histoire, les premiers esclaves qui ont chanté, dansé se sont repliés sur la géographie, la nature...

Les Antilles sont issues de cette union des esclaves avec les éléments et la nature. En aucun cas, ils n'ont voulu retourner à une origine perdue qui serait l'Afrique. Ils ont pris possession de cette terre inconnue. La terre maudite est devenue terre promise.

Et la poésie antillaise est l'expression de cette alliance privilégiée. Comment transformer un cri de douleur ou de joie en un poème ou un chant?

En utilisant l'image de la nature. Donc, on dira, chez nous, "comme un volcan" pour parler de la vitalité de quelqu'un, "léger comme l'écume",[4] "fort comme un arbre". Cela donne à la poésie de toute la Caraïbe un caractère élémentaire où la nature n'est pas décor, mais personnage...

L'essence de l'écriture antillaise, qu'elle soit poétique, musicale ou romanesque, est là. Dans mon travail, par exemple, c'est le chant qui est primordial. C'est le rythme qui rend le mieux l'élémentaire par le sens des mots. Ecrire, pour un Antillais, c'est d'abord trouver la musique avant les paroles...

Dire que le créole serait l'authentique et le français l'étranger est une erreur grave. Les deux langues nous nourrissent. Comme nous avons plusieurs racines, nous avons plusieurs langues. On ne peut enlever la part d'Afrique ou la part d'Europe, ni de notre sang, ni de notre culture. Tout ce qui ramène à l'uniformité n'est pas antillais par définition. L'idéal est donc d'additionner les langues sans qu'il y en ait d'interdites ni d'imposées...

Ce qui compte, c'est l'usage de ce qui a pu être imposé. Chaque créateur a cette liberté à acquérir et des barrières à briser. Par ailleurs, que ce soit en peinture, en musique ou en littérature, l'essentiel, c'est l'écriture, c'est-à-dire la transformation du langage des autres. Ce n'est pas l'instrument mais le travail de création qui impose la présence du créateur.

Ainsi la question de la langue, tout comme celle de la culture spécifique, est un faux débat. Ce n'est pas parce qu'Eluard écrit en français qu'il n'est pas un cousin de lutte du colonisé. On n'est pas enfermé dans quelque chose, c'est même ainsi qu'on peut servir à la libération d'une manière naturelle.»

---

[3]**arracher qqn à qqch**: *to deliver someone from something* (*negative*)   [4] **écume** (*f*) *foam*

Propos recueillis par Isabelle Bourrinet, *TDC Actualités* (22 février 1989), pages 28–29.

VERIFICATION

D'après ce que vous avez appris dans la lecture, indiquez pour chacune des phrases suivantes si Daniel Maximin serait d'accord (OUI) ou pas (NON). Justifiez votre choix.

1. ____ La poésie antillaise est liée intimement à la nature.

2. ____ Les poètes de la génération de Césaire et de Damas préfèrent les thèmes plus proches à la poésie française.

3. ____ Chaque génération est influencée par sa propre culture. Pour cette raison, les Haïtiens et les poètes noirs américains n'ont rien en commun avec les poètes antillais.

4. ____ La poésie antillaise est une poésie d'affirmation et de reconnaissance d'une identité multiple.

5. ____ Les Antillais ne cherchent pas une origine africaine.

6. ____ Pour un poète antillais, il vaut mieux écrire en créole que d'écrire en français.

7. ____ La question de langue reste primordiale dans toute discussion de la poésie antillaise.

8. ____ L'identité antillaise est déjà bien établie.

A VOTRE AVIS

Répondez aux questions suivantes en vous référant au texte précédent.

1. Qu'est-ce que Maximin veut dire quand il offre l'image de «quatre continents pour faire une île»?

2. Comment la nature peut-elle être un «personnage» dans la poésie antillaise?

3. Etes-vous d'accord avec la déclaration de Maximin: «Ce n'est pas l'instrument mais le travail de création qui impose la présence du créateur?» Justifiez votre réponse.

4. Maximin a souligné l'importance de la musique dans la poésie antillaise. Etes-vous sensible à la musicalité de la poésie?

5. A votre avis, qu'est-ce qui est essentiel pour écrire de la (bonne) poésie?

6. Quels sont les thèmes qui vous attirent à la poésie?

EXPANSION

Lisez à haute voix le poème «Sources» de Daniel Maximin. Y a-t-il un rythme musical évident? Que pouvez-vous dire sur la forme de ce texte, qu'est-ce qui en fait un poème?

Sources Daniel Maximin

Ile
Ile source de nos soifs
(nos soifs capables de tout sauf de nous ressourcer)

Ile source de sèves[1]
nos sèves capables de tout
pour cueillir[2] l'espérance en flèches sur l'eau debout des cannes
ou nourrir tout désespoir avec le lait pendu

Ile source de pluies
nos pluies capables de tout
de prendre le feu sur l'eau pour rayer[3] le soleil
comme de se battre sur les toits pour que les rêves
soient chauds
puis de tramer[4] des embellies

Et la mangrove capable de tout
capable d'enraciner[5] de l'eau
l'eau sauvage des pur-sang noyés[6] et des sueurs réfugiées
source mangrove capable de tout
capable d'éclairer les étoiles
sur le secret du rythme des lucioles[7] et du chœur des crapauds[8]

Avec la mer capable de tout
la mer capable de débarquer
la mer capable de lever l'ancre des îles
dentellière[9] d'archipel
la mer capable de rédimer[10] l'exil

la mer de source sûre
entre nous

---

[1]**la sève**: *sap* [2]**cueillir**: *to gather, pluck* [3]**rayer**: *to strike out, cross out* [4]**tramer**: *to weave*
[5]**enraciner**: *to take root* [6]**des pur-sang noyés**: *drowned thoroughbreds* [7]**une luciole**: *firefly*
[8]**un crapaud**: *toad* [9]**une dentellière**: *lacemaker* [10] **rédimer**: *to redeem*

(inédit, janvier 1989)

REGARDER DE PRES

L'ANALYSE D'UN POEME

Observer l'architecture du poème

Avant même de lire, le lecteur reconnaît qu'il a affaire à un poème grâce à la disposition du texte sur la page. Selon son époque, le poète harmonise la forme et la longueur du poème avec le thème choisi. La forme peut être fixe, codifiée: sonnet, rondeau, ode, ballade ou libre.[1]

APPLICATION Le poème «Sources» de Maximin est-il un exemple d'un poème de forme fixe ou de forme libre? Expliquez.

Observer la longueur des vers

Le poète peut choisir des vers réguliers ou d'introduire des changements de longueur en fonction de l'effet à produire (effet de variété, de rupture, d'amplification, de balance, etc.).

APPLICATION Dans ce poème, Maximin a choisi d'employer des vers irréguliers. Quel est l'effet de l'irrégularité dans la longueur des vers?

Observer la disposition des rimes et le rythme

Le poète choisit de faire rimer ou non les vers et dispose les rimes selon un motif codifié ou libre. Les rimes peuvent être plates (AABB), embrassées[2] (ABBA) ou croisées[3] (ABAB). Le poète crée un rythme par la place des syllabes accentuées et le nombre de silences, appelés aussi pauses ou coupes.

Rechercher les retours de sonorités et analyser la mélodie

Des sonorités circulent dans un poème. Leur répartition et leur répétition créent une ambiance musicale en harmonie avec le thème du poème.
Par exemple: Le son **s**, qui est proéminent (deux fois) dans le titre du poème, «Sources», se répète à plusieurs reprises (**soifs**, **sauf**, **ressourcer**, **sèves**, **espérance**, **désespoir**, **sauvage**, **sueurs**, **secret**, **sûre**) et évoque le son de l'eau qui coule.

APPLICATION Quels autres sons sont répétés dans le poème et quels images ou sentiments est-ce qu'ils évoquent?

---

[1]**un sonnet**: poème composé de quatorze vers en général: deux quatrains (strophes de quatre vers) et deux tercets (strophes de trois vers) **un rondeau**: poème avec deux rimes et des vers répétés (ou refrain) **une ode**: poème lyrique, destiné à être chanté, divisé en strophes semblables entre elles **une ballade**: poème composé généralement de trois strophes avec un refrain et un envoi d'une demi-strophe [2]commun dans les quatrains des sonnets réguliers [3]appelées aussi *alternes*

Rechercher les images du poème et repérer les réseaux lexicaux

1. Le poète crée des métaphores.[4] Ces rapprochements inattendus enrichissent le sens des mots.

2. Des mots appartenant à un même domaine parcourent le poème. Ils constituent un réseau. *Par exemple*: L'image de lumière est créée par les mots comme **le feu**, **le soleil**, **les étoiles**, **éclairer**, **les lucioles**.

   APPLICATION Indiquez un autre réseau lexical ou une métaphore qui se trouve dans le poème: «Sources».

Faire une interprétation du poème

En regroupant toutes les analyses précédentes, on peut dégager une interprétation globale du poème.

DISCUSSION

Quelle est votre interprétation globale du poème «Sources»? Notez quelques points importants.

EXPANSION

La question de l'identité francophone et de l'identité nationale est partout où la langue française se trouve à côté des langues indigènes ou d'une autre langue de colonalisation. Au Canada, dans la province de Québec, cette question d'identité provoque depuis longtemps des réactions passionnantes et souvent contradictoires.

1. Quand vous pensez au Canada, pensez-vous à un pays anglophone, à un pays francophone ou est-ce que vous ne considérez pas la question de langue? Quels sont les symboles que vous associez au Canada? l'hymne national? le drapeau? les images de la géographie physique?

2. La grande majorité des Canadiens francophones vivent dans la province de Québec. A votre avis, serait-il possible de séparer le Québec du reste du Canada pour établir un pays francophone indépendant?

3. Que savez-vous de l'identité québécoise? Quels pourraient être les problèmes que confrontent les Québécois et les autres Canadiens à l'égard de leur identité nationale?

⚜ ⚜ ⚜ ⚜ ⚜ ⚜ ⚜ ⚜ ⚜ ⚜ ⚜ ⚜

---

[4]ou comparaison sous-entendue: c'est une figure qui compare indirectement sans utiliser **comme** ou **ainsi**.

Le Canada dans la peau

Les Québécois sont profondément attachés au Canada et à ses symboles. Affaire classée? Non. Car ils sont chaque année plus nombreux à se dire québécois d'abord... Ce qui explique leur déchirement.[1]

Le chiffre est un défi[2] au projet souverainiste. Presque un coup de poing.[3] 73% des Québécois disent: «être canadien est très important pour moi». Trois sur quatre. Chez les francophones, 69% répondent «présent». Même chez les indépendantistes purs et durs, 41% avouent un attachement à leur identité canadienne!...

Mais peut-être y a-t-il erreur? Le libellé[4] de la question a pu en égarer[5] quelques-uns? Car «être canadien», c'est-à-dire avoir un passeport et un dollar, ça peut être «important» même pour celui qui se préférait indépendant. Alors on remet ça. Chers Québécois, êtes-vous d'accord avec la phrase: *«Etre canadien fait partie de mon identité personnelle?»* Répondre «non» n'engage à rien. Pourtant, 71% des Québécois récidivent et disent «oui»; comme 67% des francophones et 38% des indépendantistes...

Cette identité ne vient cependant pas seule. Car lorsqu'on leur demande si *«être québécois est très important pour moi»,* les mêmes personnes disent «oui» à 89%. Chez les francophones, 93%. Chez les indépendantistes, on frise l'unanimité avec 97%.

Il y a donc double allégeance. «Les Québécois, même beaucoup d'indépendantistes, ne voient pas ces deux identités comme exclusives l'une de l'autre ou en compétition», commente Christian Dufour, de l'Institut de recherches politiques, spécialiste de l'identité nationale. «En fait, il y a une rivalité, car depuis la constitution de 1982 et le rejet de la société distincte, le nouveau Canada qui prend son envol ne fait toujours pas de place à l'identité québécoise. Alors la réaction des Québécois n'est pas très réaliste, dit-il. C'est annonciateur d'une crise.»

Les Québécois établissent cependant une hiérarchie entre leurs deux identités. Dans le reste du Canada, plus des deux tiers des personnes interrogées affirment régulièrement être «canadiennes d'abord». Dans le nôtre, au contraire, 53% des Québécois—61% des francophones—se disent d'abord citoyens de leur province. Le chiffre n'est pas banal, car c'est la première fois que se dégage une

Mon père m'a dit que c'est un peu comme s'il fallait choisir entre le chocolat et la crème glacée pour la vie... C'est très difficile quand on aime les deux!

---

[1]**le déchirement:** *split* [2]**un défi:** *defiance of* [3]**un coup de poing:** *punch* [4]**le libellé:** *wording*
[5]**égarer:** *to mislead*

majorité en faveur du Québec. Au lendemain du référendum de 1980, 57% répondaient être d'abord citoyens «du Canada» ou «des deux également»...

Depuis un an, le sentiment souverainiste accuse un repli[6] dans les sondages, mais le transfert d'identité du Canada vers le Québec se poursuit. En août 1991, Gallup annonçait 50% en faveur du Québec. Près d'un an plus tard, notre sondage fait grimper ce chiffre à 53%. La variation est dans la marge d'erreur, mais indique pour le moins qu'il n'y a pas, là, de repli.

Plus qu'une curiosité statistique, l'identité des Québécois est la variable principale de leur comportement face à l'indépendance, affirment les politologues André Blais et Richard Nadeau, de l'université de Montréal...

«Il y a consolidation de l'identité québécoise, mais elle n'a pas causé un affaiblissement substantiel du sentiment d'allégeance envers le Canada», note Guy Laforest, politologue de l'université de Laval, spécialiste de la symbolique. «Il y a donc un glissement,[7] mais pas une éruption volcanique qui donnerait beaucoup de certitude à ceux qui auraient le goût de partir en campagne référendaire autour de questions comme la souveraineté ou l'indépendance.» Car pour l'instant les Québécois veulent bien se dire «québécois d'abord, canadiens ensuite»...

C'est certain, noir sur blanc et en pourcentages: les Québécois ont le Canada dans la peau. Mais ils ont le Québec dans les os. Pendant que la bataille pour leur tête, leur cœur et leur portefeuille fait rage, on souhaite seulement qu'ils soient aussi dotés, au sens médical du terme, d'une bonne constitution.

Note: Méthodologie—Les résultats reposent sur 858 entrevues téléphoniques effectuées du 9 au 14 avril 1992, avec un taux de réponses de 70%. La marge d'erreur est de 3,3 points, 19 fois sur 20. L'échantillon a été tiré selon la méthode «probabiliste» à partir des abonnés au téléphone de tout le Québec. Les résultats ont été pondérés sur la base des statistiques du recensement de 1986, pour bien refléter la distribution de la population adulte selon le sexe, la langue et la région de résidence.

---

[6]**un repli:** *decrease, falling back*   [7]**un glissement:** *sliding, a slip*

Extraits de *L'Actualité* (juillet 1992), pages 21–23.

VERIFICATION

Indiquez si les phrases suivantes sont vraies **(V)** ou fausses **(F)** d'après l'article de *L'Actualité*.

1. ____ Une très forte proportion des Québécois sont d'accord avec la phrase: «être canadien est très important pour moi.»

2. ____ Par contre, si la phrase est: «être canadien fait partie de mon identité personnelle», il n'y a qu'un faible pourcentage de Québécois qui l'accepte.

3. ____ Dans la province de Québec, un Québécois sur deux se déclare être d'abord citoyen de la province avant de se considérer citoyen canadien.

4. ____ Cette même histoire se passe dans les autres provinces du Canada— une majorité se déclare d'abord, citoyen de la province et ensuite, citoyen du Canada.

5. ____ Le nombre de Québécois qui choisirait l'indépendance pour la province augmente considérablement chaque année.

6. ____ Le sondage de *L'Actualité* démontre que la question de l'indépendance pour la province de Québec n'est plus cruciale.

A VOTRE AVIS

89% au Québec, trouvent qu'être québécois, «est très important» pour eux

69% jugent que la Gaspésie est québécoise, pas canadienne

53% se sentent plus québécois que canadiens

50% sont favorables à la souveraineté

40% voteraient la souveraineté

34% veulent faire du Québec un pays

15% s'identifient «beaucoup» au Parlement fédéral

29% se sentent plus canadiens que québécois

47% s'identifient «beaucoup ou assez» aux Rocheuses

54% veulent que le Québec demeure une province du Canada

71% affirment «qu'être canadien» fait partie de leur propre identité

93% des Québécois interrogés disent qu'ils s'identifient à la beauté du pays

Les résultats des sondages sont souvent contradictoires, mais intéressants. En lisant le «Sablier de l'ambiguïté», quelles conclusions peut-on en tirer?

LE SABLIER DE L'AMBIGUITE

L'Actualité (juillet 1992), page 23.

STRATEGIES POUR S'EXPRIMER

COMMENT SE SERVIR DU DISCOURS RAPPORTE

Lorsque vous rapportez les paroles de quelqu'un, vous allez choisir de reprendre certains éléments.

Vous pouvez rapporter:

une phrase:

Elle m'a dit qu'elle allait à la Réunion.

le déroulement d'une conversation:

Elle m'a dit que Jacques était paresseux, elle a ajouté qu'il n'aurait jamais ce travail.

le résultat d'une conversation:

Il a accepté toutes nos propositions.

la conversation dans sa globalité:

Il a examiné nos propositions une par une.

l'attitude de l'interlocuteur:

Elle l'a exaspéré.

Il s'est fâché.

l'intention de l'interlocuteur:

Il a essayé de nous convaincre par la douceur.

le jugement que vous portez sur votre interlocuteur:

Il a parlé pour ne rien dire pendant deux heures.

Lorsque vous rapportez les paroles de quelqu'un, vous disposez de différents outils, essentiellement de verbes. Vous pouvez rapporter les paroles de quelqu'un, vos propres paroles ou celles de votre interlocuteur. En tout cas, il faut appliquer certaines règles de concordance des temps.

Ainsi si votre verbe (**dire** ou un autre verbe) est au passé composé:

CE QUI EST DIT	SERA RAPPORTÉ
1. *au présent* Je **vais** bien.	*à l'imparfait* Il m'a dit qu'il **allait** bien.
2. *au passé composé* J'**ai téléphoné** à Pierre.	*au plus-que-parfait* Il m'a dit qu'il **avait téléphoné** à Pierre.
3. *au futur* Je **téléphonerai** à Pierre.	*au conditionnel* Il m'a dit qu'il **téléphonerait** à Pierre.
4. *au futur antérieur* J'**aurai fini** avant samedi.	*au conditionnel passé* Il m'a dit qu'il **aurait fini** avant samedi.

APPLICATION

En vous référant encore une fois à l'article «Le Canada dans la peau», écrivez cinq phrases pour rapporter les paroles de l'auteur ou de quelqu'un d'autre cité dans l'article.

DISCUSSION

Nous avons tous des identités multiples: étudiant(e), professionnel(le), membre d'une famille (frère/sœur, mère/père), membre d'un cercle d'amis, citoyen(ne), etc. Comment êtes-vous parfois partagé(e) entre deux aspects de votre identité? deux sortes de responsabilités? deux loyautés?

EXPANSION LES CINQ TYPES DE QUEBECOIS

Il n'y a pas de Québécois moyen. Dans le domaine de l'ambiguïté, chacun l'est un peu à sa façon. Tout de même, on a identifié, dans la foule des opinions québécoises, cinq pôles autour desquels se regroupent les personnes interrogées lors de notre sondage, du Québécois irréductible au Canadien rouge vif.

LE NATIONALISTE QUEBECOIS IRREDUCTIBLE—16%

Etre canadien ne fait pas partie de son identité. Ne se sacrifierait pas pour le Canada… Veut un référendum sur la souveraineté et voterait «oui». Espère la création d'un Québec indépendant. A 39 ans, 40 000$ de revenu, 13 années d'études, de Montréal ou de la région. Peut avoir visité d'autres provinces depuis trois ans.

LE NATIONALISTE QUEBECOIS MODERE—22%

Il ou elle se sent québécois d'abord, mais parfois aussi canadien, pas suffisamment pour se sacrifier pour le reste du pays. Favorable à l'indépendance, mais avec moins d'enthousiasme que l'irréductible. A 39 ans, 12 ans de scolarité, un revenu moyen de 37 000$, habite en région.

LA SUPER-INDECISE—18%

Etre canadienne et québécoise font absolument partie de son identité. N'est pas certaine de vouloir se sacrifier pour le Canada, ne sait pas si elle veut un référendum sur la souveraineté. L'indépendance? Non. Mais si le Québec souverain s'appelait le «Canada», pourrait changer d'avis. A 48 ans, un revenu de 30 000$, n'a pas complété son secondaire, habite en région.

LE NATIONALISTE CANADIEN MODERE—18%

Sommé de dire s'il ou elle, c'est égal, est d'abord Canadien ou Québécois, répond: les deux. Pour le sacrifice procanadien, ça dépend. Défavorable, en principe, à la souveraineté, attend le libellé de la question avant de trancher. Veut que le Québec reste une province. A 44 ans, un revenu de 32 000$, un diplôme d'études secondaires mais à peine, n'a pas visité d'autres provinces récemment.

LE NATIONALISTE CANADIEN IRREDUCTIBLE—26%

Canadien d'abord, il—ou elle—ne juge pas qu'être Québécois fait partie de son identité et est disposé à se sacrifier pour le pays. Ne veut pas de référendum et votera non à la souveraineté sous toutes ses formes. A 46 ans, un secondaire gagne 37 000$, vit à Montréal, a rendu visite à des Canadiens d'autres provinces. Est francophone ou non-francophone, dans la même proportion.

Connaissez-vous des types ou portraits similaires des Américains? Combien de portraits distincts des Américains pourriez-vous décrire?

SYNTHESE DE L'UNITE

COMMENT PRENDRE DES NOTES EN CLASSE

Quand vous suivez un cours, ou une conférence ou un quelconque enregistrement dont vous désirez retenir personnellement le contenu, un problème se pose: celui qui parle va plus vite que vous qui écrivez, et vous avez besoin d'une trace écrite claire, logique et efficace. Alors apprenez à prendre des notes.

LE MATERIEL

Préparez tout à l'avance pour gagner du temps. Indiquez en haut de chaque page: le numéro de page, le titre, la matière, la date. Ménagez à droite une marge importante qui permettra d'écrire des compléments.

UTILISEZ LES ABREVIATIONS

Ne vous laissez pas perturber par un problème de compréhension: si un passage n'est pas compris, laissez un blanc avec un point d'interrogation au crayon, dans la marge. Le retour sur ce passage (question au professeur, à un[e] camarade, recherche personnelle) se fera plus tard.

VISUALISEZ BIEN VOS NOTES

Allez à la ligne dès qu'une idée nouvelle est abordée. Passez une ligne à chaque changement de partie. Employez titres et sous-titres. Faites des énumérations par séries de tirets, et mettez des accolades. Utilisez éventuellement des systèmes de flèches pour relier les idées les unes aux autres.

RELISEZ VOS NOTES

Avec une couleur qui tranche bien sur celle de votre écrit, encadrez les titres et soulignez les sous-titres. Mettez bien en relief (soulignez, signe $\triangle$ dans la marge) ce sur quoi l'intervenant a particulièrement insisté. Encadrez les conclusions partielles ou générales. Mettez en crochets (ou barrez) ce qui est superflu: hors-sujet, répétitions, détails.

UTILISATION DE SIGNES

- pour désigner un mot

et: *a*	plus: $\oplus$	avoir pour conséquence: $\rightarrow$
un, une: 1	moins: $\ominus$	paragraphe: §
homme: $\male$	augmenter: $\uparrow$	attention: $\triangle$
femme: $\female$	diminuer: $\downarrow$	

- pour désigner préfixes, radicaux ou suffixes dans un mot:

-logue: λ	psychologue: ψλ	-tion: θ
psycho-: ψ	philo-: φ	-ment: ^{t}

OMISSION DE LETTRES A L'INTERIEUR D'UN MOT

- du graphème ou

nous: ns	vouloir: vloir	tout: tt
vous: vs	pouvoir: pvoir	jour: jr
pour: pr	souligner: sligner	toujours: tjrs

- des voyelles nasalisées (on, en, an...)

avant: avt	temps: tps	sans: ss
dont: dt	long: lg	sont: st
donc: dc	longtemps: lgtps	font: ft

- de toutes les voyelles (et même, ici ou là, quelques consonnes)

développement: dvpt	parfois: pf	parce que: pcq
problème: pb	nouveau: nv	quelque: qq
rendez-vous: rdz-vs	mouvement: mvt	quelqu'un: qqn
gouvernement: gvt	nombreux: nbx	quelque chose: qqch

Quand tout un texte ou un cours porte sur un même sujet désigné par un terme, écrivez une première fois le terme entier, puis désignez-le ensuite par sa seule lettre initiale. (*Par exemple:* Dans le cours sur Apollinaire, son nom sera désigné par la seule lettre **A**).

EXPRESSION ORALE

Sujet de débat: «Le Québec libre»
Rôles: des Québécois; des journalistes
Relisez les cinq portraits des Québécois. Ensuite, avec un(e) partenaire, prenez le rôle d'un de ces Québécois et présentez à la classe vos opinions sur la question de l'indépendance québécoise. Ecoutez bien les arguments des autres Québécois et essayez de réagir en répondant à leurs idées.

EXPRESSION ECRITE

Si votre rôle est celui de journaliste, prenez des notes sur le débat (y compris des citations exactes de bons arguments). Posez des questions à ceux qui participent au débat afin de bien comprendre ou développer la position de chaque personne. Ensuite, faites un résumé écrit du débat en mettant en relief certains arguments à l'aide de citations précises.

L'ENVIRONNEMENT ET LA GESTION DE LA PLANETE

CONTROLER LES MANIPULATIONS GENETIQUES

En produisant, par manipulations génétiques, de nouvelles espèces animales ou végétales, dûment brevetées, les pays riches risquent d'appauvrir plus encore le tiers-monde qui serait, si l'on n'y prend garde, obligé de payer pour assurer sa propre subsistance.

MODERER L'EXPLOSION DEMOGRAPHIQUE

Dans un deuxième temps, il faut même la stopper. Pour l'instant, c'est l'accélération : de deux milliards d'hommes en 1930, nous atteindrons les huit milliards en 2010 ! Certaines villes comme Mexico, São Paulo, Calcutta, Le Caire, Bombay, drainant les populations pauvres, deviennent des mégapoles monstrueuses.

LES DOUZE URGENCES A REGLER

ABANDONNER LES GRANDS TRAVAUX

Les barrages, les digues effectués par des entreprises des pays riches sont souvent inadaptés aux besoins réels du tiers-monde : excessivement coûteux, ils remédient aux effets des inondations et non à leurs causes. Des chantiers, de plus, grands destructeurs de la faune et de la flore...

ENRAYER LA PROGRESSION DES DESERTS

Si nul n'ignore, aujourd'hui, la progression inexorable du désert dans les pays du Sahel, la menace pèse sur bien d'autres régions du tiers-monde. Mais le mal menace aussi les Etats-Unis, l'Europe ou l'ex-URSS, résultat d'une agriculture trop intensive, de pluies acides ou d'incendies.

ARRETER L'APPAUVRISSEMENT DE LA DIVERSITE BIOLOGIQUE

Que d'espèces menacées de disparition pure et simple ! Pour les seuls grands mammifères : la baleine, l'éléphant d'Afrique, le grand panda en Chine, le koala et l'ornithorynque en Australie, le lamantin en Floride et en Louisiane, le rhinocéros à Java, le tigre en Inde, l'orang-outan à Bornéo, etc.

LUTTER CONTRE LA DIMINUTION DES RESERVES D'EAU

Si de trop nombreuses zones humides, voire des lacs, sont asséchées par l'homme, la principale menace sur l'eau résulte de la pollution des nappes phréatiques due à l'infiltration de métaux lourds produits par l'industrie et aux pesticides et nitrates employés en agriculture.

LUTTER CONTRE L'ACCUMULATION DES DECHETS

Qu'ils soient ménagers ou industriels, nos déchets s'accumulent, risquant de polluer air et eau. Les déchets les plus toxiques—chimiques et nucléaires—, produits par le Nord, terminent parfois au fond des océans ou prennent discrètement le chemin du tiers-monde à bord de cargos-poubelles.

FREINER LE PILLAGE ET LA POLLUTION DES MERS

La baleine, menacée de disparition, est le symbole de l'attitude irrespectueuse de l'homme à l'égard des océans et de ses richesses. Premiers responsables de ces dégâts : la pêche industrielle, mais aussi les marées noires qui détruisent chaque fois massivement faune et flore.

ARRETER LA PROLIFERATION NUCLEAIRE

Civil, le nucléaire n'est pas sans dangers: il n'est que de se souvenir de l'accident de Tchernobyl dont personne, pour l'instant, n'est à même de mesurer l'ampleur exacte des dégâts. Quant au nucléaire militaire, n'entrouve-t-il pas la porte à l'apocalypse?

REDUIRE LA POLLUTION DE L'AIR

Les pays riches, les premiers, vont devoir réduire leurs émissions de gaz carbonique, faute de quoi on assisterait à un dangereux réchauffement de la Terre. Nous devrons aussi cesser d'employer des CFC (chloro-fluoro-carbones) qui provoquent des trous dans la couche d'ozone—laquelle est indispensable.

REDUIRE LES INEGALITES NORD-SUD

C'est une question de justice : 25% des hommes consomment 85% des ressources de notre planète ! Il faudra rajuster les prix des matières premières (cacao, café, sucre) que les pays riches sous-payent au tiers-monde, alors que celui-ci est surendetté à l'égard des premiers.

LIMITER LA DESTRUCTION DES FORETS TROPICALES

Elles nous sont indispensables puisqu'elles fixent le gaz carbonique de l'atmosphère. De plus, elles abritent la majorité des espèces animales et végétales dont on est loin d'avoir fini l'inventaire. Or la déforestation tropicale s'accélère : elle est actuellement de vingt millions d'hectares par an...

CHAPITRE 3

L'ENVIRONNEMENT: C'EST L'AFFAIRE DE TOUS!

Le but de ce chapitre est d'examiner l'état actuel de l'environnement en France. Au seuil de l'an 2000, quelles sont les préoccupations/inquiétudes des Français à l'égard de l'environnement? Quelles actions proposent-ils pour résoudre les problèmes de l'environnement? A qui font-ils confiance pour prendre les décisions importantes concernant le sort de l'environnement?

Outre les réponses suggérées par les textes et par les discussions en classe, ce chapitre nous présente quelques stratégies (comment analyser un sujet, comment faire des recommandations) et techniques linguistiques (comment rapporter les résultats d'un sondage) qui seront renforcées et pratiquées dans le contexte de la discussion et du travail écrit. Les textes serviront de point de départ pour les activités orales et la pratique de l'écriture.

❦❦❦❦❦❦❦❦❦❦❦❦❦

PREPARATION A LA LECTURE

Répondez aux questions suivantes en vous référant à la carte ci-dessous et aux «douze urgences à régler» (pages 46–47).

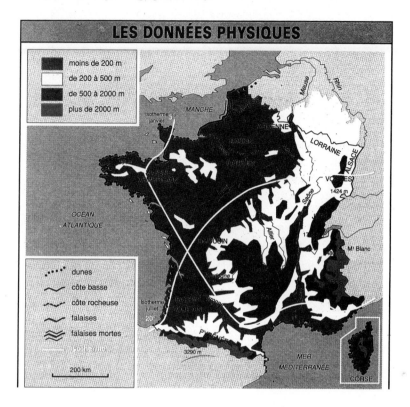

1. La France est caractérisée par un relief contrasté. D'après ce que vous venez de lire au sujet des douze problèmes écologiques du monde, lesquels suscitent l'attention immédiate des Français?

2. A votre avis, quels sont les problèmes les plus urgents dans la région du Rhône? dans la région ouest du pays? dans la région parisienne?

3. Comment l'environnement de la France peut-il être influencé par les autres pays européens?

4. Y a-t-il d'autres problèmes écologiques confrontés par les DOM-TOM? Lesquels?

L'Etat de la planète:
la situation de l'environnement en France au seuil de l'an 2000

L'argument le plus souvent utilisé pour expliquer le manque d'ambition passé des politiques françaises de l'environnement est qu'il n'y aurait pas, en France, de problème écologique majeur. Vue d'Europe, la France peut effectivement apparaître comme une «zone de basse pression écologique relative» par rapport à ses voisins immédiats plus densément peuplés—l'Allemagne, le Bénélux ou la Grande-Bretagne. Mais cette situation apparemment favorable masque une très grande hétérogénéité des situations locales. Surtout, une large partie de l'avance qui existait sans doute encore il y a vingt ans a été perdue en raison même de la lenteur des efforts passés.

DES ATOUTS, MAIS FRAGILES—L'ATOUT DE LA DIVERSITE

La France doit à sa situation géographique originale d'avoir encore un des patrimoines naturels les plus riches et les plus diversifiés en Europe.

- la superficie d'espace «naturel» théoriquement disponible par habitant est, en France, l'une des plus fortes de la Communauté, après l'Espagne;

- sur moins de 12% du territoire européen, la France abrite 40% de la flore d'Europe; les Alpes-Maritimes possèdent à elles seules autant de variétés végétales que toute l'Angleterre;

- elle occupe la deuxième place pour le nombre de mammifères et celui d'espèces animales «endémiques», c'est-à-dire, d'espèces qui n'existent que sur son territoire (hors DOM-TOM);

- les ressources en eau et, surtout en biomasse forestière sont relativement abondantes;

- l'espace maritime français est, grâce aux départements et territoires d'Outre-Mer, le deuxième du monde;

- la variété des paysages et du patrimoine bâti est, elle aussi, remarquable.

DISPARITES ET VULNERABILITE

Ces ressources ont toutefois le défaut d'être mal réparties sur le territoire: les taux de boisement[1] vont, par exemple, de 5 à 10% dans l'Ouest et le Nord de la France, jusqu'à 60% dans les Landes, en passant par une moyenne de 35 à 40% dans une grande majorité des départements de l'Est et du Sud.

---

[1] **le boisement:** *afforestation*

En outre, ces atouts sont particulièrement fragiles pour deux raisons: les espaces les plus remarquables sont ceux qui font l'objet de la compétition la plus vive: littoral, haute montagne, vallées...; la nature est très largement, en France, une construction de l'homme; sa préservation dépend donc très fortement d'une prise en charge par la société ou les individus. C'est dire que l'environnement ne restera un atout pour la France ou une richesse que si l'intégration entre nature et activité humaine est réussie partout où se décide la gestion du territoire.

GESTION DE L'ENVIRONNEMENT DEPUIS VINGT ANS: UN BILAN GLOBALEMENT MEDIOCRE

Or, non seulement la France n'a pas su résoudre plusieurs de ses problèmes, mais elle a, dans certains domaines, pris un retard important à ses voisins... Un inventaire sommaire, limité aux domaines qui font aujourd'hui l'objet d'une préoccupation prioritaire, permet d'identifier les retards les plus criants, les risques ou les problèmes les plus sérieux.

EAU: LA FRANCE PEUT FAIRE MIEUX

Vingt ans d'investissement dans le domaine de l'eau n'ont pas permis d'améliorer sensiblement la qualité des rivières, qui, dans un cas sur deux, reste inférieure aux objectifs souhaitables. Des villes comme Nice, Strasbourg, Avignon, Toulon, Marseille, Lille, Grenoble ou Rouen n'avaient jusqu'à une date récente, pas de dispositifs d'épuration satisfaisants. Globalement, à peine un peu plus du tiers de la pollution des eaux dues aux collectivités locales est actuellement épurée.

A côté de succès réels en matière de dépollution industrielle, bien des problèmes restent à résoudre: le traitement des pollutions diffuses de l'agriculture dues à l'usage des engrais et pesticides; ... l'accumulation des métaux lourds et substances toxiques dans les sédiments; la séparation des eaux usées et des eaux pluviales; la contamination bactériologique des eaux de boissons ou de baignade...

AIR: DES PROGRES A CONFIRMER

Dans le domaine de l'air, l'amélioration a été beaucoup plus sensible (baisse de moitié des émissions de dioxyde de soufre entre 1980 et 1986, réduction équivalente des concentrations dans les villes...), mais ces résultats sont fragiles et inégaux. Les émissions de dioxyde d'azote[2] ou de composés organiques volatiles n'ont été stabilisés que grâce aux économies d'énergie et au programme nucléaire qui ont permis de compenser un fort accroissement de la pollution due aux transports...

Il est évident, enfin, que la qualité de l'air en France est et sera de plus en plus dépendante des efforts qui seront faits pour maîtriser des problèmes qui se posent à une échelle globale ou continentale (réchauffement des climats, appauvrissement de la couche d'ozone, pluies acides...). D'ores et déjà, la moitié des dépôts acides sur le territoire français sont «importés» du reste de l'Europe.

DECHETS: TRES INSUFFISANT

La majorité des communes françaises sont aujourd'hui équipées en matériel de collecte et de traitement des déchets. Pourtant, globalement, seule une proportion encore faible de 80 millions de tonnes de déchets urbains ou industriels produits chaque année reçoit un traitement satisfaisant... Le recyclage et la récupération atteignent des taux inférieurs à ce qu'ils sont dans les pays voisins (25% pour le verre, 3% pour le papier journal, 1% pour le PVC)... Enfin, il reste à trouver des solutions satisfaisantes pour le traitement ou le stockage des déchets hospitaliers, des boues d'épuration ou des déchets nucléaires à moyenne activité.

RISQUES INDUSTRIELS MAJEURS: INCERTITUDES SUR LE NUCLEAIRE ET LES «RISQUES DIFFUS»

La France a été l'un des premiers pays au monde à mettre en place un dispositif cohérent en matière de prévention des risques majeurs: régimes des établissements classés,... strict contrôle du risque nucléaire, etc. Dans ce domaine, les problèmes futurs viendront probablement moins d'un accroissement intrinsèque du niveau des dangers que d'une extension de la vulnérabilité aux accidents et de l'évolution des exigences du public en matière de sécurité, ce qui rend tout diagnostic difficile et relatif. Deux thèmes font néanmoins l'objet de préoccupations particulières: d'une part, la sécurité nucléaire, qui soulève encore quelques questions non résolues telles que le traitement des déchets ou le démantèlement des centrales, d'autre part, l'adaptation aux risques «diffus» (vulnérabilité des réseaux, transport de matières dangereuses, sécurité des petites installations,...).

---

[2] **l'azote**(*f*): *nitrogen*

TOUT COMPTE FAIT

Au terme de ce survol, la situation de l'environnement comparée à celle des autres pays européens et, plus généralement industrialisés, apparaît:

- relativement bonne en ce qui concerne la consommation d'eau ou d'énergie par habitant ou par franc produit, la superficie d'espace naturel disponible,... la salubrité des plages, etc.;

- proche de la moyenne pour la consommation d'engrais ou de pesticides à l'hectare, le traitement des déchets ménagers, la qualité de l'eau des rivières, et celle de l'air dans les villes—même si l'avantage relatif par rapport à des pays moins bien placés tend à se réduire;

- plutôt médiocre pour la pollution due aux transports, l'exposition au bruit, la desserte de la population en stations d'épuration,... l'équilibre des systèmes de protections fortes sur l'ensemble du territoire. A cela s'ajoute un retard certain en écologie urbaine et les problèmes, tout à fait spécifiques, que pose le fort développement de la filière nucléaire.

Encore cette hiérarchie doit-elle être interprétée avec beaucoup de prudence, vu la grande hétérogénéité géographique qui caractérise la France: les moyennes générales ne disent rien, ou pas grand chose, des problèmes spécifiques que posent, par exemple, l'intensification de l'agriculture en Bretagne ou en Beauce ou encore la concentration d'un Français sur cinq dans l'agglomération parisienne. *Gérer cette hétérogénéité a toujours été et restera un défi majeur pour la politique française de l'environnement.*

Environnement et gestion de la planète: Cahiers Français N°250 (La Documentation Française, mars–avril 1991), pages 16–19, 21.

Jacques Theys, Lucien Chabason, *Plan National pour L'Environnement* (juin 1990).

VERIFICATION

Pour chaque catégorie, résumez les efforts qu'a faits la France pour améliorer l'environnement. Ensuite indiquez ce qui reste à faire pour poursuivre et mener à bien le travail.

Problème	Déjà fait	Ce qui mérite attention
eau		
air		
déchets		
nucléaire		

A VOTRE AVIS

1. Comment la France est-elle douée d'une géographie unique en Europe?

2. Comment cet état favorable peut-il mener à une certaine satisfaction qui néglige ou masque des problèmes écologiques?

3. La France est un des premiers pays au monde par sa production nucléaire. Quels sont les risques associés aux réacteurs nucléaires?

4. Dans quels domaines la France a-t-elle dépassé les autres pays européens dans ses efforts pour protéger et pour améliorer l'environnement?

5. Dans quels domaines la France a-t-elle pris un retard important par rapport à ses voisins européens dans ses efforts pour protéger et pour améliorer l'environnement?

STRATEGIES POUR ECRIRE

ANALYSER UN SUJET ET RECHERCHER DES IDEES: ETAPES METHODOLOGIQUES

METHODE

1. Encadrer les mots-clés en lisant le texte.

> *exemple*: L'argument le plus souvent utilisé pour expliquer le manque d'ambition passé des politiques françaises de l'environnement est qu'il n'y aurait pas, en France, de problème écologique majeur.

2. Définir, éventuellement, ces mots-clés afin d'éviter confusion ou contresens.

> *exemple:*   **Environnement**   →   cadre de vie
> milieu physique   milieu social
> nature, urbanisme, habitat   relations humaines

3. Noter le développement des idées pour chaque paragraphe.

> *exemple*: le paragraphe intitulé «Disparités et vulnérabilité»
> **L'idée directrice (ou thèse)**
> Malgré toutes ses ressources naturelles, la France se trouve en face de problèmes écologiques sérieux et variés.
> **Les exemples (éléments concrets)**
> — Les ressources sont mal réparties sur le territoire.
> les taux de boisement:
> — de 5 à 10% dans l'ouest et le nord de la France;
> — 60% dans les Landes;
> — une moyenne de 35 à 40% dans une grande majorité des départements de l'Est et du Sud
> **Les arguments (éléments abstraits)**
> — Ces atouts sont particulièrement fragiles (deux raisons).
> — L'environnement ne restera un atout pour la France que si l'intégration entre nature et activité humaine est réussie.

4. *Formuler les questions essentielles à résoudre et qui prêtent à discussion. Les poser de manière claire et précise pour bien délimiter le sujet.*

De quoi s'agit-il?

Que dois-je démontrer?

APPLICATION

En lisant le texte encore une fois, encadrez les mots-clés. Ensuite, choisissez un aspect de l'article (eau, air, déchets ou risques industriels majeurs) et identifiez l'idée directrice. Enfin, énumérez les exemples présentés dans le texte en prenant chaque exemple comme point de départ pour rechercher les arguments du texte. Visualisez vos recherches d'arguments sous forme de tableau.

DISCUSSION

1. Quels sont les atouts naturels de votre pays ou de votre région? Décrivez la diversité géographique qui s'y trouve. Quels problèmes de l'environnement sont particulièrement urgents?

2. Que représente le dessin à la page 51? Quels efforts pouvez-vous identifier qui ne répondent pas aux problèmes de l'environnement mais les renvoient à plus tard?

EXPANSION

Préparez une description d'un problème écologique aux Etats-Unis ou au Canada. D'abord, choisissez une idée directrice, ensuite donnez quelques exemples concrets et offrez des arguments (abstraits) pour soutenir votre opinion.

PREPARATION A LA LECTURE

Répondez aux questions suivantes selon votre opinion personnelle.

1. Face aux problèmes de drogues, de chômage et de maladies sérieuses (comme le sida), quelle importance relative donneriez-vous aux problèmes écologiques?

2. De tous les problèmes écologiques, lequel trouvez-vous le plus urgent à résoudre? Pourquoi?

3. Comment est-ce que vous participez aux efforts pour préserver ou pour améliorer l'environnement?

4. Tandis que les problèmes écologiques se trouvent partout sur la planète, on est encouragé à réagir et à lutter contre la pollution au niveau local. Croyez-vous que les efforts locaux puissent conduire à des changements importants? Comment? Dans quelle mesure?

Les Français, l'environnement et les écologistes

Plusieurs sondages récents permettent de connaître l'opinion des Français sur les problèmes de l'environnement et le rôle des écologistes.

La plupart des Français (83%) se disent «très» ou «plutôt» concernés par les problèmes d'environnement. Ils les placent au quatrième rang de leurs préoccupations (deuxième rang pour les écologistes, cinquième pour les électeurs de gauche et septième pour ceux de droite). La pollution se situe en quatrième position (39%), parmi les «risques» les plus redoutés, après la drogue (54%), le chômage (49%), le Sida (46%).

C'est la pollution de l'air qui est considérée comme la question la plus préoccupante, tant dans leur cadre de vie quotidien (47%) qu'au niveau mondial (59%). Viennent ensuite, au quotidien, la propreté de la mer et des rivières (40%), les décharges publiques ou sauvages (36%), la maladie des arbres (29%), le bruit (27%), la qualité de l'eau du robinet (24%), l'enlaidissement du paysage (20%), le manque d'espaces verts (19%) et l'urbanisme sauvage (16%). Au niveau mondial, ce sont les déchets toxiques qui sont placés en seconde position (57%), devant la diminution de la couche d'ozone (56%), la disparition des forêts (55%), la pollution de l'eau des rivières et des lacs (46%), celles des mers et des plages (41%), l'utilisation des produits chimiques dans l'agriculture (39%), les centrales nucléaires (33%), etc. A l'exception de la pollution de l'air, on constate donc de sensibles différences dans les préoccupations des Français, selon qu'elles se rapportent au niveau de vie quotidien ou au niveau mondial. Pour eux, les principaux responsables de la pollution de l'air sont les entreprises (48%) et les accidents (26%)...

DES RESPONSABILITES CERTAINES

Pour défendre l'environnement, les Français font d'abord confiance aux municipalités (49%), puis aux associations de défense de l'environnement (46%), à l'initiative de chacun (38%) et, pour 20% seulement, au Secrétariat d'Etat à l'Environnement, pour 11% au gouvernement, 7% aux parlementaires et 3% aux partis politiques... Chiffres qui ne font que confirmer le discrédit dont souffre l'ensemble de la classe politique.

Enfin, l'environnement est considéré, parmi six grands domaines d'action, comme le seul où «l'échelon local» représente (pour 62% des Français) la plus grande efficacité potentielle. Cette majorité se répartit ainsi: 31% pour la commune, 20% pour la région et 11% pour le département. 22% estiment que l'Europe est la mieux placée et 15% continuent de faire confiance à l'Etat. Pour conclure, sur une note plus «personnalisée», on peut signaler que, parmi ceux auxquels les Français font le plus confiance pour défendre l'environnement, c'est le commandant Cousteau, officier de marine, océanographe et cinéaste, qui arrive largement en tête, avec 54% des suffrages. Il devance le géologue et volcanologue Haroun Tazieff (14%) et le Secrétaire d'Etat à l'Environnement, lui-même ancien «leader» écologiste, Brice Lalonde (5%).

Alain Kimmel, *Vous avez dit France? Pour comprendre la société française actuelle* (Paris: Hachette, 1992), pages 113-115.

VERIFICATION

Indiquez si les phrases suivantes sont vraies ou fausses en inscrivant **V** ou **F** à côté de chaque phrase.

1. _____ La plupart des Français sont très concernés par les problèmes de l'environnement.

2. _____ La pollution se trouve au deuxième rang de leurs préoccupations, après le problème des drogues.

3. _____ Parmi tous les problèmes d'environnement, les Français considèrent la pollution de l'eau comme le problème le plus important au niveau de la vie quotidienne.

4. _____ Au niveau mondial, les Français se préoccupent du problème des déchets comme un des plus grands problèmes qui méritent l'attention immédiate.

5. _____ Beaucoup de Français croient que les industries sont largement responsables pour la pollution de l'air.

6. _____ Pour améliorer l'environnement, les Français font d'abord confiance au Secrétariat d'Etat à l'Environnement, ensuite aux associations de défense de l'environnement.

7. _____ En France, les municipalités locales jouent un rôle essentiel dans les programmes d'amélioration de l'environnement.

8. _____ La personnalité la plus reconnue et à laquelle les Français font le plus confiance pour défendre l'environnement est Antonine Waechter—le chef de file des Verts (parti politique).

A VOTRE AVIS

Répondez aux questions suivantes en justifiant vos réponses.

1. Croyez-vous que l'environnement soit actuellement une préoccupation du gouvernement américain?

2. Si vous aviez l'occasion d'introduire une nouvelle loi concernant l'environnement au congrès américain, qu'est-ce que vous proposeriez?

3. Accepteriez-vous de payer de nouveaux impôts pour soutenir les efforts pour préserver l'environnement?

4. Quelle est la personnalité populaire à laquelle les Américains font le plus confiance pour défendre l'environnement?

5. En ce qui concerne l'environnement, quelle sorte de collaboration envisagez-vous entre les Etats-Unis, le Canada et le Mexique?

REGARDER DE PRES

COMMENT RAPPORTER LES RESULTATS D'UN SONDAGE

A part les chiffres ou les pourcentages, un sondage comprend un vocabulaire particulier pour rapporter les opinions des participants du sondage. Pour éviter la répétition fréquente de certains verbes (e.g., **croire, penser**), les journalistes emploient une variété d'autres expressions.

Modéle:

«La plupart des Français (83%) *se disent* «très» ou «plutôt» concernés par les problèmes d'environnement.»

«C'est la pollution de l'air *qui est considérée* comme la question la plus préoccupante...»

«Au niveau mondial, ce sont les déchets toxiques qui *sont placés* en seconde position...»

«On *constate* de sensibles différences dans *les préoccupations* des Français...»

«22% des Français *estiment* que l'Europe est la mieux placée (pour défendre l'environnement)...»

APPLICATION

A. Complétez le sondage suivant.

1. Je suis (_____ très, _____ plutôt, _____ un peu, _____ pas) préoccupé(e) par les problèmes d'environnement.

2. Indiquez le rang relatif de chaque problème dans vos préoccupations (1 à 5). (1 = première priorité, 2 = deuxième priorité, etc.)

_____ le chômage

_____ le Sida

_____ l'environnement

_____ la drogue

_____ la violence

3. Indiquez le rang relatif de ces problèmes de l'environnement (1 à 10). (1 = première priorité, 2 = deuxième priorité, etc.)

_____ la propreté de la mer et des rivières

_____ la pollution de l'air

_____ les décharges publiques ou sauvages

_____ le bruit

_____ la qualité de l'eau du robinet

_____ le manque d'espaces verts

_____ les déchets toxiques

_____ la diminution de la couche d'ozone

_____ la disparition des forêts

_____ les centrales nucléaires

4. A qui faites-vous confiance pour défendre l'environnement? Indiquez l'ordre de votre choix. (1 à 5)

_____ aux municipalités locales

_____ aux associations de défense de l'environnement

_____ au gouvernement fédéral

_____ au gouvernement de chaque état

_____ à l'initiative de chacun

B. En groupes de cinq ou six personnes, combinez vos réponses. Préparez un résumé bref des résultats de votre groupe.

DISCUSSION

Lisez la liste suivante des problèmes majeurs de l'environnement projetés pour le prochain siècle. Les risques ne sont pas hiérarchisés. Ensuite, discutez ces problèmes afin de les classifier selon leur urgence. (1 = première priorité, 2 = deuxième priorité, etc.)

Douze problèmes majeurs de l'environnement pour le prochain siècle

_____ 1. Les effets sur l'environnement marin de l'exploitation des océans (pétrole et construction en mer, stockage des déchets...)

_____ 2. Les risques liés à la filière nucléaire (pollution chimique et radioactive, risques d'accident, stockage des déchets...)

_____ 3. Les changements climatiques dus à l'augmentation du CO_2, du méthane et des oxydes d'azote (effet de serre)

_____ 4. Les risques de réduction de la couche d'ozone

_____ 5. L'érosion et l'extension de la désertification

_____ 6. La disparition massive des forêts tropicales

_____ 7. La pollution diffuse généralisée des sols et de l'eau par les insecticides

_____ 8. Le transport et le stockage des déchets toxiques

_____ 9. Les nuisances dues aux véhicules à moteur (congestion, bruit)

_____ 10. Les radiations non-ionisantes (micro-ondes, écrans informatiques, champs électriques, télévision...)

_____ 11. La baisse de la diversité génétique des espèces

_____ 12. Les effets sur l'environnement des énergies «nouvelles» (issues du charbon, centrales nucléaires à fusion...)

EXPANSION

A. Faites un sondage de dix personnes, hors de classe, en employant la liste des douze problèmes majeurs d'environnement pour le prochain siècle. (Traduisez les phrases pour ceux de vos amis qui ne lisent pas le français.) Ensuite, présentez vos résultats sous forme écrite ou orale.

B. Faites un sondage plus général au sujet des grands problèmes contemporains (la drogue, le Sida, le chômage, etc.). Posez au moins quatre questions basées sur l'article et la section *Application*. Ensuite, présentez vos résultats sous forme écrite ou orale.

La «Charte verte»: une première en France

Selon l'article précédent, 49% des Français font confiance, d'abord, aux municipalités locales pour défendre l'environnement. Que peut-on faire à ce niveau? Lisez l'article suivant pour trouver des réponses à cette question. La ville de Lyon se trouve à la tête d'un mouvement local pour prendre responsabilité de son propre environnement.

La ville de Lyon se pose en champion de l'environnement. Michel Noir, Président de la Communauté Urbaine de Lyon, a récemment présenté la «charte de l'écologie urbaine du Grand Lyon». Un pavé de 140 pages, énumérant un catalogue d'actions «vertes» pour les années à venir. On donnera la priorité au plus évident et au plus urgent: le traitement des eaux usées. Pour l'instant 60% de la pollution lyonnaise échappe aux stations d'épuration. Une extension des égouts est programmée. Autre mal propre à la ville des petits bouchons si chers aux gastronomes: les gros bouchons. La charte prévoit d'éliminer la circulation automobile de certains secteurs stratégiques comme le centre historique.

Les écologistes lyonnais trouveront certainement à rouspéter, mais la charte entraînera tout de même près de 1,2 milliards de francs d'investissement, et elle est la première du genre pour une grande ville française. Un exemple que Marseille et Paris feraient bien de méditer.

(*Le Point*, juin 1992)

LA QUALITE DE L'ENVIRONNEMENT, UN ENJEU MAJEUR

L'écologie urbaine est une priorité. Je l'ai souvent dit et écrit car je suis persuadé que la qualité de notre environnement est un enjeu majeur pour les années à venir.

Nos cités sont vivantes: les échanges sont permanents entre les hommes et leur environnement. L'agglomération entière vit au rythme des flux entre les milieux urbains, industriels, naturels ou agricoles. C'est pourquoi je crois nécessaire de retenir ce nouveau concept d'**écologie urbaine**.

Lieux de vie, de travail, d'échanges, les villes et leurs agglomérations sont devenues progressivement l'environnement quotidien de la plupart des Français: aujourd'hui, plus de 80% de la population vit en milieu urbain. Nous sommes entrés dans une civilisation de la ville. D'où la nécessité, de plus en plus pressante, de sauvegarder et de valoriser notre environnement urbain et nos ressources naturelles (eau, air, espace végétal). La Communauté Urbaine s'est engagée résolument sur ce terrain. Son objectif est d'améliorer le cadre et la qualité de vie de ses habitants (1 200 000 personnes) et de faire du Grand Lyon une métropole européenne agréable à vivre.

POUR UNE AGGLOMERATION FACILE A VIVRE

Au niveau local, des efforts considérables sont faits par la Communauté Urbaine qui y consacre le quart de son budget. Eau, assainissement, propreté, sécurité, écologie, transports en commun plutôt que la voiture, porter les objets aux déchetteries, mettre le verre à part, participer à la sauvegarde de la nature reste bien du domaine de chacun. Si l'écologie urbaine est l'affaire de la Communauté Urbaine, par contre l'environnement au quotidien est l'affaire de tous.

L'écologie c'est d'abord le civisme de chacun. Nous pouvons tous les jours améliorer notre environnement en utilisant les transports en commun, en portant les déchets encombrants dans un centre de récupération, en chauffant raisonnablement les logements. L'environnement n'est pas une mode, c'est le sens de l'histoire et c'est notre avenir. Nous sommes partie prenante d'un monde en perpétuelle évolution, nous modelons nous-mêmes notre avenir, et nous vivons en retour les transformations que nous imposons à notre environnement. L'écologie urbaine est sans aucun doute un enjeu démocratique, car bien vivre dans la ville est un droit pour tous, au même titre que la justice ou l'éducation.

SOLIDARITE

Tout le monde est concerné par la protection de l'environnement. Les industriels, les collectivités locales mais avant tout chacun, dans ses gestes de tous les jours. Mais on ne sait pas toujours quoi faire. Voici quelques idées simples à l'usage des citoyens de la Communauté Urbaine de Lyon.

En ville, vivent les transports en commun!

Les pots d'échappement sont en grande partie responsables de la pollution en ville. Il est possible de diminuer bruits et fumées en adoptant une conduite souple, sans freinages ni accélérations brusques. Et surtout, le plus souvent possible, utilisez les transports en commun. La Communauté Urbaine de Lyon «muscle» son réseau de transports urbains. Profitez-en!

Déchetteries: halte au gâchis.

Un des grands facteurs de pollution, c'est le gaspillage. Dans les déchetteries, on trie et on recycle tout ce qui peut l'être. Apportez-y des objets encombrants (matelas, appareils ménagers), des vieux vêtements, des déchets toxiques (piles), des gravats,...

Bricolage: attention, produits dangereux.

Si vous faites partie des 25% de Français qui vidangent eux-mêmes leur voiture, ne jetez surtout pas l'huile n'importe où. Un litre suffit à former une pellicule grasse de 10 000m^2... Les solvants, les peintures, les vernis endommagent les stations d'épuration et polluent le Rhône. Confiez plutôt ces produits à des «récupérateurs spécialisés».

Jardins: le retour à la nature.

Attention aux pesticides ou aux engrais chimiques. Il faut utiliser les moins nocifs et ne pas forcer les doses. Autant que possible, employez les ressources de la nature: les engrais naturels et les plantes pourvues de défenses chimiques (sauge, lavande, menthe...) pour éloigner les insectes... Participez à la sauvegarde du patrimoine naturel en cultivant des plantes oubliées.

En verre et contre gaspillage.

En jetant le verre dans un des 1 000 conteneurs à votre disposition dans la Communauté Urbaine de Lyon, vous économisez des matières premières et de l'énergie. Et vous aidez la Ligue contre le cancer qui reçoit le produit de la vente du verre récupéré.

La nature gagne à être connue.

Partez à la découverte de la faune et de la flore du Grand Lyon. Et, au cours de vos promenades, respectez le silence de la forêt, n'abimez pas les champs cultivés, cueillez le moins possible de fleurs sauvages et... ne jetez rien!

Déneigement: pas d'excès de sel.

Quand il neige, il faut recourir au salage avec précaution car le sel évacué avec les eaux usées est nocif pour les végétaux. Prenez patience, la Voirie dégage en priorité les grands axes de circulation.

Eau: Halte! à la surconsommation.

Un bain, c'est 200 litres. Un lavage de voiture, 190 litres. L'arrosage de 10m^2 de jardin, 170 litres. Une lessive, 130 litres, une vaisselle, 80 litres, une douche, 50 litres. L'eau est un bien précieux, il ne faut pas la gaspiller.

Enfin, nous sommes convaincus que la prochaine décennie sera celle de l'environnement. Il faut absolument modifier nos comportements quotidiens en matière d'environnement pour que l'espoir d'une meilleure vie pour nos enfants se concrétise.

Extraits de Michel Noir, «La qualité de l'environnement, un enjeu majeur», *Les Dossiers du grand Lyon*, N°7 (novembre 1991).

VERIFICATION

Indiquez la contribution de chaque recommandation à l'amélioration de l'environnement. Des réponses multiples sont possibles.

A = pour améliorer/conserver les lacs, les rivières, les eaux

B = pour améliorer l'air

C = pour améliorer la condition des rues et du centre-ville

D = pour améliorer/préserver la nature

_____ 1. Employer les engrais naturels au lieu des défenses chimiques pour éloigner les insectes.

_____ 2. Prendre une douche au lieu de prendre un bain.

_____ 3. Prendre les transports en commun plutôt que la voiture.

_____ 4. Chauffer raisonnablement les logements.

_____ 5. Mettre le verre à part pour le recyclage.

_____ 6. Découvrir les parcs et les espaces naturels mais respecter (ne pas déranger) les plantes et l'atmosphère de la paix.

_____ 7. Eviter d'employer le sel pour dégager les rues de la neige.

_____ 8. Adopter une conduite souple, sans freinages ni accélérations brusques.

_____ 9. Apporter des objets aux déchetteries.

_____ 10. Recycler l'huile, les peintures, les solvants, etc.

A VOTRE AVIS

Répondez aux questions suivantes en justifiant vos réponses.

1. Que veut dire le terme **écologie urbaine**? Contrastez les influences sur l'écologie urbaine avec celles sur l'écologie rurale.

2. M. Noir a écrit: «Nous sommes entrés dans une civilisation de la ville.» Voyez-vous un tel mouvement dans votre propre région? Pourquoi ou pourquoi pas?

3. A votre avis, quel pourcentage du budget d'une ville devrait être consacré aux efforts pour améliorer et pour protéger l'environnement?

4. Si l'environnement au quotidien est l'affaire de tous, accepteriez-vous des lois qui exigeraient de tout le monde de participer aux efforts de recyclage? Pourquoi ou pourquoi pas?

5. Est-il juste de payer des impôts pour améliorer l'environnement dans une communauté sans qu'ils soient prélevés dans toutes les communautés?

6. Quelles sortes de programmes de recyclage y a-t-il dans votre communauté?

7. Quelles associations existent qui s'occupent de la défense de l'environnement? Que font-elles?

8. Croyez-vous qu'il y ait des problèmes encore plus urgents que ceux de l'environnement qui méritent notre attention? Lesquels?

STRATEGIES POUR S'EXPRIMER

COMMENT FAIRE DES RECOMMANDATIONS

Les recommandations ou les suggestions de faire quelque chose peuvent être directes ou indirectes, personnelles ou générales. Le choix de forme dépend des circonstances et du ton du message. Lisez les exemples ci-dessous et notez la grande variété des formes employées.

Modèles:

1. «L'agglomération entière vit au rythme des flux entre les milieux urbains, industriels, naturels ou agricoles. C'est pourquoi *je crois nécessaire de* retenir ce nouveau concept d'écologie urbaine.»

2. «Nous *pouvons* tous les jours *améliorer* notre environnement *en utilisant* les transports communs...»

3. «*Il est possible de* diminuer bruits et fumées en adoptant une conduite souple...»

4. «*Apportez* des objets encombrants, des vieux vêtements et des déchets toxiques aux déchetteries.»

5. «*Attention aux* pesticides ou aux engrais chimiques.»

6. «*Il faut utiliser* les pesticides moins nocifs.»

7. «*Mettre* le verre à part.»

A part les impératifs directs (**respectez, ne jetez pas**, etc.), on trouve souvent:

- l'emploi de l'infinitif: **respecter, ne pas jeter**, etc.

- des expressions impersonnelles: **il est possible de, il faut**, etc.

- des expressions d'opinion personnelle: **je crois nécessaire, je suis persuadé(e)**, etc.

- des expressions très générales: **attention à**...

- l'emploi du participe présent: **en chauffant** raisonnablement les logements, **en utilisant** les transports communs

APPLICATION

Ecrivez sous une autre forme les cinq recommandations ci-dessous. Ensuite, ajoutez cinq autres recommandations de votre choix pour améliorer ou préserver l'environnement sur votre campus ou dans votre ville.

1. Utiliser du papier recyclé.

2. Eteindre les lumières en sortant d'une pièce.

3. Refuser les produits «suremballés».

4. Faire ses courses avec ses propres sacs.

5. Utiliser le recto et le verso des feuilles pour écrire.

6.–10. *Vos recommandations.*

DISCUSSION

Que faites-vous pour contribuer aux efforts pour préserver l'environnement? Il est difficile de suivre toutes les recommandations des écologistes. Pour quelles raisons est-ce que vous choisissez de suivre certaines suggestions mais pas d'autres (pas assez de temps, trop cher, pas aussi importantes que d'autres problèmes, il faut trop d'effort, etc.)?

OBJECTIF TERRE

Ce que chacun de nous peut faire

○ Baisser de 10 % sa consommation de gaz et d'électricité d'ici à 1993.
○ Économiser l'eau (la consommation nationale est de 37 milliards de mètres cubes par an), traquer les fuites (qui provoquent une perte de plus de 20 % de l'eau canalisée).
○ Réduire le kilométrage parcouru en voiture de 25 % en un an, ne pas utiliser celle-ci pour des trajets courts : marcher, rouler à vélo ou prendre les transports publics à sa place. Consommer moins d'essence en conduisant en souplesse, en veillant au bon réglage de son auto.
○ Éviter le gaspillage ménager afin de réduire les déchets (chaque Français jette actuellement entre 1 et 3 kg d'ordures par jour).
○ Demander un ramassage sélectif des ordures (verre, papier, métaux) à sa municipalité.
○ Planter des arbres, adhérer à une organisation de protection de l'environnement, écrire à son banquier pour l'exhorter à effacer la dette du tiers-monde, ces trois conseils émanant plus précisément des Amis de la Terre.

Trois livres pour en savoir plus

○ *La Terre et la vie*, par Yves Paccalet, éd. Larousse, 224 p., 295 F.
○ *500 jours pour sauver la planète*, par Edward Goldsmith, éd. du Chêne, 288 p., 250 F.
○ *Sauvons la Terre*, par Jonathan Porritt, préface d'Hubert Reeves, éd. Casterman, 192 p., 230 F.

Les adresses qu'il faut connaître

Lutte contre la pollution atmosphérique
○ Agence pour la qualité de l'air, tour Gan, 16, place de l'Iris, Cedex 13, 92082 Paris-la Défense 2, tél. (1) 49.01.45.45.
○ Commission de recherche et d'information indépendantes sur la radioactivité (Crii-rad), Le Cime, 471, av. Victor-Hugo, 26000 Valence, tél. 75.40.95.05. *(Encadré ci-contre.)*

Maintien de la diversité biologique
○ Wwf-France (Fonds mondial pour la nature),151, boulevard de la Reine, 78000 Versailles, tél. (1) 39.50.75.14.
○ Fédération européenne de revalorisation des races domestiques menacées (Ferme). Président : Laurent Cogerino, université Claude-Bernard Lyon 1, département de biologie animale, 43, boulevard du 11-Novembre-1918, 69622 Villeurbanne Cedex.
○ Société nationale de protection de la nature, 57, rue Cuvier, BP 405, 75221 Paris Cedex 05.

Protection de la forêt
○ France nature environnement (Fédération française des sociétés de protection de la nature), Réseau Forêts, 57, rue Cuvier, 75231 Paris Cedex 05, tél. (1) 43.36.79.95.
○ Ecoropa-France (Save the forests, save the planet), 42, rue Sorbier, 75020 Paris, tél. (1) 46.36.45.25.
○ Solidarité forêt (affiliée aux Amis de la Terre), 30, rue Rambuteau, 75003 Paris, tél. (1) 48.87.68.98.

Choisissez une des activités suivantes basées sur *Objectif Terre*.

A. Quelles recommandations y a-t-il sur cette liste que vous n'avez pas encore considérées?

B. Faites un compte-rendu d'un livre qui traite le sujet de l'environnement, des ressources naturelles, ou de l'état de la planète.

C. Ecrivez une lettre à une association d'environnement (française, canadienne ou américaine) pour demander des renseignements supplémentaires sur ses efforts pour améliorer et pour préserver l'environnement.

CHAPITRE 4

FAIRE AVANCER LE MONDE, SANS FAIRE RECULER LA TERRE[1]

Le but de ce chapitre est, en premier lieu, de prendre une perspective globale aux problèmes de l'environnement tout en examinant en même temps, et d'une façon détaillée, ses effets sur des pays du Sud (pays en voie de développement). Une considération importante pour le continent d'Afrique est la démographie. Quel sera l'effet de la croissance rapide de la population africaine? Quand on parle des pays francophones, il est essentiel de se rappeler que le lien linguistique qu'ils gardent ne veut pas dire qu'ils ont les mêmes considérations d'environnement. Chaque pays a ses propres problèmes. Dans ce chapitre une comparaison intéressante entre le Niger et le Québec ouvre une fenêtre sur la diversité de leurs problèmes d'environnement.

Outre les renseignements fournis par les textes, ce chapitre nous présente quelques stratégies (comment choisir sa stratégie de raisonnement, comment organiser des idées) et techniques linguistiques (établir une logique interne) qui seront renforcées et pratiquées dans le contexte de la discussion et du travail écrit. Les textes serviront de point de départ pour les activités orales et la pratique de l'écriture.

---

[1] Slogan du Tetra-Pak, producteur des emballages.

L'Etat de la planète: constat planétaire

Produire, c'est détruire. Mais à détruire pour produire plus, les gens épuisent ce qui les fait vivre et les dégats de leur activité menacent aujourd'hui les conditions mêmes de la vie sur terre. Ils doivent apprendre à gérer leurs destructions aussi bien que leur production. Ils commencent à le faire. Iront-ils jusqu'à changer leurs modes de développement?

Sans cacher l'ampleur des défis à relever, on procède à l'état des lieux de la terre. Un constat qui prouve, si besoin était, que l'idée d'environnement ne saurait être que planétaire: car si pays riches et pays pauvres ne disposent pas des mêmes moyens pour concilier impératif écologique et nécessités économiques, tous sont à la même enseigne face aux menaces qui pèsent sur le climat de la planète et sur la couche d'ozone.

CRISE ECOLOGIQUE ET DEMOGRAPHIE

Il y a 10 000 ans, la terre aurait eu 5 millions d'habitants. Au XVIIe siècle, la population serait 500 millions. Le milliard est, semble-t-il, atteint au début du XIXe siècle. Puis le phénomène s'emballe: 2 milliards au début du XXe siècle; 3 milliards en 1960; 4 milliards en 1975; 5,2 milliards en 1988. En 2025, la population de la planète s'élèverait à plus de 8 milliards d'habitants pour se stabiliser ensuite autour de 10 ou 11 milliards d'habitants. La croissance démographique, telle est la première origine de la «crise écologique»: l'humanité, en se multipliant, sollicite de plus en plus les ressources naturelles et les épuise. Cette exploitation de la terre est indissociable de la révolution scientifique et industrielle. Grâce à celle-ci, désormais indispensable à la survie de l'humanité, les richesses de la planète sont systématiquement exploitées et inventoriées... L'homme, en s'appropriant et en modifiant la nature, bouleverse et menace ses conditions de vie.

ET TOUS ETAIENT FRAPPES...

La détérioration de l'environnement, on la ressent d'abord dans sa vie quotidienne. En 1940, un individu sur huit vit dans une ville; en 1960, un sur cinq; en 1980, un sur trois. En 1950, deux agglomérations, New York et Londres, dépassent les 10 millions d'habitants. En 1975, elles sont huit, dont trois (Mexico, Shanghaï, São Paulo) dans des pays en développement. En l'an 2000, elles seront 25, dont 20 dans les pays du Sud (Mexico, São Paulo, Shangaï, Pékin...). Cette urbanisation résume, symbolise toutes les difficultés d'une terre encombrée: industrialisation anarchique, causant des pollutions multiformes et incontrôlées; production massive des déchets; embouteillages de toutes sortes (d'automobiles, de produits, d'habitants). Ici, les problèmes d'environnement rejoignent ceux de santé, de sécurité.

L'ENVIRONNEMENT:
UN LUXE POUR LES PAYS PAUVRES

Ces problèmes affectent tous les pays. Les plus pauvres sont pris au piège de leur propre croissance démographique; ils détruisent leurs sols, surconsomment leur eau et, parfois, pour se procurer des recettes, acceptent de servir de poubelles aux riches tels Haïti, le Bénin, le Congo, la Sierra Leone... Pour les pays engagés sur le chemin de l'industrialisation (Chine, Inde, Brésil...), la protection de l'environnement reste un luxe; elle ne se change en impératif que si son absence entrave la croissance ou provoque des déséquilibres graves tels, par exemple, que l'accumulation d'eaux usées ou de déchets dangereux dans les agglomérations du Tiers Monde...

SOCIETES D'ABONDANCE, ABONDANCE DE DECHETS

Quant aux pays riches (Amérique du Nord, Europe occidentale, Japon), ils demeurent de loin les plus gros consommateurs de ressources primaires (eau, bois, pétrole...) ainsi que les premiers pollueurs de la planète. Dans ces pays, les problèmes d'environnement sont, pour l'essentiel, les sous-produits de la civilisation d'abondance: déchets industriels et domestiques qu'il faut stocker, éliminer ou recycler pour qu'ils n'empoisonnent pas le cadre de vie...

UN «MONDE-POUBELLE»

La crise écologique présente deux visages opposés et complémentaires: d'un côté, l'abondance... des déchets; de l'autre côté, la raréfaction des ressources élémentaires. Le triangle population-industrialisation-urbanisation fait profiter et, surtout, diversifie les déchets...

Face à la multiplication des déchets, le réflexe spontané est d'afficher «pas dans mon arrière-cour». Chacun, individu, entreprise et même Etat, cherche à se débarrasser de ses ordures. Même les usines d'incinération sont rejetées parce que les fumées qu'elles émettent sont jugées polluantes...

Extraits de «*Environnement et gestion de la planète*», *Cahiers français,* N° 250 (1991).

F. JACKSON

A LA DECHARGE DU TIERS MONDE

L'autre aspect de la question des déchets est l'exportation vers le Tiers Monde. Qui a oublié des fûts toxiques italiens expédiés au Nigeria? Des trafiquants américains n'ont-ils pas introduit de bien douteuses cendres à Haïti en les baptisant «engrais»?

L'exportation des déchets américains vers le Tiers Monde a été stimulée par la législation édictée par l'administration Carter. Et les pays pauvres sont restés une destination privilégiée des trafiquants puisque l'enfouissement des produits toxiques y était bien moins onéreux qu'aux Etats-Unis. En effet, les prix pratiqués pour leur stockage en Afrique étaient de l'ordre de 40 dollars la tonne alors qu'ils sont vingt-cinq fois plus élevés dans le nord. En novembre 1988, Greenpeace annonçait que les pays industrialisés avaient envoyé 3,6 millions de tonnes de déchets vers le Tiers Monde et l'Europe de l'Est au cours des deux années précédentes.

Face à cette situation, le Conseil des ministres de l'OUA (Organisation de l'Unité Africaine) a déclaré, en mai 1988, que «le déversement des déchets nucléaires et industriels en Afrique est un crime contre l'Afrique et les populations africaines» et a condamné les multinationales impliquées dans ces déversements en les sommant de «procéder au nettoyage des zones qu'elles ont ainsi polluées».

Mohamed L. Bouguerra, «A la décharge du tiers monde», *Demain la Terre*, Collection dossiers, N° 11, *Le Nouvel Observateur* (juin 1992), page 86.

VERIFICATION

Pour chaque paire de phrases, déterminez quelle phrase est vraie et corrigez celle qui est fausse.

1. a. En 2025, la population de la planète dépassera 15 millards d'habitants.

   b. La première origine de la «crise écologique» est la croissance démographique.

2. a. En 1996, un individu sur huit vivra dans une ville.

   b. Des agglomérations de plus de 10 millions d'habitants se trouvent de plus en plus dans les pays du sud.

3. a. Les pays les plus pauvres acceptent souvent de prendre les déchets toxiques parce qu'ils ont besoin d'argent.

   b. Les pays les plus pauvres sont aussi les plus grands consommateurs de ressources primaires (eau, bois, pétrole).

4. a. «Pas dans mon arrière-cour» est une expression qui montre le manque d'acceptation des logements pour les gens sans foyer.

   b. Les usines d'incinération, nécessaires pour le traitement des déchets, sont souvent rejetées par les communautés où l'on essaie de les introduire.

5. a. Depuis 1988, l'OUA considère l'exportation des déchets au Tiers Monde un crime contre les populations africaines.

   b. Le coût de transporter des déchets aux pays du Tiers Monde et de les stocker dans ces pays est supérieur au prix de les garder dans leurs pays d'origine.

A VOTRE AVIS

Commentez sur les idées ci-dessous tirées de l'article précédent. Expliquez la raison pour votre accord ou désaccord.

1. «Produire, c'est détruire.»

2. «Si pays riches et pays pauvres ne disposent pas des mêmes moyens pour concilier impératif écologique et nécessités économiques, tous sont à la même enseigne face aux menaces qui pèsent sur le climat de la planète et sur la couche d'ozone.»

3. «Cette exploitation de la terre est indissociable de la révolution scientifique et industrielle.»

4. «Quant aux pays riches, ils demeurent les plus gros consommateurs de ressources primaires ainsi que les premiers pollueurs de la planète.»

5. «Face à la multiplication des déchets, le réflexe spontané est d'afficher "pas dans mon arrière-cour".»

COMMENT CHOISIR SA STRATEGIE DE RAISONNEMENT

Le point de départ du raisonnement

- L'opinion à défendre: c'est l'idée à laquelle on veut faire adhérer les autres.

- La situation à observer: c'est un ensemble de faits, d'indices à repérer.

- La réflexion à mener: c'est un problème que l'on va examiner.

- L'idée à faire comprendre: c'est une conception nouvelle pour celui qui la reçoit.

APPLICATION

A. Quel est le point de départ du raisonnement de l'article «L'Etat de la planète: constat planétaire»? Justifiez votre réponse.

B. Choisissez un autre point de départ du raisonnement et écrivez une nouvelle introduction à l'article. Comparez votre introduction avec celle de vos camarades de classe.

DISCUSSION

Pour les pays pauvres, la préservation de l'environnement représente un sujet contesté. En face des maladies sérieuses, du manque de médicaments, de la famine et du taux de mortalité parmi les enfants, l'environnement peut être considéré un luxe. Est-il juste de donner priorité aux menaces pour l'avenir quand la survie quotidienne n'est pas assurée? Dans les pays riches, on pose souvent la question: «Quel monde est-ce que nous laissons à nos enfants pour demain?» Serions-nous aussi concernés par l'avenir si nos enfants mourraient à un taux aussi élevé que celui des enfants du Tiers-Monde?

EXPANSION

Si vous étiez citoyen(ne) d'un pays du Sud et on vous avait demandé de fournir du bois des forêts tropicales de votre pays ou d'accepter les déchets dans vos dépotoirs, quelle serait votre réaction? Votre pays est un des plus pauvres du Sud. La majorité des habitants sont au chômage et la famine devient un problème de plus en plus sérieux. Choisissez une stratégie de raisonnement pour introduire votre argument. Préparez une réponse de deux à trois paragraphes.

La Démographie: la décade critique

Chaque deux secondes, neuf bébés viennent au monde. 17% d'entre eux en Afrique subsaharienne, mais le continent ne compte que 10% de la population mondiale.

Nous sommes en ce moment dans ce que le Fonds des Nations Unies pour la Population (UNFPA), appelle la «décade critique», une période durant laquelle *«les décisions remises et les actions non prises auront des effets désastreux sur les générations du XXIe siècle»*. La population mondiale, de 5,2 milliards aujourd'hui pourrait atteindre 8,5 milliards en 2025 pour se stabiliser à 10 milliards vers 2150.

En clair, le Sénégal qui compte actuellement 7,6 millions d'habitants en aurait 17 millions dans 35 ans. La population ivoirienne passerait de 12 à 28 millions, celle du Nigéria de 118 à 297 millions et celle du Mali, de 8,8 à 24 millions.

Encore s'agit-il là d'estimations faibles qui ont été obtenues en partant

Le Sénégal passerait de 7,6 millions d'habitants à 17 dans 35 ans, la population ivoirienne de 12 à 28 millions, celle du Nigéria de 118 à 297 millions et celle du Mali, de 8,8 à 24 millions

du principe que la fertilité dans le Tiers Monde baissera de 30% dans les 40 ans qui viennent.

LA MAUVAISE REPARTITION DE LA POPULATION

Bien entendu, la majorité des enfants continueront à naître en Asie (Inde et Chine principalement) bien que l'indice de fécondité (nombre d'enfants par femme) et le taux de croissance démographique de ces pays soient faibles. C'est que la base de la population est tellement large que même 1 ou 2 enfants par femme ajoutent des dizaines de millions d'individus chaque année.

En Afrique subsaharienne, au contraire, la base de la population a toujours été réduite. Elle a stagné à 100 millions de 1650 à 1900... Mais ces dernières années ont vu une augmentation rapide due aux progrès de la médecine et à un indice de fécondité extrêmement haut, le plus haut du monde: 6,54 en 1989, le nombre croissant de femmes en âge de procréer, qui ont chacune 6 ou 7 enfants, fait que la base de la population s'élargit très rapidement.

LES FAMILLES NOMBREUSES TOUJOURS APPRECIEES

Pendant longtemps, l'Afrique a accordé peu d'attention à ses problèmes de population. Bien que 26 pays considèrent leur taux de croissance démographique trop élevé, leur principal souci reste la mauvaise répartition de la population: l'explosion des villes. Aujourd'hui, la plupart des responsables africains ont abandonné le faux espoir que la meilleure forme de contraception est le développement. 32 pays sont engagés dans des programmes de planning familial tandis que 17 autres soutiennent des efforts privés dans ce domaine.

Le planning familial en Afrique est particulier. Au Zimbabwé et au Botswana, beaucoup de femmes utilisent des moyens contraceptifs modernes. Cependant leur taux de fécondité est respectivement 5,8 et 6,2. Au Mali, en revanche, 5% seulement des femmes utilisent la contraception (l'immense majorité fait confiance aux méthodes naturelles peu sûres) et leur taux de fécondité est à peine plus élevé: 6,7.

Il semble donc que le planning familial soit utilisé en Afrique pour espacer des naissances désirées et non pour limiter le nombre d'enfants. Ce qui a ses avantages et ses inconvénients. Répartir 7 enfants sur 21 ans plutôt que 14 permet à chaque enfant de mieux se développer et à la mère de faire face aux problèmes de santé que posent les grossesses multiples. Cela signifie aussi qu'elle devra supporter des grossesses tardives, risquées, et que les enfants les plus jeunes devront prendre soin de leurs parents âgés très rapidement.

Les familles nombreuses ont toujours été appréciées en Afrique. Compte tenu de la mortalité infantile (la plus haute du monde: 110 pour 1 000 naissances), il est nécessaire de donner naissance à de nombreux enfants pour en voir survivre au moins quelques-uns. Les motivations familiales de survie ne sont pas les seules. Les couples éduqués, sans souci financier pour l'avenir, continuent à avoir 5 ou 6 enfants. En fait, si les Africains ont en moyenne 6 enfants, même en utilisant la contraception et même en l'absence de motivations économiques, on peut conclure qu'ils les désirent. Ce que corroborent les études de l'ONU. Elles montrent que la taille moyenne de la famille souhaitée en Afrique est de 6,7 alors qu'elle est de 4,2 au Moyen-Orient et en Afrique du Nord et de 3,2 en Asie.

TRANSFORMER LES VALEURS TRADITIONNELLES

Se conformer aux projections moyennes de l'ONU veut dire que l'indice de fécondité dans les pays en voie de développement devrait chuter à 3,2 en 2000–2005. L'Afrique n'atteindra ce niveau que vers 2050... Avec une séropositivité (pour le SIDA) qui pourrait atteindre 21% en l'an 2000, la mortalité liée au SIDA serait de 12 pour 1000—l'Organisation mondiale de la santé prévoit que d'ici 10 ans, 10 millions d'enfants africains seront orphelins à cause de cette épidémie.

Contrairement aux préoccupations des dirigeants africains, l'explosion des villes n'est donc pas le problème numéro 1. L'Afrique ne pourrait pas nourrir toute sa population rurale. Espacer les naissances n'est pas la solution. Il est au contraire temps de promouvoir l'idée qu'un nombre réduit d'enfants est bon pour la famille et la société, même si cela va à l'encontre de traditions culturelles, historiques, religieuses et économiques.

Sylviane Diouf Kamara, «La décade critique», *Africa international*, Nº 246 (février 1992), pages 44–45.

VERIFICATION

Complétez les phrases suivantes en vous référant au texte précédent.

1. Chaque deux secondes, _____ bébés viennent au monde.

2. La population de l'Afrique subsaharienne ne compte que _____ % de la population mondiale.

3. La majorité des enfants continuent à naître en _____.

4. Tandis que l'indice de fécondité est assez faible en Inde et en Chine, la population de ces pays augmente rapidement chaque année à cause de

   _____.

5. Le taux de fécondité pour chaque femme en Afrique est _____ enfants par femme.

6. Le planning familial est quelquefois employé en Afrique pour

   _____ au lieu de limiter le nombre d'enfants.

7. Une raison pour laquelle les familles nombreuses sont toujours appréciées

   en Afrique est que _____.

8. Malheureusement, l'Organisation mondiale de la santé prévoit que d'ici dix ans, dix millions d'enfants africains seront orphelins à cause de

   _____.

A VOTRE AVIS

Répondez aux questions suivantes en justifiant vos réponses.

1. «Nous sommes en ce moment dans ce que le Fonds des Nations Unies pour la Population appelle la "décade critique"...» en ce qui concerne la croissance démographique mondiale. A votre avis, quelles sont les décisions et les actions aujourd'hui qui pourraient profondément influencer le monde du siècle prochain?

2. On a récemment considéré le développement industriel comme réponse à la croissance de la population du Tiers-Monde. Pourquoi est-ce qu'on a abandonné cette idée?

3. Comment expliquez-vous la similarité entre le taux de fécondité des femmes au Zimbabwé et au Bostwana qui utilisent les moyens contraceptifs modernes et celui des femmes au Mali où la majorité des femmes n'emploient pas la contraception?

4. Etes-vous pour ou contre l'idée d'un programme gouvernemental pour le planning familial? Est-ce qu'un gouvernement a le droit de limiter le nombre d'enfants de chaque famille? Pourquoi ou pourquoi pas?

REGARDER DE PRES

ETABLIR UNE LOGIQUE INTERNE

Le raisonnement inductif

Le raisonnement inductif part des faits ou des indices qui sont mis en relation pour en découvrir la ou les causes.

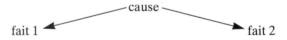

Le rapprochement analogique

Le rapprochement analogique établit une relation de similitude entre des éléments appartenant à des univers différents. Il compare

univers 1	=	univers 2
l'entreprise		le sport

la compétition (point commun)

Le syllogisme

Le syllogisme classique énonce une règle (étape 1), un cas particulier (étape 2) et tire une conséquence (étape 3).

étape 1: Tout enfant a besoin de sécurité.

étape 2: André est un enfant.

étape 3: Donc André a besoin de sécurité.

Le raisonnement causal

Le raisonnement causal établit des liens de cause à effet entre les éléments. Il permet de comprendre le pourquoi des choses.

La mortalité infantile est très élevée.

Pourquoi?

Les enfants meurent souvent des maladies et de la faim.

Pourquoi?

La région ne peut pas nourrir toute sa population.

APPLICATION

Pour chaque stratégie de raisonnement, donnez un exemple basé sur le sujet de l'environnement.

1. le raisonnement inductif

2. le rapprochement analogique

3. le syllogisme

4. le raisonnement causal

DISCUSSION

L'Organisation mondiale de la santé prévoit que d'ici dix ans, 10 millions d'enfants africains seront orphelins à cause de la maladie du sida. Deux questions à considérer: (1) Quel sera l'effet de 10 millions d'orphelins sur l'économie des pays africains? (2) Parmi toutes les maladies sérieuses comme le cancer, la leucémie, les crises cardiaques, est-ce qu'on peut donner priorité à la recherche d'une cure pour une de ces maladies? Comment choisir?

EXPANSION

On vous a choisi de participer à un stage d'été dans un pays en voie de développement. Vous assisterez une équipe médicale qui devra enseigner aux gens de votre âge comment éviter le virus du sida. Choisissez une stratégie de raisonnement et préparez des notes pour votre présentation.

Etudes comparées de l'environnement: au Niger et au Québec

Pour illustrer les différences et les complémentarités des problèmes de l'environnement au Nord et au Sud, nous avons choisi d'étudier l'environnement dans le Niger et le Québec.

Le choix du Québec et du Niger illustre la diversité des problèmes environnementaux et des solutions envisagées pour les résoudre dans l'aire francophone. En dépit d'une superficie presque équivalente (1 667 920 km^2 au Québec et 1 267 000 km^2 au Niger) et d'une population de même importance (6 475 000 habitants au Niger et 6 762 000 habitants au Québec), la situation environnementale des deux régions est très contrastée: multiples au Québec, les problèmes environnementaux au Niger sont tous liés à la déforestation et à la dégradation écologique qui en est la conséquence; les différences environnementales des deux régions illustrent surtout les différences de développement entre un pays du nord industrialisé et un pays du sud à l'économie essentiellement agricole. Le Québec connaît surtout des problèmes environnementaux liés à son industrialisation et son urbanisme tandis que les problèmes environnementaux du Niger sont essentiellement conditionnés par les pratiques agricoles des populations rurales.

LE NIGER

Compris entre les douzième et vingt-troisième degrés de latitude Nord, le Niger est un pays enclavé,[1] carrefour ancestral des communications terrestres entre le sud et le nord. Le Niger est limité à l'ouest par le Burkina-Faso et le Mali, au nord par l'Algérie et la Libye, à l'est par le Tchad et au sud par le Nigeria et le Bénin.

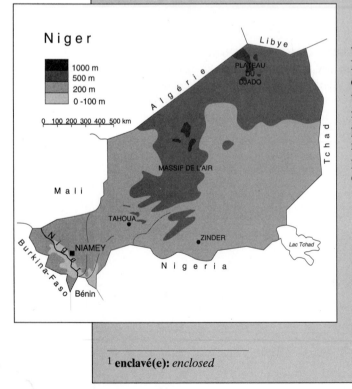

---

[1] **enclavé(e):** *enclosed*

Le Niger a une superficie de 1 267 000 km² dont 86 969 km² de forêts. C'est un pays continental dont les quatre-cinquièmes du territoire appartiennent au domaine du Sahara. C'est une des régions les plus chaudes du monde. Un climat sec et un relief désertique sont les traits marquants de ce pays où la superficie cultivable n'est que de 150 000 km².

Les facteurs écologiques qui prévalent au Niger ne permettent guère d'atteindre un équilibre environnemental fondé sur le développement durable. De fait, le Niger connaît de gros problèmes environnementaux liés essentiellement à la déforestation et à la désertification.

SITUATION

La déforestation est un problème préoccupant pour l'Afrique et le Niger en particulier. Il ne reste que 20% du massif originel en Afrique et dans certaines zones, le Niger a perdu 60% de sa couverture forestière en une dizaine d'années.

Les causes de cette déforestation sont multiples:

• des techniques rudimentaires d'abattage qui entraînent le gaspillage du bois: pour 1 m³ de bois exploité, 5 m³ sont abattus;

• la surexploitation des forêts pour financer le développement du secteur agro-alimentaire;

• la coupe abusive du bois de chauffe;

• la culture sur brûlis: l'action des flammes fertilise immédiatement le sol mais après deux ans l'humus a disparu et il met 10 ans à se régénérer.

La désertification est la première conséquence de la déforestation massive. En cinquante ans le Sahara a progressé sur une superficie plus grande que la France. Cette désertification se traduit par la régression du réseau hydrographique. Ainsi, le lac Tchad s'est retiré du territoire nigérien. Le débit des fleuves nigériens diminue, notamment pour le fleuve Niger, dont les crues sont de plus en plus faibles...

La désertification est par ailleurs liée à la dégradation des écosystèmes agricoles et pastoraux. Pour intensifier les rendements et sous la pression démographique, les paysans du Niger ont dû réduire, voire supprimer les jachères.[2] Le sol n'a plus le temps de se reposer et de se régénérer en matières organiques. Privés d'humus, les sols sont victimes de l'érosion et le désert progresse...

Les conséquences économiques de cette dégradation de l'environnement sont nombreuses:

• la crise énergétique: le bois de chauffe, unique source d'énergie pour bon nombre de ménages nigériens, devient de plus en plus rare;

• la raréfaction du bois d'œuvre et du bois de service (fabrication de meubles, construction des habitations, etc.);

---

[2] **la jachère:** *practice of letting a piece of land lie fallow*

- la disparition progressive de la faune sauvage: elle est provoquée par des prélèvements illégaux et la destruction de son habitat. Cette réduction incontrôlée de la faune réduit la création d'emplois générés par le secteur et la contribution de la faune à la satisfaction des besoins alimentaires des populations;

- la baisse de la productivité. Dans le secteur rural, les terres se sont apprauvries, les rendements agricoles ont baissé presque de moitié... et l'auto-suffisance alimentaire n'est obtenue par les paysans qu'au prix d'un surcroît de travail.

La difficulté pour le Niger est de s'engager sur le long terme comme l'exige le concept de développement durable. Or s'engager sur le long terme est difficile particulièrement dans les pays sahéliens où il n'y a pas de priorité dans les choix, du simple fait que tous les besoins (alimentation, santé, enseignement...) sont prioritaires. L'urgence des problèmes (famine, croissance démographique...) oblige le Niger à privilégier dans l'immédiat le court terme même si des stratégies de développement sont envisagées.

LE QUEBEC

L'environnement au Québec est à l'image de son territoire et de la population qui l'habite. Le Québec occupe dans la partie nord-est de l'Amérique du Nord, une superficie continentale de 1 515 230 km^2. Le sud est traversé d'ouest en est par le fleuve Saint-Laurent et ses affluents. Le nord-est est constitué des bassins de la baie James, de la baie d'Hudson et de la baie d'Ungava. On estime à 183 890 km^2 les superficies d'eau douce, soit 12,1% de la superficie continentale.

La plus grande partie du Québec est inhabitée. Seule 2,5% de la superficie totale est effectivement occupée. La population totale était, en 1990, de 6 762 000 habitants dont plus de la moitié vit dans les régions métropolitaines de Montréal et de Québec.

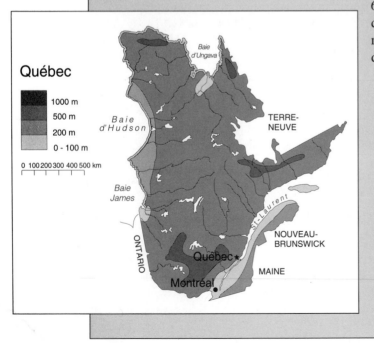

Québec

- 1000 m
- 500 m
- 200 m
- 0 - 100 m

0 100 200 300 400 500 km

Baie d'Ungava

Baie d'Hudson

TERRE-NEUVE

Baie James

ONTARIO

St-Laurent

NOUVEAU-BRUNSWICK

Québec ★

MAINE

Montréal

Cette situation géographique et physique privilégiée ne met pas pour autant le Québec à l'abri de problèmes environnementaux sérieux. L'image un peu mythique des grands espaces et d'un savoir-vivre au contact de la nature doit être pondérée par un état des lieux de l'environnement au Québec.

Les problèmes que le Québec connaît en matière d'environnement sont en général liés à l'industrialisation et à l'urbanisation, à l'omniprésence des moyens de transport, à certaines pratiques agricoles et forestières et à la consommation toujours plus grande d'énergie, de biens et de services.

L'EAU

Le Québec possède plus de 10% de l'eau douce de la planète avec moins de 0,15% de la population mondiale. Mais ces eaux sont déjà tellement polluées qu'on est en train de dépenser sept milliards de dollars pour tenter de les assainir.

Le problème du traitement des eaux usées est préoccupant: à l'heure actuelle, seulement 40% de la population québécoise bénéficie du traitement des eaux usées... Les cours d'eaux sont menacés par l'agriculture et par les rejets industriels. L'industrie des produits chimiques, celle de la métallurgie et celle des pâtes à papier sont les industries les plus polluantes.

LES ORDURES MENAGERES

La moitié des sites d'enfouissement des ordures ménagères ne répondent pas aux normes de protection de l'environnement. L'augmentation des déchets nécessite l'ouverture de nouveaux lieux d'enfouissement, ce que refuse la population qui habiterait dans le voisinage de ces sites...

LES DECHETS DANGEREUX

La production, la circulation et l'entreposage de ces déchets dangereux constituent un grand danger pour l'environnement. Il y a au Québec 500 sites d'entreposage de PCB (polychirobiphémyl) et 1 600 sites d'entreposage de déchets dangereux autres que les PCB. L'élimination des déchets dangereux est un problème crucial. Dans le passé, on s'est départi de ces déchets dans des endroits dépourvus de systèmes de contrôle, voire dans des sites clandestins. Ces sites présentent aujourd'hui un potentiel élevé d'effets néfastes et nécessitent une attention immédiate.

Dès 1943, l'université de Montréal devient le site du premier grand laboratoire canadien de recherche sur la fission nucléaire. Entre Montréal et Québec, sur la rive du Saint-Laurent, se trouve une centrale nucléaire CANDU. Elle est exploitée commercialement depuis octobre 1983 et produit de l'électricité pour toute la région. Si l'utilisation de cette électricité ne pollue pas, l'extraction et le traitement de l'uranium polluent autant que si l'énergie était produite par le pétrole ou le charbon.

Par ailleurs, le Québec a été touché par les retombées radioactives qui ont suivi l'explosion d'un des réacteurs de la centrale nucléaire de Tchernobyl en avril 1986. En dépit des 6 500 km qui séparent Québec et Tchernobyl, ce fut l'une des premières régions en Amérique du Nord à recevoir des précipitations radioactives. Ce type d'accident, qui pourrait également survenir au Québec, met en relief la nécessité de mettre en place une stratégie globale de défense radioactive à l'échelle de la province.

LA DEGRADATION DES SOLS

A peine 2% du territoire québécois est propice à l'agriculture... La détérioration de la qualité de la structure des sols atteint dans certaines régions 90% de la superficie sous monoculture. En raison de la diminution du rendement des terres, les agriculteurs sont portés à utiliser davantage de pesticides, risquant ainsi de contaminer les sols et cours d'eau. Une rationalisation de la vente et de l'usage de ces produits paraît nécessaire.

L'AIR

Une partie importante du Québec reçoit des précipitations ayant un pH[3] moyen annuel de 4,3 soit un niveau d'acidité 20 fois supérieur à la normale. Cette pollution atmosphérique qui se manifeste sous la forme de pluies acides provient en grande partie des secteurs industriels du Mid-West américain (50%) et de la province voisine de l'Ontario (25%). L'acidification des sols qui en résulte compte pour une cause importante de dépérissement des forêts, de même l'acidification des lacs provoque une diminution de certaines espèces de poissons.

CONCLUSION

Il est incontestable que, pour les pays pauvres, le souci de l'environnement peut être perçu comme un luxe de pays développé et que, pour assurer leur mieux-vivre, l'industrialisation reste prioritaire.

Comme l'a déclaré à Dakar le président de la République française, on ne peut leur demander de compliquer et de freiner leur développement «pour les beaux yeux» des pays industrialisés.

Les pays en voie de développement attendent des pays riches les ressources qui leur font défaut pour acquérir et mettre en œuvre les technologies sophistiquées indispensables pour une industrialisation moins polluante. Les pays du Nord sont-ils prêts à leur donner les moyens d'une politique industrielle basée sur l'utilisation d'énergies plus «propres» que les énergies d'origine fossile?

---

[3] **pH**: abréviation pour *potentiel hydrogène*

Extraits de l'*Etat de la Francophonie dans le monde* (La documentation française, 1991), pages 220–222, 226, 230–233, 241.

VERIFICATION

Indiquez si les phrases suivantes sont vraies ou fausses en inscrivant **V** (vrai) ou
F (faux) devant chaque phrase.

Le Niger et le Québec: similarités et différences

_____ 1. Deux vastes régions, le Niger et le Québec, ont des superficies comparables.

_____ 2. La population du Niger est beaucoup plus élevée que celle du Québec.

_____ 3. Les problèmes écologiques du Niger et du Québec sont liés principalement à leur économie agricole.

Le Niger

_____ 4. Un fort pourcentage de la superficie du Niger est désertique.

_____ 5. La déforestation est un des plus gros problèmes écologiques au Niger.

_____ 6. La cause principale de cette déforestation est la construction de logements modernes.

_____ 7. Sous pression démographique, les méthodes de culture qui laissent la terre se régénérer ont été abandonnées.

_____ 8. On n'a pas encore vu des conséquences sérieuses de cette dégradation, mais d'ici dix ans, le Niger paiera un prix pour cette pratique.

_____ 9. D'autres problèmes plus urgents obligent le Niger à négliger l'avenir écologique du pays.

Le Québec

_____10. Avec plus de 10% de l'eau douce de la planète, le Québec n'a pas encore connu de grands problèmes de la pollution de l'eau.

_____11. L'élimination des déchets dangereux (les PCB) représente un problème immédiat au Québec.

_____12. La construction de la centrale nucléaire (CANDU) sur la rive du Saint-Laurent a résolu les problèmes de l'énergie aussi bien que ceux de la pollution du Saint-Laurent.

_____13. Les retombées radioactives des réacteurs de la centrale nucléaire de Tchernobyl sont arrivées dans les précipitations malgré la grande distance qui sépare les deux régions.

_____14. Une grande partie des pluies acides au Québec est due aux industries américaines.

_____15. L'acidification des sols contribue directement à la diminution de certaines espèces d'animaux ou de poissons.

A VOTRE AVIS

Les problèmes écologiques aujourd'hui nous obligent à imposer des contraintes sur les industries pour préserver l'environnement pour les générations à venir. La création de nouveaux métiers touchera les domaines de la science, de l'informatique, du droit, de l'enseignement, etc. Décrivez un métier du siècle prochain qui contribuera à la préservation de l'environnement. Comment voyez-vous votre participation à ces efforts?

STRATEGIES POUR S'EXPRIMER
L'ORGANISATION DES IDEES

Parler aux gens, c'est d'abord pouvoir se faire écouter d'eux. Il est donc indispensable d'établir et de maintenir le contact tout au long de l'exposé en vue de faciliter l'effort d'écoute de votre auditeur. Un moyen de le faire sera de disposer de repères destinés à signaler un passage important, à annoncer un changement d'orientation ou une autre étape dans la démonstration. Ces mots, ces expressions ne sont pas indispensables du point de vue du sens, ils n'ajoutent rien à ce que vous avez à dire mais, et en cela leur rôle est essentiel, ils facilitent l'accès de vos auditeurs à la compréhension de votre discours.

Modèle:

Introduction

Le monde moderne fait à l'heure actuelle l'objet d'une condamnation presque unanime. Tout le monde se déclare insatisfait et critique aussi bien la pollution, l'énergie nucléaire, les produits chimiques que la vie urbaine et ses tensions. Ces accusations sont-elles vraiment justifiées?

Annonce du projet

Telle est la question que je voudrais aborder avec vous maintenant. Dans cette intention, j'ai choisi un certain nombre d'exemples qui me paraissent particulièrement significatifs.

Présentation du plan

Je parlerai en premier lieu des problèmes de la pollution et notamment de l'usage des insecticides comme le D.D.T. Ensuite, nous étudierons les problèmes de santé et pour terminer nous dirons quelques mots au sujet des loisirs et du mode de vie actuel.

Annonce de la première partie

Je commencerai par la question de la pollution par les produits chimiques et notamment les insecticides comme le D.D.T.

Début d'une énumération

Signalons pour commencer que les insecticides dont on dit tant de mal ont permis de lutter contre des épidémies comme le typhus qui autrefois faisaient des ravages.

Suite de l'énumération

Ils ont par ailleurs permis d'améliorer de façon considérable les rendements agricoles....

Annonce d'une digression

Notons à ce sujet que dans bien des pays du Tiers Monde une grande partie de la récolte est encore détruite par les insectes. C'est un fait à ne pas négliger.

Fin de la digression

Pour en revenir à notre propos, je disais donc que l'introduction de produits chimiques présente bien des effets positifs que l'on a tort d'ignorer.

(On peut avoir plusieurs digressions et des points multiples de l'énumération.)

Transition et annonce de la dernière partie

Nous pouvons passer maintenant à notre dernier point...

Conclusion générale

Pour conclure, il faut aborder ces questions écologiques avec une vue de l'ensemble. Il y a toujours des avantages aussi bien que des inconvénients des nouvelles technologies scientifiques.

APPLICATION

Préparez un exposé dans lequel vous présentez un résumé des problèmes écologiques au Niger ou au Québec. Essayez de présenter d'abord les diverses parties de votre discours pour faciliter la compréhension de vos auditeurs.

DISCUSSION

Eloignés par une grande distance et basés sur des économies différentes, le Niger et le Québec se ressemblent du point de vue des chiffres de leur superficie et de leur population, cependant leurs problèmes écologiques révèlent une grande diversité. Beaucoup plus près du Québec, de l'autre côté de la frontière du sud, se trouvent les Etats-Unis. Quels sont les problèmes écologiques partagés par ces deux voisins du continent Nord-américain? Y a-t-il des problèmes plus pressants aux Etats-Unis qu'au Québec? Lesquels?

EXPANSION

La notion du village global mérite notre attention, particulièrement quand on parle de l'environnement. Tandis qu'on peut toujours essayer d'établir des frontières nationales ou politiques, les effets de nos décisions écologiques dépassent les frontières artificielles établies par les gouvernements. Comment est-ce que nous pourrons régler nos intrusions dans l'atmosphère et les eaux que nous partageons tous? A qui la responsabilité de prendre des décisions appartient-elle?

SYNTHESE DE L' UNITE

EXPRESSION ORALE

Présentation orale: Choisissez une des douze urgences présentées dans la carte de l'environnement (voir pages 46–47). Faites une description du problème, y compris les causes. Offrez au moins deux recommandations pour améliorer la situation et soyez prêt(e) à répondre aux questions de vos camarades de classe. Lisez au moins un article dans un journal ou une revue concernant ce problème particulier avant de préparer votre présentation.

EXPRESSION ECRITE

Recherchez un risque d'environnement dans votre pays. Lisez un article concernant ce problème particulier. Faites une analyse détaillée de l'article, identifiez la stratégie de raisonnement de l'auteur et citez les idées de base. Ensuite, indiquez si vous êtes d'accord ou pas avec les conclusions de l'article. Justifiez votre position.

IMMIGRATION: PERSPECTIVES MULTIPLES

LE MONDE EST en mouvement; l'immigration en est le résultat. Au cours des années 90, l'immigration est devenue une considération importante, surtout dans la politique

étrangère des pays de l'Ouest. Tandis que l'histoire humaine a toujours été une histoire des mouvements de populations, dans les années récentes, les développements économiques et politiques ont souligné les conséquences d'une frontière ouverte. On trouve aujourd'hui des opinions diverses (pour ou contre des frontières quasi-ouvertes) basées sur des raisons humanitaires, économiques ou politiques. Quelle est la position officielle de votre pays envers les immigrants? Y a-t-il des restrictions? Lesquelles? Les communautés acceptent-elles facilement la diversité culturelle qui résulte de la présence des étrangers venus de différents pays et continents? Citez quelques exemples.

❧❧ CHAPITRE 5 ❧❧

EMIGRATION ET IMMIGRATION

Le but de ce chapitre est d'examiner les faits qui se rapportent aux étrangers en France aussi bien qu'aux Français à l'étranger. Combien de Français vivent à l'étranger? Dans quels pays se trouvent-ils? Qui sont-ils? D'où viennent les étrangers en France? Qu'y font-ils? Dans quelles régions habitent-ils? Quel est le rôle de l'identité nationale dans le grand débat sur l'immigration? Observons quelques attitudes des Français résultant d'un sondage récent.

A part les réponses à ces questions suggérées par les textes et par les discussions faites en classe, ce chapitre nous présente quelques stratégies (comment renforcer les idées avec des exemples, comment convaincre les autres dans une présentation orale) et techniques linguistiques (introduction et conclusion) qui seront renforcées et pratiquées dans le contexte de la discussion et du travail écrit. Les textes serviront de point de départ pour les activités orales et la pratique de l'écriture.

❧ ❧ ❧ ❧ ❧ ❧ ❧ ❧ ❧ ❧ ❧ ❧

PREPARATION A LA LECTURE

Répondez aux questions suivantes en pensant à la possibilité qu'un jour vous décideriez d'émigrer de votre pays natal.

1. Si vous décidiez de quitter votre pays natal un jour, dans quel autre pays choisiriez-vous de vivre? Pourquoi?

2. Dans quelles circonstances déménageriez-vous à un autre pays?

3. Souhaiteriez-vous travailler à l'étranger pendant une période de temps limitée? Pourquoi ou pourquoi pas?

Les Français à l'étranger

On peut diviser en deux ensembles à peu près égaux la population des Français résidant hors de France métropolitaine: la première correspond à la population de la France d'outre-mer (un peu moins de 2 millions de personnes, soit 3,2% de la population de la France), la seconde aux Français dispersés dans le reste du monde. Il est très difficile d'évaluer le nombre de citoyens français installés dans un pays étranger. On considère généralement que seulement un sur deux des émigrés de nationalité française est immatriculé dans un consulat de France, leur nombre devrait donc tourner autour de deux millions.

Il n'y a jamais eu de diaspora française et les foyers de peuplement d'origine française sont rares en dehors de la France d'outre-mer. Il y a bien sûr le Québec qui a préservé ses racines françaises mais, en dehors de ce cas, l'émigration française fut trop modeste pour laisser beaucoup de traces, en Amérique comme en Europe, sinon çà et là quelques noyaux de survivance de la langue et des traditions, comme celui des Cajuns de Louisiane. On connaît bien mal l'histoire de ces migrants et de leur descendance, mais il semble que les émigrés français aient été la plupart du temps trop isolés pour ne pas être assimilés rapidement par les populations d'accueil.

Cette répartition est difficile à suivre; on n'a jamais enregistré les sorties du territoire national et on n'a donc aucun suivi statistique des flux d'émigration depuis la France. On ne connaît aujourd'hui la présence des résidents français à l'étranger (touristes exclus) qu'à travers les sources consulaires, mais toutes les personnes qui résident dans un pays étranger et possèdent la nationalité française, et notamment ceux qui disposent de la double nationalité, ne se signalent pas aux représentations diplomatiques. Les statistiques sont donc, très incomplètes et sous-estiment largement la présence française à l'étranger...

UNE EMIGRATION DE «HAUT DE GAMME»

Au 31 décembre 1990, 1 350 000 ressortissants français étaient enregistrés dans les consulats (dont 363 000 détenaient la double nationalité, soit 26,9%) mais 935 000 d'entre eux seulement étaient immatriculés... En 1971 ce nombre s'élevait à 1 004 000, en 1980 à 1 022 000. Il y aurait donc une légère baisse des effectifs, à moins, ce qui est probable, que les Français résidant dans un pays de la CEE autre que la France n'éprouvent plus aujourd'hui le besoin de se signaler aux autorités consulaires. Un peu plus de deux sur trois sont considérés comme des expatriés, émigrants de longue durée ou définitifs. Les autres sont détachés (ou appartiennent à des familles dont le chef est détaché) par des administrations ou des entreprises à titre temporaire. Les personnes disposant de la double nationalité relèvent presque toutes de la catégorie des expatriés.

Les mariages mixtes expliquent que la population des Français résidant à l'étranger et détenant une autre nationalité soit majoritairement composée de femmes (58% de la population adulte) et d'enfants (44% de moins de 18 ans). La population ne détenant pas la double nationalité se partage par contre pour moitié entre hommes et femmes... Dans les deux cas la population féminine est composée pour un tiers de femmes vivant seules... Les retraités et femmes au foyer ne représentent que 15% de la population totale des Français résidant à l'étranger...

L'analyse de la composition socioprofessionnelle confirme que l'immigration française à l'étranger est avant tout une immigration de haut de gamme: près de 50% des actifs appartiennent aux catégories des patrons, chefs d'entreprise, cadres ou professions libérales, 20,5% seulement aux catégories des ouvriers, agents de maîtrise, artisans. Les professions libérales représentent à elles seules 18% des actifs, les chefs d'entreprise et cadres 27%, les ouvriers proprement dits, à l'opposé, 9%. Les femmes sont majoritaires dans les catégories des employés et des professions libérales, elles sont peu représentées dans les autres catégories.

L'immigration française est fondamentalement une immigration de «cols blancs». Les Français exerçant leur activité professionnelle à l'étranger sont peu présents dans les activités de production, qu'elles soient agricoles ou forestières ou industrielles. En revanche, ils sont relativement nombreux dans le commerce ou les services privés (39%), mais surtout ils ont une prédilection pour les services publics (44%)... La présence des Français à l'étranger demeure dominée par des fonctions de coopération, d'aide humanitaire et d'enseignement et relève fondamentalement d'accords entre Etats.

LE REPLI DEPUIS L'AFRIQUE VERS L'EUROPE

En 1971, plus du tiers des Français établis à l'étranger résidait en Afrique... En 1990, ce pourcentage était tombé à 21%. De coloniale, l'émigration française était devenue européenne... Tandis que de 1971 à 1990, le nombre global de Français à l'étranger diminuait de 7%, le nombre des Français résidant en Afrique diminuait de 46%; il augmentait dans les autres continents dans une proportion de 15 à 18%.

Table 1: Les pays comptant plus de 10 000 français immatriculés dans les consulats en 1990

Rang	Pays	Nombre	%
1	Allemagne	156 377	16,73
2	Suisse	77 322	8,27
3	Belgique	72 075	7,71
4	Etats-Unis	64 872	6,94
5	Espagne	50 017	5,35
6	Royaume-Uni	42 427	4,54

7	Canada	35 622	3,81
8	Italie	29 195	3,12
9	Maroc	25 343	2,71
10	Israël	24 580	2,63
11	Côte-d'Ivoire	22 060	2,36
12	Algérie	20 909	2,24
13	Sénégal	15 992	1,71
14	Madagascar	15 455	1,65
15	Monaco	15 133	1,62
16	Brésil	12 598	1,35
17	Luxembourg	12 582	1,35
18	Gabon	12 342	1,32
19	Djibouti	11 242	1,20
20	Argentine	10 534	1,13
21	Tunisie	10 436	1,12

Dans 5 pays le nombre des résidents français est supérieur à 5% du nombre total de Français à l'étranger et dans 21 pays seulement ce nombre est supérieur à 1%. Si on classe les pays du monde par ordre décroissant d'après le nombre de ressortissants français qui y résident, on remarque qu'il suffit de rassembler les effectifs présents dans les 6 pays les mieux classés pour cumuler plus de 50% du total et dans les 18 premiers pays pour en dépasser les trois-quarts...

La proximité est redevenue le facteur essentiel de localisation. 17% des Français résidant à l'étranger (156 000 personnes) étaient établis en Allemagne en 1990. L'attraction des hauts salaires allemands sur la population frontalière germanophone et l'intensité des relations économiques, mais aussi culturelles et militaires entre la France et l'Allemagne, expliquent facilement cette situation. La Suisse (8,3% des Français résidant à l'étranger, soit 77 000 personnes) et la Belgique (7,7%, soit 72 000 personnes) viennent aux deuxième et troisième rangs pour des raisons similaires... En Espagne, au Royaume-Uni et en Italie résident encore 3 à 5% des Français à l'étranger, mais ils sont devancés par les Etats-Unis où vivent 65 000 d'entre eux. L'émigration française vers l'Amérique du Nord n'a jamais cessé, bien qu'elle ait toujours été de faible importance (au deuxième rang avec 11% des Français résidant à l'étranger si on ajoute le Canada aux Etats-Unis).

VERIFICATION

Indiquez si les phrases suivantes sont vraies **V** ou fausses **F**.

_____ 1. La France a toujours eu un taux très élevé de citoyens résidant à l'étranger.

_____ 2. On estime qu'un sur deux des Français résidant à l'étranger n'est pas immatriculé dans un consulat de France.

_____ 3. Deux-tiers des Français résidant dans un autre pays sont considérés des émigrés de longue durée ou définitifs.

_____ 4. La population de double nationalité résidant à l'étranger est composée largement d'hommes dans le domaine du commerce.

_____ 5. Un tiers de la population française résidant à l'étranger est composée de femmes vivant seules.

_____ 6. L'immigration française à l'étranger est dominée par les travailleurs dans l'agriculture.

_____ 7. Un grand nombre de Français résidant à l'étranger se trouve employé dans les services publics.

_____ 8. Le pays le plus souvent choisi par les émigrés français est le Canada (pour des raisons linguistiques).

_____ 9. Dans les années récentes, l'émigration française a changé de destination, se penchant plutôt vers les autres pays européens que vers ses anciennes colonies en Afrique.

A VOTRE AVIS

D'après l'article que vous venez de lire et selon votre opinion personnelle, expliquez les phrases suivantes.

1. «Il n'y a jamais eu de diaspora française et les foyers de peuplement d'origine française sont rares en dehors de la France d'outre-mer.»

2. «L'immigration française à l'étranger est avant tout une immigration de haut de gamme.»

3. «La présence des Français à l'étranger demeure dominée par des fonctions de coopération, d'aide humanitaire et d'enseignement.»

4. «De coloniale, l'émigration française était devenue européenne.»

STRATEGIES POUR ECRIRE

COMMENT RENFORCER LES IDEES AVEC DES EXEMPLES

OU TROUVER DES EXEMPLES?

L'exemple sert à renforcer une argumentation: il illustre ou aide à mettre en place une idée; il en est le support concret. Le choix et la présentation de l'exemple, quel que soit son domaine, contribuent à la force de conviction du propos.

1. Les données économiques et sociales

Le type d'exemple: Enquêtes, documents, statistiques et chiffres apportent la preuve que ce qui est avancé s'inscrit bien dans la réalité économique, sociale, humaine, que l'on écrit.

Les limites du type: Il convient de s'appuyer sur des sources sûres, fiables, et de ne pas donner que des chiffres incontestables.

2. Dans l'expérience vécue

Le type d'exemple: Anecdotes qui racontent:—soit ce qu'on a soi-même vécu, soit ce que d'autres ont vécu.

Les limites du type: Une anecdote, fait isolé, ne permet pas une généralisation.

3. L'imagination

Le type d'exemple: Création d'une histoire vraisemblable, d'une sorte de fable montrant que les choses pourraient se passer ainsi.

Les limites du type: Ce n'est que l'expression subjective d'un possible. Ce type d'exemple illustre, mais ne confirme pas la véracité de l'idée.

4. La culture artistique et historique

Le type d'exemple: Les connaissances en littérature, peinture, musique, cinéma, histoire peuvent servir pour diverses illustrations, comparaisons, confirmations.

Les limites du type: Les exemples artistiques et historiques sont toujours les bienvenues. Mais ne commettre aucune erreur qui serait le signe d'une connaissance mal assimilée.

QUAND INTRODUIRE LES EXEMPLES?

5. *Avant l'idée: l'exemple argumentatif*

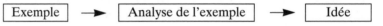

L'exemple est alors le point de départ d'une analyse, il permet la démonstration. Il convient de l'analyser avec soin pour que l'idée à exprimer aille de soi.

6. *Après l'idée: l'exemple illustratif*

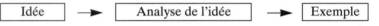

L'exemple est dans ce cas une illustration qui permet de mieux comprendre, sous une forme concrète, ce que l'idée a affirmé de façon plus abstraite.

APPLICATION

Choisissez une des phrases de la section *A votre avis*. Trouvez un exemple (des données économiques et sociales) et présentez-le en employant un des deux modes d'introduction illustrés ci-dessus. Développez votre présentation en y ajoutant plus de détails si vous le pouvez.

DISCUSSION

1. Quels pourraient être les effets sur un pays d'une émigration de «haut de gamme»? Comment peut-on réduire un tel exode?

2. Quels changements ou tendances dans la population française résidant à l'étranger pourraient accompagner l'expansion de la CEE?

EXPANSION

Que savez-vous des Français émigrés résidant dans votre pays? Habitent-ils dans les grandes villes ou plutôt dans les communautés rurales? Que font-ils comme métiers? Y a-t-il des conflits de langues ou de traditions? Sont-ils bien assimilés dans la communauté ou restent-ils écartés de la société majoritaire? Donnez des exemples pour renforcer vos idées.

❀ ❀ ❀ ❀ ❀ ❀ ❀ ❀

Les Étrangers en France

Au mouvement d'émigration depuis la France vers les pays qu'elle avait colonisés a succédé un mouvement d'immigration depuis ces pays vers la France. Quasiment un étranger sur deux établi en France est ressortissant d'un pays ayant fait partie de l'empire colonial français. Cette immigration, qui a commencé à prendre du volume il y a une quarantaine d'années dans l'indifférence de l'opinion publique, est devenue en moins de dix ans une question brûlante et un enjeu politique majeur.

FLUX ET REFLUX DES MIGRANTS ÉTRANGERS EN MÉTROPOLE

La France possède pourtant une vieille tradition d'immigration. Au XIXe siècle déjà, alors que les pays voisins alimentaient une ample émigration transatlantique, la France au contraire était un pays d'immigration et faisait en quelque sorte figure de colonie intérieure de l'Europe, accueillant des Belges et secondairement des Italiens, des Espagnols, des Allemands et des Suisses. En 1851, 1% de la population de la France était formé d'étrangers, en 1876 on franchissait le chiffre de 2%, en 1911 celui de 3%. N'imaginons pas que cette immigration, pourtant de proximité, essentiellement cantonnée dans des régions frontalières dont les populations avaient un passé commun et entretenaient encore des liens familiaux avec les populations des pays de départ, ait toujours été bien accueillie. Les réactions xénophobes furent souvent vives envers chacune des vagues d'immigrants, mais elles s'atténuèrent avec le temps, au fur et à mesure que ces étrangers et leurs descendants étaient assimilés et acquéraient la nationalité française.

D'autres étrangers occupèrent le devant de la scène après la Première Guerre mondiale, lorsque l'on fit massivement appel aux immigrés polonais et italiens pour reconstruire un pays ravagé par les combats. En 1931, la population de la France était composée à 6,6% d'étrangers (2,7 millions de personnes), soit pratiquement le pourcentage actuel. Dans l'imaginaire collectif de la population de l'immédiat après-guerre, l'étranger ce fut «le Polonais», comme c'est aujourd'hui «le Maghrébin», parce qu'il était socialement visible (bien que les Polonais n'aient jamais formé plus de 20% de la population étrangère totale)...

Pour compenser les pertes de guerre et la faiblesse traditionnelle de la fécondité de sa population, il était impératif qu'après la Seconde Guerre mondiale la France recourût à nouveau à l'immigration étrangère pour redresser son économie... La France avait recherché tout naturellement un complément de travailleurs immigrés dans son ancien empire et particulièrement dans les États du Maghreb... Les courants d'immigration commencèrent à s'intensifier dès les années 1950 pour atteindre leur maximum dans la période qui suivit la décolonisation. Au recensement de 1954, la population originaire des pays de l'empire devenus indépendants depuis avait été multipliée par trois par rapport à 1936. Ce nombre continua à augmenter rapidement: 250 000 personnes en

1954, 660 000 en 1962, 1 680 000 en 1982, et encore davantage aujourd'hui, soit respectivement 14,25 puis 45% de la population étrangère totale.

Le début des années 1970 vit la fin des flux d'arrivées massives. Les conditions de l'immigration s'étaient en effet radicalement modifiées pour trois raisons. En premier lieu, l'évolution technologique avait favorisé les secteurs à forte utilisation de capital et de main-d'œuvre qualifiée. La France n'avait donc plus les mêmes besoins, du moins dans le cadre de l'économie formelle, de travailleurs étrangers sans qualification. En second lieu, la montée du chômage créait parallèlement une concurrence entre immigrés et nationaux sur le marché de l'emploi et dans la perception des aides sociales, ce qui devint peu à peu difficilement gérable socialement et politiquement par les gouvernements. Enfin, même dans un pays d'immigration ancienne comme la France, on s'était comporté comme si on pouvait isoler la migration temporaire de travail des autres formes de migrations. La migration de travail a été normalement suivie d'une migration familiale. Celle-ci s'est peu à peu détachée de l'économie, est devenue socialement et culturellement visible et a suscité une vive politisation...

A la fin des années 1960, on vit apparaître les premières restrictions à la libre installation sur le territoire, sous la forme de signatures de conventions avec les pays de départ (et en particulier avec l'Algérie)... En théorie, ne purent plus entrer en France que les travailleurs étrangers munis d'un contrat de travail préalablement délivré par l'Office des Migrations Internationales (OMI), les membres des familles de travailleurs sous réserve de répondre à un certain nombre de conditions et les demandeurs d'asile politique dont la demande avait été acceptée. Le solde migratoire descendit en dessous de 1% par an dès le milieu des années 1970 et s'établit à un niveau proche de zéro au milieu des années 1980...

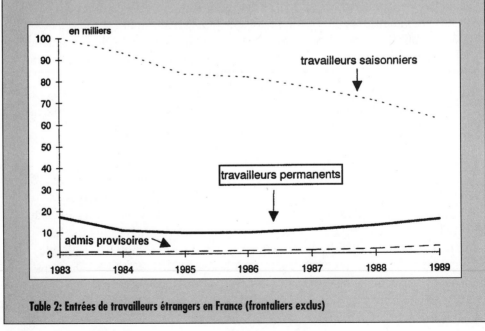

Table 2: Entrées de travailleurs étrangers en France (frontaliers exclus)

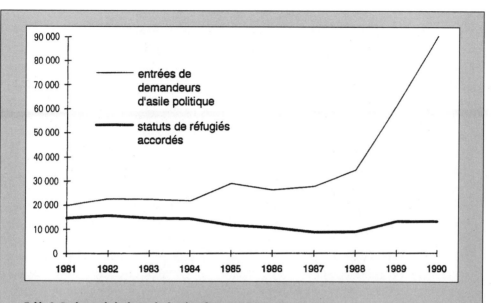

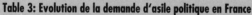

Table 3: Evolution de la demande d'asile politique en France

Tous les pays de la CEE, dont la France, ont temporairement relâché les contraintes opposées à l'immigration à la fin de 1990 pour accueillir les transfuges de l'Europe de l'Est dans la période de confusion qui a précédé l'effondrement du communisme. La brèche[1] ouverte dans la «forteresse Europe» a apparemment exaspéré l'immigration en provenance du Sud, et les immigrants du Tiers Monde se sont mis à utiliser la demande d'asile pour contourner la fermeture des frontières. Le nombre des candidats au refuge politique, dont la majeure partie est présente sans autorisation de séjour sur le territoire français, a connu une véritable inflation: 20 000 demandeurs d'asile en 1981, 28 000 en 1985, 90 000 en 1990...

Ces travailleurs étrangers bénéficient des mêmes droits et des mêmes salaires que les nationaux, mais la fermeture des frontières a encouragé le développement de l'immigration clandestine de travailleurs sous-payés qui rendent concurrentielles certaines branches de l'économie, notamment le bâtiment et la confection. Les clandestins échappent par définition au contrôle, donc à la statistique et leur évaluation permet toutes les fantaisies. Pour la France, la fourchette des estimations les plus sérieuses est comprise entre 100 et 200 000 clandestins (soit 2,5 à 5% de la population étrangère). La France a durci sa position à leur égard, mais il serait illusoire de vouloir la transformer en forteresse, au moment où les réponses à la question de l'immigration ne pourront être que communautaires dans une Europe qui aura aboli tout contrôle à ses frontières internes.

---

[1] **la brèche:** *breach or gap*

LA DIVERSIFICATION DES COMMUNAUTES ETRANGERES ET DES FORMES D'INTEGRATION

La population de la France est formée pour 6,3 à 6,7% d'étrangers, mais ce chiffre moyen ne rend pas compte de la réalité des contacts entre la population étrangère et la population nationale. La population étrangère est de plus en plus concentrée dans l'espace, en particulier sur Paris et l'agglomération parisienne: 40% des étrangers vivent en Ile-de-France dont ils forment 12,9% de la population. Dans quatre autres régions seulement le pourcentage d'étrangers dépasse 7% de la population totale: Corse, Rhône-Alpes, Alsace, Provence-Alpes-Côte-d'Azur.

La répartition des étrangers par catégorie de communes est tout aussi contrastée. L'immigration étrangère est un phénomène urbain (seulement 2% d'étrangers pour l'ensemble des communes rurales) et qui plus est un phénomème de grande ville... La concentration des travailleurs immigrés dans certains secteurs de l'économie explique cette répartition. L'agriculture attire surtout les travailleurs saisonniers (encore 80 000 en 1990) et de moins en moins de salariés agricoles étrangers permanents.

A l'échelle de la commune ou du quartier les différences dans la répartition spatiale de la population étrangère sont aussi fortes. Il n'y a ni ghetto, ni ségrégation en France: mais des phénomènes de regroupement, générés par les immigrés eux-mêmes et encouragés par les mécanismes spontanés du marché immoblier et du marché de l'emploi, favorisent les concentrations. Bien que relative, la concentration des étrangers tend à différer leur intégration et rend d'autant plus difficiles les rapports intercommunautaires. On a en fait affaire progressivement à deux types de population étrangère: celle qui est socialement invisible, parce qu'elle est fortement assimilée et dispersée dans la population française et celle qui résiste à une assimilation moins généreusement offerte, et qui est d'autant plus socialement visible qu'elle est concentrée géographiquement et plus éloignée ethniquement et culturellement de la population de souche française.

D'européens, les étrangers sont devenus africains. En 1954 la population étrangère était composée à 81% de ressortissants d'Etats européens... En 1954, les ressortissants d'Etats africains (presque exclusivement algériens à l'époque) formaient 13% de la population étrangère, en 1982 ils en formaient 43%, en 1990 ils en forment plus de 50%... C'est pourtant autour de cette population algérienne (en grande partie née en France) que s'est cristallisé le rejet de l'immigration. Les séquelles[2] de la guerre d'indépendance de l'Algérie, des rapatriements et du racisme colonial ont toujours empoisonné les rapports franco-algériens. S'y sont ajoutées les difficultés d'assimilation d'une population islamique dans une société française profondément laïque.

---

[2] **les séquelles** (f): les conséquences

CONCLUSION

La France ne s'est pas fermée aux populations des pays en voie de développement ou de l'ancien bloc communiste. Comme les pays voisins, elle a cherché à se prémunir contre des arrivées d'immigrés extra-communautaires non désirées, mais elle n'a jamais cessé d'accueillir les refugiés politiques ni fait obstacle au regroupement familial.[3] Aucune réserve n'a jamais été apportée aux droits sociaux des immigrés, qui sont assurés comme les nationaux de la solidarité nationale. L'intégration, quasi totale dans le cas des immigrations européennes, est retardée dans les autres cas par la montée du racisme et de l'enfermement communautaire, bien que ni l'un ni l'autre n'appartiennent à la tradition française.

---

[3] L'Assemblée nationale française vient d'adopter, le 24 juin 1993, la réforme du code de la nationalité qui prévoit que les jeunes nés en France de parents étrangers ne deviendront plus Français de plein droit à l'âge de 18 ans, mais devront en manifester leur volonté entre l'âge de 16 et 21 ans. D'autre part, pour obtenir la nationalité française par mariage, il faudra attendre deux ans.

Extraits de *La France dans le Monde*, pages 107–115.

VERIFICATION

Complétez les phrases suivantes d'après les informations données dans le texte.

1. Avec chaque vague d'immigrants, les réactions _____ reviennent jusqu'à ce que les nouveaux étrangers soient assimilés dans la population nationale.

2. Aujourd'hui en France, ce sont des _____ qui doivent faire face aux préjugés, tandis qu'à l'époque de l'immédiat après-guerre (Première Guerre mondiale) c'étaient des _____.

3. Après la seconde guerre mondiale, la France avait besoin de remplacer les pertes de guerre et de trouver les mains-d'œuvre pour _____. La France a cherché des travailleurs à l'étranger dans _____.

4. La fermeture des frontières dans les années 80 a encouragé le _____.

5. Aujourd'hui la population étrangère est de plus en plus concentrée dans l'espace et se trouve en particulier _____.

6. Contrairement à l'évolution des émigrés français résidant à l'étranger, les immigrés en France aujourd'hui viennent de moins en moins des pays _____ et de plus en plus des pays

_____.

A VOTRE AVIS

Répondez aux questions suivantes en justifiant vos réponses.

1. Après une quarantaine d'années dans l'indifférence de l'opinion publique, pourquoi est-ce que la question des immigrés est devenue aujourd'hui une source de conflit et un problème majeur pour le gouvernement français?

2. Quelles sont les difficultés d'assimilation d'une population islamique dans une société française profondément laïque?

3. Y a-t-il une différence entre les réfugiés politiques et ceux qui cherchent à mieux vivre avec leur famille? Peut-on avoir des critères différents pour leur admission? Pourquoi ou pourquoi pas?

REGARDER DE PRES

INTRODUCTION ET CONCLUSION

INTRODUIRE—A QUOI SERT UNE INTRODUCTION?

Introduire la clé, la tourner dans la serrure, ouvrir... Toute introduction a bien ce rôle de déclic puis d'ouverture à une réalité, à un problème nouveau. Toute introduction remplit trois grandes fonctions.

1. *Accrocher.* Si l'on n'éveille pas d'emblée l'attention, si l'on ne suscite pas l'intérêt, le lecteur n'aura aucune envie de poursuivre.

2. *Présenter.* Il faut présenter un problème, une série de documents, les circonstances d'une enquête.

3. *Annoncer.* Au-delà du problème posé, il faut annoncer brièvement le plan du développement.

CONCLURE - A QUOI SERT UNE CONCLUSION?

Conclure, ce n'est pas seulement terminer un texte. La conclusion se structure en général ainsi:

1. Bilan du développement qui la précède

2. Expression de jugements personnels sur le bilan

3. Ouverture de perspectives nouvelles ou propositions d'action

Une conclusion objective: à partir de l'étude des différences et des ressemblances entre textes, idées, documents.

Une conclusion personnelle: on prend parti sur les contenus des documents étudiés, on indique une préférence, un choix, on fait des propositions.

APPLICATION

1. Ecrivez une introduction pour ce dernier article et pour l'article précédent.

2. Etudiez de près la conclusion de l'article. Qu'ajouteriez-vous pour en faire une conclusion plus riche?

DISCUSSION

1. Quelles sont des raisons possibles pour une demande d'asile? Est-il juste de faire une distinction entre les raisons politiques, économiques ou religieuses? Pourquoi ou pourquoi pas?

2. Quels problèmes pose l'immigration clandestine? Y a-t-il un problème d'immigration clandestine dans votre pays? Décrivez les efforts du gouvernement pour contrôler cette forme d'immigration.

EXPANSION

Il y a en fait «deux types de populations étrangères: celle qui est socialement invisible, parce qu'elle est fortement assimilée et dispersée dans la population nationale et celle ... qui est d'autant plus socialement visible qu'elle est concentrée géographiquement et plus éloignée ethniquement et culturellement de la population de souche française». Dans le contexte d'une discussion de l'immigration, que veut dire le terme **assimiler**? Que veut dire **intégrer**? Quel est le but de l'immigration du point de vue de la société nationale? du point de vue des immigrés? Jusqu'à quel point les immigrés sont-ils protégés dans la pratique de leurs propres traditions, dans leur désir de préserver leur propre culture?

Immigration: le grand débat

Le débat sur l'immigration n'est plus limité à sa dimension conjoncturelle et économique. Il devient un problème culturel qui engage l'avenir de la société. Entre partisans de l'intégration et adeptes de la manière forte, les positions se radicalisent.

LES ETRANGERS REPRESENTENT DE 6 A 8% DE LA POPULATION TOTALE METROPOLITAINE.

Selon le recensement de 1990, il y aurait 3,6 millions d'étrangers résidant en France, soit 6,3% de la population totale. Le chiffre avancé par le ministère de l'Intérieur est plus élevé: 4,5 millions. Il faut noter que la population étrangère comprend à la fois des personnes nées hors de France et des mineurs nés en France de parents étrangers. Le nombre total évolue en fonction des arrivées et des départs, des naissances et des décès et des acquisitions de la nationalité française (280 000 depuis 1982).

Par rapport aux deux précédents recensements, la proportion d'étrangers est restée à peu près stable. Elle est faible dans l'Ouest (moins de 1% en Bretagne) et dans les communes rurales (2%). Elle est élevée en Ile-de-France, où sont concentrés près de 40% des étrangers. Les ménages dont la personne de référence est étrangère comptent en moyenne 3,38 personnes, soit près d'une personne de plus que la moyenne nationale (2,57).

La part de la population étrangère de la France se situe dans la moyenne européenne, derrière la Suisse (16,3%), la Belgique (9,1%) ou l'Allemagne (8,2%), devant la Finlande (0,5%), l'Italie (1,5%), le Royaume-Uni (3,3%) ou les Pays-Bas (4,6%).

LA POPULATION ETRANGERE EN FRANCE A CONNU DES EVOLUTIONS CONTRASTEES.

Les principales vagues d'immigration ont eu lieu en 1931, 1946 et 1962. La proportion des différentes nationalités s'est beaucoup modifiée. Depuis 1954, ce sont les Maghrébins qui ont fourni l'essentiel des nouveaux arrivants, alors que le nombre d'étrangers en provenance des pays d'Europe diminuait. Un tiers d'entre eux seulement (36%) sont aujourd'hui originaires des autres pays de la Communauté européenne, contre 54% en 1975 et 43% en 1982...

LES ATTITUDES VIS-A-VIS DE L'IMMIGRATION TENDENT A SE RADICALISER.

Le véritable débat sur l'immigration a été pendant longtemps esquivé par les partis et les hommes politiques. Il s'est véritablement amorcé à partir de 1990, sous l'impulsion des partis d'opposition et des médias, et sur fond d'actes racistes et xénophobes.

On peut constater à cette occasion une radicalisation des positions des Français, face aux deux pôles de référence en ce domaine: celui de l'exclusion proposé par l'extrême droite; celui de l'intégration proposé par exemple par SOS-Racisme.

BEAUCOUP DE FRANÇAIS ONT PEUR DE PERDRE LEUR IDENTITE DANS UNE SOCIETE PLURICULTURELLE.

Au cours des années de crise économique, les Français avaient surtout accusé les immigrés de porter une part de responsabilité dans la montée du chômage et dans celle de la délinquance. A ces craintes, qui restent présentes, s'en ajoutent aujourd'hui d'autres qui portent sur l'avenir. Certains Français s'inquiètent du déséquilibre démographique croissant de la France, dû à la natalité plus forte des étrangers. Surtout, ils craignent que l'identité française se dissolve progressivement dans la mise en place d'une société pluriculturelle. A travers ce grand débat sur l'immigration, ce sont toutes les peurs et les contradictions d'un peuple qui surgissent.

Fin 1991, 75% des Français considéraient que la préservation de l'identité française était une priorité. 64% estimaient que l'immigration constituait en ce domaine une menace, alors que 40% seulement étaient de cet avis en ce qui concerne la construction européenne.

UNE LARGE MAJORITE DES FRANÇAIS EST FAVORABLE A L'ARRET DE L'IMMIGRATION.

Plus de deux tiers des Français se prononcent en faveur d'une fermeture des frontières destinée à empêcher de nouveaux immigrés. Ce front du refus se retrouve aussi contre l'affirmation des convictions religieuses à l'école (on se souvient du débat provoqué par le port du foulard islamique) et contre le droit de vote des étrangers aux élections municipales.

Persuadés que les différences de coutumes, de religion et, à un moindre degré, de langue, rendront la cohabitation difficile, les Français sont à peu près également partagés entre la possibilité d'intégrer les immigrés et le souhait de voir partir un grand nombre d'entre eux au cours des prochaines années. Mais beaucoup mettent en doute la possibilité de faire coexister des modes de vie dérivés des préceptes de l'islam dans une société qui se veut fondamentalement laïque. 49% considèrent que la religion islamique est trop différente de la religion catholique et rend l'intégration des immigrés musulmans impossible. L'immigration, qui a souvent été une chance pour la France au cours de son histoire, apparaît aujourd'hui un problème pour les Français.

LA GRANDE PEUR DE L'ETRANGER

• 76% des Français estiment qu'il y a trop d'Arabes en France, 46% trop de Noirs, 40% trop d'Asiatiques, 34% trop d'Européens du Sud (Espagne, Portugal).

- 58% des Français considèrent que la religion musulmane ne permet pas l'exercice de la démocratie (22% de l'avis contraire).

- 88% souhaitent que la nationalité française ne soit accordée qu'à des étrangers ayant une connaissance minimale de la langue française.

- 51% estiment qu'en matière d'emploi il n'y pas de raison de faire une différence entre un Français et un immigré en situation régulière; 45% considèrent qu'on doit donner la priorité à un Français.

- 74% sont opposés au droit de vote des étrangers vivant depuis un certain temps en France (60% en 1988), 21% y sont favorables (32% en 1988).

- 49% des étrangers vivant en France souhaitent s'intégrer à la société française, 38% d'entre eux se sentent déjà intégrés.

Gérard Mermet, *Francoscopie 1993* (Paris: Larousse, 1992), pages 209–211.

«La grande peur de l'étranger», *Figaro = Europe 1/Sofres* (janvier 1990).

VERIFICATION

Répondez aux questions suivantes selon le texte.

1. Dans les années récentes (1982–1990) est-ce que la proportion des étrangers en France a diminué, augmenté ou est-elle restée assez stable?

2. Est-ce que la France accepte sur son territoire beaucoup plus d'immigrés que les autres pays européens? moins d'immigrés? ou est-ce qu'elle se trouve dans la moyenne?

3. Pour ceux qui s'opposent au nombre d'immigrés et veulent fermer les frontières nationales, quelles sont leurs inquiétudes principales?

4. Une majorité des Français se prononcent contre le droit de vote des étrangers dans les élections municipales. Qu'en pensez-vous? Etes-vous d'accord? Pourquoi ou pourquoi pas?

A VOTRE AVIS

1. Les résultats du sondage «La grande peur de l'étranger» sont-ils particuliers aux Français ou représentent-ils des attitudes plus répandues? Justifiez votre réponse.

2. Répondez «oui» ou «non» aux questions suivantes en pensant à votre pays natal.

a. Souhaitez-vous que la nationalité américaine (ou canadienne) ne soit accordée qu'à des étrangers ayant une connaissance minimale de la langue anglaise? (ou dans le cas du Canada, la langue française?)

b. En matière d'emploi, est-ce qu'il faut donner priorité à un Américain (si l'étranger remplit les mêmes conditions?)

c. Encore en matière d'emploi, est-ce qu'il faut traiter les Américains et les étrangers de la même façon?

d. Etes-vous opposé(e) au droit de vote des étrangers vivant depuis un certain temps aux Etats-Unis? (au Canada?)

e. Croyez-vous qu'il y ait des religions qui ne permettent pas l'exercice de la démocratie?

f. Croyez-vous qu'il y ait des religions qui ne peuvent pas être intégrées dans la société américaine (canadienne)?

g. Croyez-vous qu'il y ait déjà trop d'immigrés dans ce pays?

h. Considérez-vous que la préservation de l'identité américaine (canadienne) est une priorité?

STRATEGIES POUR S'EXPRIMER

COMMENT CONVAINCRE LES AUTRES DANS UNE PRESENTATION ORALE

Les objectifs à atteindre

1. Faire la preuve de la solidité de ses connaissances dans un domaine donné.

2. Persuader autrui du bien-fondé de l'opinion qu'on défend.

Les circonstances

Qui convaincre? Prendre en considération le nombre d'interlocuteurs, le rôle qu'ils jouent à cette occasion (auditeur, représentant d'une autre opinion, etc.), leur statut social. Tenir compte de ce qu'ils sont supposés savoir et de ce qu'ils escomptent[1] apprendre en écoutant. En combien de temps? Respecter impérativement le temps imparti. Ne jamais abuser de la patience des interlocuteurs et ne jamais oublier de parler suffisamment fort pour être entendu.

Le corps et la voix

Adoptez une posture à la fois polie et confortable. Surveillez vos gestes: pas de gestes parasites détournant l'attention (mouvement des mains agitant un stylo...). Utilisez le langage des gestes: un mouvement de l'avant-bras et de la main peut en particulier ponctuer efficacement les temps forts d'un discours: mais attention aux excès. Articulez et adoptez un débit soutenu et non monotone: pas de précipitation, pas de longs «blancs», mais des pauses pertinentes aux moments importants, et des accents d'intensité sur des mots-clefs.

---

[1] **escompter:** espérer

Comment s'exprimer?

1. La clarté: la précision, la correction et la richesse de la langue sont des facteurs déterminants pour la bonne transmission d'un message.

2. Le code oral: tenez compte des particularités de la communication orale, sans pour autant recourir à un registre familier: il faut en particulier se répéter, en reformulant les idées les plus importantes; ne parlez pas «comme un livre» et ne lisez pas des notes trop rédigées.

3. L'organisation: pour qu'une prise de parole assez longue puisse être suivie sans trop de difficultés, il est indispensable de la structurer: soulignez les articulations logiques prévues dans le plan, en les verbalisant: au lieu de dire «partie 1», dites «d'abord» ou « le premier point que j'aborderai...».

Le sens de la communication

1. Etablissez le contact: selon les cas, présentez-vous, captez l'attention avec une anecdote, etc.

2. Regardez fréquemment vos auditeurs.

3. Soyez vivant(e): parlez de votre sujet avec conviction.

4. Faites preuve d'ouverture d'esprit et sachez écouter. Adaptez-vous aux circonstances et observez les réactions de l'interlocuteur. Répondez poliment si vous en avez l'occasion.

5. Concluez: rien n'est plus inconfortable pour l'auditeur que d'ignorer si vous avez ou non terminé.

APPLICATION

Pour ou contre? Choisissez une des phrases suivantes et préparez une présentation orale de cinq minutes. Montrez dans votre exposé votre accord ou désaccord avec l'idée proposée.

1. Partout dans le monde, les attitudes vis-à-vis de l'immigration tendent à se radicaliser.

2. En vue du concept du «village mondial», nous avons tous une responsabilité d'accepter, sans limites, des immigrés qui veulent entrer dans nos pays.

3. Chaque société a le droit de préserver son identité culturelle.

DISCUSSION

«Les étrangers représentent de 6 à 8% de la population totale métropolitaine. Il faut noter que la population étrangère comprend à la fois des personnes nées hors de France et des mineurs nés en France de parents étrangers.» Expliquez comment peut-on considérer les mineurs qui sont nés en France, des étrangers. Etes-vous d'accord avec cette définition d'étranger? Si on adopte des lois pour renvoyer des étrangers à leur pays natal, que deviendra-t-il des jeunes gens qui ne connaissent que la vie en France? Y a-t-il cette même définition d'étranger dans les autres pays du monde? Où?

EXPANSION

A votre avis, que veut dire le terme **société pluriculturelle**? Connaissez-vous des exemples de sociétés que vous considérez pluriculturelles? Que savez-vous de la condition des immigrés dans votre pays? Combien de temps faut-il pour devenir citoyen(ne) de votre pays? Y a-t-il une distinction entre les personnes nées hors de votre pays et les enfants nés dans votre pays de parents étrangers? Est-ce qu'il y a des limites ou conditions sur le nombre d'immigrés de certains pays ou régions? Y a-t-il un grand nombre d'immigrés dans votre communauté? Sont-ils intégrés dans la communauté ou restent-ils isolés? Avez-vous peur de perdre votre identité dans une société pluriculturelle?

CHAPITRE 6

LA VOIX DES IMMIGRE(E)S

Le but de ce chapitre est de faire entendre la voix des immigrés à travers leur propre expérience. Ces deux Maghrébins sont les auteurs d'un livre où ils décrivent leurs expériences et examinent avec minutie l'attitude des Français envers les immigrants maghrébins. On entend aussi des voix féminines. Comment les femmes vivent-elles l'immigration? La parole est rarement donnée aux femmes immigrées. Ecoutons, donc, ce qu'elles veulent nous dire. Enfin, nous examinerons la question des mariages mixtes dans le contexte marocain.

En plus des renseignement sur les sujets mentionnés ci-dessus, ce chapitre nous présente des stratégies (comment faire un compte rendu d'un livre, comment révéler ses sentiments) et des techniques linguistiques (la voix narrative) qui seront renforcées et pratiquées dans le contexte de la discussion et du travail écrit. Les textes serviront de point de départ pour les activités orales et la pratique de l'écriture.

L'Identité en immigration

Peut-on parler de l'immigration maghrébine en France et de l'épineuse question de l'identité sans emprunter les voies nébuleuses qu'arpentent nombre de sociologues au jargon d'un hermétisme devenu signe de reconnaissance, ou le ton misérabiliste et revanchard de certains quotidiens du pays d'origine?

Deux Maghrébins, Azouz Bégag et Abdellatif Chaouite, l'ont tenté et y ont réussi, dans *Ecarts d'identité* (Editions du Seuil, 1993) avec leur double habilitation de chercheurs et d'enfants d'immigrés.

SANS ETRE VRAIMENT DEDANS

Imaginez un joueur de tennis qui «quitte le fond de son court, d'où il maîtrise bien l'espace qui est devant et derrière lui, et qui monte attaquer au filet. Il parcourt une distance pour accéder à une nouvelle situation géographique d'où il va voir le jeu différemment. Il ne revoit plus l'espace derrière lui; et en face de lui, il n'y a que l'espace de son adversaire (...); s'il marque le point, il va décupler sa force psychologique, s'il le perd, le doute va s'installer en lui pour un bout de temps».

C'est ainsi que les auteurs voient la situation d'un migrant qui s'accroche à espace premier, pour un autre espace qui est à risque. La comparaison pourrait paraître audacieuse, voire légère, pour parler d'un sujet sérieux, l'émigration et l'immigration. Elle donne en tout cas le ton pour nous avertir qu'il ne s'agira pas d'un «énième recueil sur les souffrances des immigrés en France».

Azouz Bégag dont nous avons pu savourer le roman *Béni ou le paradis privé*, est chercheur à Lyon, fils d'immigré algérien. Abdellatif Chaouite est également chercheur, immigré à Lyon et fils de Marocain.

Enfants de ces «travailleurs paysans» qui ont quitté leur pays et la vie de là-bas, ils s'interrogent: «qui sommes-nous par rapport aux Français de souche, à nos parents? Comment nos mères et nos pères ont-ils pu accomplir des voyages aussi fabuleux, comment ont-ils fait pour vivre en France depuis trente ou quarante ans sans être vraiment dedans?»

Ce livre se distingue des autres livres du genre, et séduit d'emblée par sa clarté et sa simplicité, le recours au ton désinvolte, badin, ce qui peut paraître mal venu dans un essai, entreprise qui pourrait être risquée quand on rappelle dans le même livre, par exemple, le meurtre d'un Maghrébin pour un croissant par une boulangère (à Reims, et dont on sait aujourd'hui qu'elle a été acquittée); mais il n'en est rien; ce ton bien au contraire, rendant le propos plus crédible. Par ailleurs, ce livre se lit comme une histoire: d'ailleurs, le premier chapitre donne le ton en s'intitulant: «Il était une fois l'immigration maghrébine en France.»

DU MOMENTANE AU DEFINITIF

Ecarts d'identité qui s'insère dans la longue histoire qui unit France et Maghreb, nous raconte un des aspects les plus marquants, celui du départ et de l'exil ou, si l'on préfère un mot plus technique, de la «mobilité» d'hommes venus en France dans les années quarante, sans se douter un seul instant que ce voyage allait bouleverser leur histoire et celle de leur famille; les grandes villes de ce qui était la Métropole où ils se rendaient étaient comme un port qui devait leur servir d'escale, mais qui devenait les années passant leur domicile, et eux étaient surpris par le temps. Si leurs parents ont vécu implantés dans leur pays, eux, les transplantés, ont servi à leur insu de passerelle entre deux cultures, deux générations; la plus jeune voyant le jour et grandissant dans une langue, dans un pays et une culture autres, pendant que les parents nourrissaient l'espoir du retour définitif chez eux; retour entretenu à force de deniers amassés au prix du travail de longues années et qui, paradoxalement, au fur et à mesure que grossissait le pécule[1] destiné à acquérir la maison de leur retraite, se transformait en mythe.

L'émigration des Maghrébins a été précédée par une autre émigration, ou plutôt immigration (s'agissant du Maghreb), celle de la France coloniale, et c'est même celle-ci qui sera à l'origine de celle-là. Les premiers immigrés maghrébins étaient des ruraux, en majorité analphabètes, expropriés ou réquisitionnés pour les usines françaises pendant la guerre. Ils partaient seuls, avant la période du «regroupement familial». Et si les partants ne dissociaient jamais le projet du départ de celui du retour, ce passage de l'individu au groupe familial va faire en sorte que, (même s'il n'est pas le seul), peu de familles allaient «mettre en application» ce retour, l'insécurité étant atténuée aussi par le passage du bidonville au H.L.M.

La «nouvelle stabilité» se créant, l'immigré est alors dans une situation d'entre-deux: «sans être jamais tout à fait une réplique d'ici» (entendez la France) il n'est déjà plus «une simple réplique de là-bas». Et si, avant son départ, l'émigré est travaillé par ce fantasme de l'étranger (ou du «kharij») qui est «intériorisé comme un idéal de réussite», ce fantasme agit dans l'autre sens: «souvent le pays quitté devient l'objet magnifié, le Paradis perdu» qu'il s'agira de reconquérir avec «la magie de la puissance que confère le "kharij": l'argent et son pouvoir».

Mais ce pays s'éloigne un peu plus à l'occasion de la naissance des enfants et «le momentané glisse jour après jour dans le définitif» à l'insu même des intéressés.

D'OU TU ES, TOI?

Le rapport des enfants à l'espace sera tout autre que celui des parents: si la famille assume toujours plus ou moins une transition culturelle à ses enfants, ces derniers avec l'école, la télévision, et tout l'environnement hors du foyer,

---

[1] **le pécule:** *nest egg, savings*

vivaient une «double référence identitaire»; le noyau devant forger leur identité étant essentiellement celui de la société française vécu au quotidien, alors que l'espace de la terre d'origine est un «référent absent». Cependant, l'espace quotidien en France ne leur est offert que dans les périphéries.

Les enfants d'immigrés s'entendent souvent poser la question fatidique «D'où tu es, toi?». Alors ils répondent, par exemple—«De Lyon!». Généralement ce type de réponse fait sourire. On ne l'attendait pas.—«Non, je veux dire de là-bas!». Alors ils sont obligés de répondre:—«Ah, mes parents tu veux dire?»—«Oui»—«D'Algérie, de Sétif». Commentaire des auteurs: «dans ce type de dialogue, l'Origine sert moins à fonder pour comprendre qu'à marquer une limite entre moi et l'autre». C'est peut-être pour réagir à ce genre de situation que les auteurs Bégag et Chaouite ont pris soin de se présenter sur la couverture du livre comme «Lyonnais» tout simplement!

On estime à 300 000 le nombre d'enfants d'immigrés maghrébins nés en France, mais ce chiffre n'est pas fiable si l'on veut parler de l'ensemble des enfants des Maghrébins en France; car il y a ceux qui sont venus très jeunes avec leurs parents «et de ce fait ne sont pas automatiquement français». Il faudrait aussi leur adjoindre les enfants des couples franco-maghrébins et les 400 000 enfants de Français musulmans. Quant aux étiquettes, elles ne manquent pas: les jeunes d'origine maghrébine, les jeunes Arabes, la seconde génération, les enfants d'immigrés maghrébins, les Franco-Maghrébins, etc... Sans oublier la fameuse appellation «Beur»[2] née au début des années quatre-vingts et qui a fait florès depuis: reprise maintenant par les hommes politiques, elle devient un ghetto.

ABOLIR LES FRONTIERES IMAGINAIRES

Selon les auteurs, 1989 devait être «la fin d'une mode et d'une étape, celle des Beurs», car ces derniers ont enfin fait leur entrée en scène dans le paysage politique français: élection de quelques centaines de jeunes sur des listes municipales au cours des élections de mars 1989 et, fait notable, deux députés au Parlement européen en juin 1989, d'autant plus notable qu'il s'agit de deux femmes. Peut-être était-il plus facile pour elles de se faire élire au Parlement européen qu'à titre individuel à l'Assemblée Nationale. Il n'en reste pas moins qu'aujourd'hui, la France est interpelée par l'exigence de redéfinir son identité, redéfinition que nécessite aussi son entrée dans l'Europe (...) avec intention d'abolir bien des frontières, les «réelles et surtout imaginaires, et qui offrira une nouvelle expérience migratoire».

Depuis le début de la décennie 80–90, nombreux sont les signes des «percées individuelles» de ce qu'on a pu appeler «la réussite des beurs: avocats, médecins et sportifs professionnels, artistes, journalistes», que consacrent les médias français.

---

[2] **Beur:** génération née en France de parents Maghrébins immigrés

Cependant le ciel reste encore «sombre»; ni Français ni Maghrébins, la plupart de ces enfants gèrent difficilement les contradictions (d'une) situation en porte-à-faux; et la délinquance est le prix qu'il faut payer; dans les murs de la prison Saint-Paul de Lyon, plus des deux tiers de la population carcérale[3] sont d'origine maghrébine. De l'autre côté, les crimes racistes ne se comptent plus, les attentats contre des lieux de culte musulmans ou des foyers à majorité maghrébine font toujours partie du tableau; et l'amalgame que se plaisent à cultiver les médias est de plus en plus répandu et nocif: l'affaire des foulards dits «islamiques» est encore présente à l'esprit; et même quand ils affichent bien haut leur carte d'identité française, les enfants d'immigrés sont toujours traités en boucs émissaires[4] que l'on somme de rendre des comptes...

LA TRANSITION EN SOURIANT

Le livre se termine sur l'image de Bouzid installé en France depuis quarante ans, retraité de soixante-quinze ans, analphabète, à table avec sa famille autour d'un couscous préparé par ses filles. Bouzid vient de rentrer avec sa femme au pays où il avait fait construire sa maison qui a coûté une génération d'économies. Mais le pays a changé... Il doute et son enthousiasme est terni. Et puis, il sait que ses petites filles ne pourront pas sortir dans les rues de Sétif vêtues comme elles le souhaitent. La maison de Sétif fut celle de ses rêves, tant pis! C'était une erreur.

«Après le dîner [Bouzid] se lève, va dans sa chambre, installe son tapis (...) par terre et fait sa prière. A côté de lui Louisa, sa petite fille aux cheveux blonds, le regard intrigué du haut de ses deux ans, lance à l'assemblée: "Qu'est-ce qu'il fait pépé?". Et tout le monde rit. Une histoire est terminée. Une autre commence. Elle a les cheveux blonds et le teint méditerranéen. Dans la famille de Bouzid, la transition s'est faite en souriant.»

Conclusion optimiste de l'intégration qu'ont retenue les auteurs, même s'ils ne nous ont point dépeint l'immigration en rose; et puis, ils ne sont pas dupes.

L'histoire n'est pas un film vidéo qu'on peut repasser pour corriger ou gommer[5] ce qui nous y déplaît, ou y ajouter ce que nous aurions aimé qu'il contînt. Elle est là, tout «simplement»! L'important n'est-il pas que le choix, quel qu'il soit, soit assumé par ceux et celles qui le font, qu'il se présente en harmonie avec les diverses complexions de leur être, et soit source d'équilibre.

---

[3] **carcéral(e):** de la prison   [4] **le bouc émissaire:** *scapegoat*   [5] **gommer:** effacer

Maghreb Magazine, Nᵒ 12 (mars 1993), pages 79–80.

VERIFICATION

Répondez aux questions suivantes en vous référant au texte.

1. Qui sont les deux auteurs du livre *Ecarts d'identité*?

2. Où se passe l'histoire racontée dans ce livre?

3. Dans le livre, *Ecarts d'Identité*, de quoi s'agit-il?

4. Que veut dire le terme **Beur**? Depuis quand est-il en usage?

5. Selon les auteurs du livre, tandis qu'on a eu certaines réussites dans les années récentes, par exemple, dans la politique, le ton reste «sombre». Pourquoi?

6. Comment l'histoire se termine-t-elle?

A VOTRE AVIS

Quelle est votre réaction aux images et aux citations suivantes? D'abord, expliquez ce que l'auteur veut dire et ensuite, donnez votre réaction.

1. Les auteurs ont comparé la situation d'un immigrant avec l'image d'un joueur de tennis. Que signifie cette comparaison?

2. «L'émigration des Maghrébins a été précédée par une autre émigration, ou plutôt immigration, celle de la France coloniale.»

3. Les enfants des parents immigrés vivent une «double référence identitaire».

4. «D'où tu es, toi?—Dans ce type de dialogue, l'Origine sert moins à fonder pour comprendre qu'à marquer une limite entre moi et l'autre.»

5. Comment peut-il être «plus facile pour elles (les femmes politiques) de se faire élire au Parlement européen qu'à titre individuel à l'Assemblée Nationale»?

6. Quelle est cette «nouvelle expérience migratoire»?

STRATEGIES POUR ECRIRE

COMMENT FAIRE UN COMPTE RENDU D'UN LIVRE

Le compte rendu d'un livre a pour but d'informer les lecteurs des idées générales présentées dans le livre et en même temps, d'offrir une perspective critique des efforts des auteurs. Il ne s'agit pas de faire un sommaire de toute l'histoire; il suffit de tracer les grandes lignes, d'ouvrir une fenêtre sur le ton et le style de l'auteur, et de tenter les lecteurs de vouloir le lire eux-mêmes. Notez les éléments évidents du compte rendu dans le modèle précédent en répondant aux questions suivantes.

APPLICATION

1. Qui sont les auteurs du livre?

2. Quel est le titre du livre et sa date de publication?

3. Est-ce qu'il y a d'autres livres déjà parus des mêmes auteurs? Lequel (ou lesquels)? Qu'est-ce que nous apprenons sur leurs vies?

4. Notez la première phrase du troisième paragraphe: «Imaginez un joueur de tennis...» Il faut saisir l'attention et l'intérêt des lecteurs. Comment l'auteur a-t-il réussi à le faire dans ce compte rendu?

5. Quel est le ton du livre? Et comment se distingue-t-il d'autres livres sur le même sujet?

6. Citez un exemple du ton dominant dans le texte. Notez le résumé court (d'un paragraphe) mais vif de l'histoire. Le point de vue est synthétique, mais clair.

7. L'auteur du compte rendu a ensuite examiné d'un façon plus détaillée certaines idées et images pour nous faire apprécier le style et la profondeur du texte. Choisissez une de ces digressions et expliquez la raison pour laquelle l'auteur du compte rendu a choisi d'en parler.

8. Un exemple tiré de la conclusion du livre rend le compte rendu plus vivant et poignant. Pourquoi l'auteur a-t-il choisi de terminer le compte rendu par cet extrait?

9. Qu'est-ce que l'auteur fait dans la conclusion du compte rendu? Pourquoi?

DISCUSSION

1. Comment trouvez-vous la fin du livre? triste? optimiste? pessimiste? Expliquez.

2. Dans «l'affaire des foulards dits "islamiques"», il s'agissait de jeunes filles immigrées (ou enfants d'immigrés) qui portaient des foulards pour des raisons religieuses tandis que le directeur de l'école ne l'approuvait pas. A votre avis, jusqu'à quel point doit-on respecter les différences religieuses ou culturelles?

EXPANSION

Cette idée d'une «double référence identitaire» revient dans d'autres pays et dans d'autres circonstances (par exemple au Canada dans la province de Québec). Choisissez un exemple et expliquez le conflit d'identité qui pourrait se manifester quand on se sent tiré de deux côtés.

Immigrer «au féminin»

Les femmes ont quitté leur pays plus tard que les hommes. Ceux-ci étaient venus en France, essentiellement poussés par des motifs économiques, les difficultés de vie au pays les amenant à rechercher un emploi en France. Vivant en foyers de travailleurs, ils se regroupaient entre hommes du même groupe ethnique ou familial, souvent originaires de la même région ou du même village. Vivant en circuit fermé, on les connaissait peu: «J'ai mis 7 ans, dit une Française, à m'apercevoir que le bâtiment d'en face était un foyer de travailleurs étrangers.»

Le salaire d'un travailleur vivant ici «en célibataire» assurait couramment, en Afrique noire, la vie (ou la survie?) d'une trentaine de personnes. Aussi, quand la loi sur le regroupement familial a permis, à partir de 1974, l'arrivée des femmes, celle-ci n'a pas été automatique. Ici, trouver un logement relevait du miracle, l'accès aux H.L.M. étant lié à la présence en France de la famille (et comment la famille pouvait-elle être présente sans logement?). Au pays, l'opposition au départ des femmes se révélait aussi forte, car bien évidemment une grosse partie du salaire du chef de la famille serait absorbée par les besoins de la famille en France (logement, habillement, nourriture, scolarisation des enfants) et échapperait à la répartition au village.

LES FEMMES DU LUNDI

Pourquoi ce nom? Tout simplement parce que—depuis 5 ans bientôt—ce groupe Réseaux se réunit... le lundi, tantôt chez l'une, tantôt chez l'autre. Au départ, nous étions trois: une Française qui voulait apprendre l'arabe, une Marocaine qui voulait apprendre le français, et... une Tunisienne qui servait d'interprète aux deux premières!

De la bouche à l'oreille (marocaines, tunisiennes, algériennes, sénégalaises, tamoul, portugaise), le groupe a grossi... Tellement même, qu'il a fallu le diviser en quatre: par proximité de quartier, mais non par ethnies, car nous tenons avant tout à notre amitié, à notre diversité et aux échanges de connaissances qu'elle nous assure.

Bien sûr, nous «faisons du français». Notre benjamine, Cécile, 17 ans, qui arrivait du Sénégal, a même appris à lire et à écrire en deux mois. Un record! D'autres ont une culture orale, non moins riche, qui leur assure une mémoire prodigieuse.

Aussi, dans le groupe, on ne «compare» pas. Les avancées des unes sont des victoires pour toutes. Quand chacune, à tour de rôle, a raconté ou écrit son départ du pays, son arrivée en France, son insertion difficile, toutes les autres retrouvaient une facette de leur propre histoire.

Coutumes lors des naissances, des mariages, des funérailles, recettes des différents pays, fêtes traditionnelles des unes et des autres, nous ne manquons aucune occasion de partager et de nous réjouir. Et c'est ensemble aussi que nous comparons les prix des commerçants du quartier, déchiffrons les quittances de loyer ou de téléphone, les horaires de trains, répondons aux enfants partis en «classe verte»,[1] projetons un pique-nique pour nous retrouver toutes.

Bref, nous avons appris à nous connaître, à nous apprécier, à vivre une véritable amitié. Si bien que les lundis sont devenus plus qu'une habitude: une petite oasis de bonheur dans la semaine.

Les femmes qui s'expriment ici sont donc arrivées de 1974 à 1977, de 7 à 15 ans après leurs maris... A la différence des hommes, elles n'ont pas «choisi» de venir. A part l'obligation qui leur était faite de rejoindre leur mari, ce saut dans l'inconnu était sans but et sans projet. La perception de «quitter» était bien plus forte que celle «d'arriver».

Les études sur les immigrés ont parlé très peu de l'immigration des femmes, ou de façon fragmentaire. Peu sur leur arrivée, leur difficulté d'être, leurs surprises, leurs joies, leurs espoirs, leurs désespoirs. Très peu pour leur laisser la parole.

La date de leur arrivée en France, toutes s'en souviennent sans la moindre hésitation, même celles dont la date de naissance est approximative. Et quand elles en parlent, c'est toujours au présent, comme d'une plaie mal refermée et qui fait encore mal. Ecoutons-les:

«RIEN N'EST PAREIL»

«Je n'oublie jamais janvier 75 et la neige devant moi... Le froid. J'étais jamais sortie de ma ville et je tombe ici juste avec la neige!

J'ai attendu 6 heures à Orly. Mon mari arrivait par un autre avion. Je connais personne. Je parle pas le français. C'est le grand jour pour moi!

A la douane, on m'a dit: "Madame, où tu vas?" Mon mari m'avait marqué une adresse; j'ai montré le papier. Puis je m'assieds et j'attends. Rien n'est pareil.»

---

[1] **la classe verte:** classe hors de la salle de classe

«POUR VENIR EN FRANCE, IL A FALLU CHOISIR: MON FILS OU MON MARI»

«Je suis partie le 12 avril 77. J'avais à peu près 17 ans et déjà deux enfants. Je me suis mariée avant 13 ans. Mon mari était en France depuis 63. Quand on s'est mariés, il veut que je vienne en France avec lui, mais sa famille ne veut pas... Si le mari veut, ce n'est pas suffisant: il faut que toute la famille décide. Mon père à moi n'a pas fait de problèmes. Il a même écrit des lettres au grand frère de mon mari en disant que, puisque mon mari voulait, il fallait me laisser partir. Mais le grand frère de mon mari ne veut toujours pas. Ça a duré comme ça des années. J'avais déjà Adama et j'étais enceinte de Fatima.

A la fin son frère a dit: "Puisque c'est comme ça; tu peux aller... Mais pas ton fils..." Il a pris mon fils; il l'a gardé là-bas. Je suis venue avec Fatima. Elle avait trois mois et demi. J'ai eu de la peine de laisser mon père et ma mère. Mais c'est surtout pour mon fils... C'est dur: mon fils ou mon mari!

J'avais peur. Mon fils était sur tous les papiers. Comme il ne venait pas, il a fallu tout refaire, tout renouveler. Je suis restée à Dakar quatre mois et demi: c'est là que j'ai accouché de ma fille. C'était encore autre chose: il a fallu la mettre, elle, sur les papiers!»

«JE SUIS ENFERMÉE: JE CONNAIS PERSONNE...»

«Mon mari est venu en Algérie pour me chercher: il n'y est plus retourné jusqu'à sa mort, le 15 juin 86...

Avant mon mariage, j'étais venue quelquefois en France, en vacances dans la famille de ma mère à Clermont-Ferrand, à Annecy; deux fois aussi à Paris. Je l'ai rencontré ici: j'ai parlé avec lui... Quand il est venu là-bas en Algérie, il a dit: "Je viens pour demander ta main"... Il a demandé: "Est-ce que tu es d'accord?" J'ai dit "Oui". Alors on a fait la fête là-bas, mais pas le mariage... Je suis venue avec lui comme "touriste" en attendant le mariage.

C'est la première fois que je quittais vraiment mon pays, ma famille et aussi mon travail. Parce que je travaillais, là-bas: j'étais agent technique de l'artisanat.

On est arrivés en France. Il a pris un studio et voilà: je suis enfermée, je connais personne. Mon mari n'aime pas que je rencontre des gens... C'est vraiment très dur.»

«TROIS BEBES, UN BATEAU... ET LE PORT DE MARSEILLE!»

«Nous étions mariés depuis un an et demi et j'étais enceinte de mon troisième enfant quand Raoul est parti travailler en France. Les années qui suivirent ont été très dures...

Un jour pourtant, j'ai reçu une lettre de Raoul avec notre billet d'avion pour Paris... Depuis le temps que j'attendais cette lettre et ce billet! J'ai voulu partir sur le champ. Mais il n'y avait pas de place d'avion disponible: il me semblait que mes rêves s'écroulaient! J'avais peur que le billet d'avion soit périmé[2] et que je ne puisse pas arriver à rejoindre mon mari.

C'est alors que l'on m'a proposé, en échange, un transport par bateau. J'ai accepté tout de suite et me voilà partie avec mes valises et mes trois bébés... De Dakar il mettait huit jours à rejoindre Marseille: j'ai été malade durant ces huit jours!

Le bateau arrive à Marseille. Les gens se pressent pour descendre, dans une bousculade générale! Sortir de là avec trois gosses et les valises, c'était déjà une prouesse. J'avais une de ces peurs! Je n'avais pas confiance que mes papiers étaient en règle. Je me disais: "Pourvu qu'on ne me renvoie pas au Sénégal!".»

(Honorine), sénégalaise. De 8 heures à 13 heures, Honorine, ses trois bébés et ses valises ont attendu Raoul sur le quai du port de Marseille parce qu'Honorine avait cru Marseille (port) proche de Roissy (aéroport).

PEUT-ON VIVRE DEUX VIES A LA FOIS?

Deux cultures...

Deux langues...

Deux cuisines...

Deux mondes...

«Plus rien n'est pareil» disait Fatima. Ni les sons, ni les couleurs, ni les voix, ni les odeurs, ni les rues, ni les logements, ni la cuisine, ni la politesse... Comment s'y reconnaître? Comment retrouver l'aisance de vivre que l'on avait au pays? Même les semaines, les fêtes, les mois sont différents! La musique du pays agace les voisins. La maîtresse d'école a dit aux petites filles—qui le répètent à la maison, bien sûr!— d'aller se laver les mains, teintes du henné de la fête: «Tu as les mains sales!»

«C'est tout différent, la vie ici» explique Soya. «Chez nous, au village, on vit dehors, on pile dehors, on cuisine dehors. On fait tout ensemble: aller chercher de l'eau, le bois pour cuire... Et puis, on se ballade comme on veut. C'est des cases, pas des bâtiments comme ici. On laisse ouvert. On rentre comme on veut.»

Et Micheline, béninoise, traduit l'autre face de cette liberté réciproque qu'elle revendique comme un trésor: «L'autre jour, ma fille m'a parlé d'une copine qui va en classe avec elle. Elle est maigre, elle ne mange pas à sa faim.

---

[2] **périmé(e):** qui n'est plus valable

Quand elle est venue chez moi, je l'ai installée dans la cuisine et je lui ai dit: "Tu te sers toi-même: tout est dans le frigo..." Je l'ai laissée toute seule et on est restées, nous, dans la pièce à côté. Comme ça, celui qui mange, s'il a très faim, il a pas peur de manger trop. On ne lui dit pas: "Est-ce que tu veux encore?" C'est lui qui se sert.»

Honorine, à Dakar, fréquentait, depuis l'école, des Européennes et parlait français. Pourtant, son dépaysement n'a pas été moins profond: «Les Européennes que je connaissais en Afrique étaient très chaleureuses. Je les connaissais dans le dispensaire parce qu'elles travaillaient avec moi. Nous faisions les courses au même marché... On s'entendait bien. Et voilà! arrivées ici, ce n'était plus les mêmes, pour moi. Elles étaient trop renfermées, trop méfiantes, trop éloignées. Tout cela justement, me faisait me reconnaître encore plus étrangère. C'est pourquoi je me suis beaucoup repliée en moi-même et je le suis restée longtemps. Très, très longtemps...»

«JE NE VEUX PAS QUE MES ENFANTS SOIENT DES ETRANGERS AU PAYS»

Un retour au pays... Honorine raconte la préparation: «Le matin, pour le petit déjeuner, on a notre quinquiliba, avec du pain. Pas question de beurre ou de confiture. Le quinquiliba, c'est une feuille qu'on fait bouillir—un genre de tisane, en quelque sorte—et c'est un médicament en même temps. Ça devient tout rouge: on met du sucre et on boit. On mange du pain avec, comme vous avec le café. Une grande marmite! Avec deux ou trois kilos de pain, c'est bon jusqu'à midi. A midi, du riz. Le soir, vous mangez les restes ou de la bouillie, de la salade, des haricots verts...

Je ne veux pas que les enfants soient "décalés" quand ils vont là-bas. La première fois que nous sommes retournés, Edouard avait onze ans. Nous étions chez sa grand'mère. Le matin, il a demandé où était le petit déjeuner. Elle a dit: "Mais, il est là..." C'était du riz et rien d'autre. Lui, il attendait du café, du pain et du beurre... Dans la famille là-bas, il n'est pas question d'acheter du beurre ou du fromage: ça coûte bien trop cher et je ne veux pas que les parents en achètent parce que nous venons.

Aussi il arrive souvent qu'en début de semaine, ici, je dise aux enfants: "Cette semaine, il n'y aura ni café, ni lait, ni beurre, ni confiture. Seulement du quinquiliba et du pain." Ou bien je fais pareil pour le fromage ou pour la viande. Et le dimanche, puisque nous sommes tous réunis, nous mangeons non pas dans la cuisine mais dans la salle. Et nous mangeons "au bol", à l'africaine, du riz et du poisson!.»

(Honorine)

Extraits de Marie-Louise Bonvicini, *Immigrer au féminin* (Paris: Les Editions Ouvrières, 1992).

VERIFICATION

Indiquez si les phrases suivantes sont vraies (**V**) ou fausses (**F**).

_____ 1. Pour des raisons économiques, il y a souvent de l'opposition du côté de la famille du pays d'origine quand une femme annonce son intention de partir.

_____ 2. Les femmes, dans ce texte, veulent échapper aux restrictions de leur vie en Afrique en allant en France.

_____ 3. Toutes les femmes citées dans le texte savaient lire et écrire le français, ayant étudié le français dans leur pays natal.

_____ 4. La plupart des femmes dans le texte n'ont pas choisi de quitter leur pays d'origine.

_____ 5. Les femmes citées dans le texte ont vécu une séparation de sept à quinze ans de leurs maris.

_____ 6. Puisque leurs maris avaient déjà trouvé du travail et un logement en France, la transition pour les femmes n'a pas été très difficile.

_____ 7. Quelquefois la femme doit choisir entre ses enfants, son mari et ses parents.

_____ 8. Après une période de transition, la plupart des femmes ne veulent plus retourner au pays natal.

A VOTRE AVIS

Répondez aux questions suivantes en justifiant votre réponse.

1. Pourquoi les femmes immigrées ont-elles quitté leur pays natal plus tard que les hommes?

2. Quels obstacles faut-il surmonter pour partir? (Donnez au moins trois exemples.)

3. Qu'est-ce que c'est que le groupe «Les femmes du lundi»? Que font-elles?

4. Venant de pays différents, parlant parfois des langues différentes, qu'est-ce qui a tout de même lié ces femmes l'une à l'autre?

5. Comment se peut-il qu'une telle situation existe: «J'ai mis 7 ans, dit une Française, à m'apercevoir que le bâtiment d'en face était un foyer de travailleurs étrangers»?

6. Quels sont les problèmes qui apparaissent au moment où les enfants d'une de ces femmes, Honorine, rentrent en Afrique pour rendre visite aux grands-parents? Quelle est l'implication très importante de cette situation?

REGARDER DE PRES

LA VOIX NARRATIVE

Le choix d'un narrateur

Le narrateur peut être un personnage jouant un rôle dans l'histoire: le héros lui-même, son ami, son ennemi ou un témoin. Le narrateur peut ne jouer aucun rôle dans l'histoire et se contenter de raconter.

La focalisation

La focalisation interne: Le lecteur découvre les événements à travers le regard d'un personnage.

La focalisation externe: Le lecteur ne sait des personnages que ce qu'ils disent ou font.

La focalisation zéro: Le lecteur sait tout et suit l'action dans différents lieux à la fois.

L'ordre narratif

C'est l'ordre dans lequel les événements sont racontés. Le narrateur peut rapporter des événements antérieurs ou anticiper en annonçant des événements futurs.

La durée des événements

Il s'agit du nombre de lignes occupées par les événements racontés: ils peuvent être résumés, développés en détail (sommaire) ou passés sous silence (ellipse).

Les indices du vrai

Ce sont les détails qui constatent l'authenticité de l'histoire ou qui donnent l'apparence d'une histoire vraie.

APPLICATION

Dans le cas de ces histoires des femmes immigrées, la voix narrative est toujours à la première personne et puisque ce sont des histoires qu'elles ont vécues, on trouve une focalisation interne. En vous référant au texte:

1. Citez deux histoires et montrez comment l'ordre narratif est différent.

2. Donnez trois exemples de termes qui indiquent la durée des événements.

3. Cherchez des exemples des indices du vrai. Comment savez-vous que ce sont de vraies histoires et non pas de la fiction?

DISCUSSION

1. Comment expliquez-vous que, pour toutes ces femmes, «la perception de "quitter" était bien plus forte que celle "d'arriver"»?

2. A votre avis, pourquoi est-ce que les études sur les immigrés parlent très peu (ou de «façon fragmentaire») de l'immigration des femmes?

3. Commentez sur le fait qu'en racontant leurs histoires de départ et d'arrivée, elles ont tendance à mélanger l'emploi du présent avec celui du passé.

EXPANSION

Choisissez une des situations suivantes et répondez aux questions en ajoutant des détails pour illustrer vos idées.

1. Racontez une de vos expériences dans un pays étranger. Comment était le voyage? Quelles étaient vos premières impressions? Quelles étaient vos premières interactions avec les gens du pays? Quelles coutumes ou traditions vous ont étonné? Comment les gens ont-ils réagi à vos tentatives de participer à la vie quotidienne?

2. Quels sont les obstacles qui se présentent aux étrangers dans votre pays? Y a-t-il une séparation ou un isolement des étrangers du reste de la population? Est-ce qu'on traite, d'une façon différente, les femmes étrangères des hommes étrangers? Qu'est-ce qui pourrait représenter une transition culturelle difficile pour des étrangers dans votre pays?

Mariage sous haute tension:
Elle épouse un étranger

Les familles les rejettent? Les hommes les méprisent? Les femmes les envient? Elles n'en ont cure: les Marocaines musulmanes sont de plus en plus nombreuses à épouser des roumis. Jusqu'en 1979, 1 225 citoyennes du royaume chérifien s'étaient liées à des étrangers. En 1985, en une année seulement, 539 ont convolé en justes noces avec des Français. Et en 1986, elles étaient 831. Une augmentation, on voit, exponentielle.

Toutes ne se résignent pas à la clandestinité en Europe ou ailleurs. Beaucoup, les plus audacieuses, refusent l'exil: «Pour que la famille, pour que la société l'acceptent. Pour que ce ne soit plus un tabou», affirment-elles en chœur. Pourtant, un mariage mixte au Maroc n'est pas une mince affaire. La décision prise, commence le parcours du combattant. La loi est claire: le mariage «civil» n'existe pas. Toute union qui ne respecte pas les dispositions de la Moudouana (Code du statut personnel) est nulle et non avenue dans le royaume. Et celles qui se marient exclusivement à l'étranger sont, au regard de la législation du pays, toujours célibataires! Même si elles sont mères de famille.

«Le mariage d'une musulmane avec un non-musulman n'est pas valide» précise l'article 29 de la Moudouana. Si un Marocain a parfaitement le droit d'épouser une chrétienne ou une juive sans qu'elle ne renonce à sa religion, le roumi, lui, doit obligatoirement embrasser l'islam pour s'unir à la Marocaine. Et en fournir la preuve: un certificat délivré par des *adouls* (témoins-notaires) une fois qu'il a solennellement répudié sa confession d'origine et enregistré l'acte au tribunal notarial.

Si les conversions sont prononcées, les *adouls* s'en félicitent néanmoins: «Elles élargissent la Communauté des croyants. Non, ne jetons pas la pierre aux femmes qui se lient aux étrangers: amener un chrétien à l'islam est une action somme toute louable...»

Louis, Français installé au Maroc depuis 1967, confirme: «Je n'y attache pas plus d'importance qu'au bout de papier qui l'atteste! Je me suis prêté à cette comédie par amour pour Nezha. Parce que je n'avais pas le choix...»

Au certificat de conversion du fiancé, les postulants doivent joindre une attestation du procureur général auprès de la cour d'appel qui donne son avis motivé après étude du dossier. L'accord écrit du *wali* (tuteur) de la prétendante—père, frère ou même fils—est encore nécessaire. Une enquête de police est ensuite ouverte pour juger de la «bonne conduite et de la sincérité des futurs conjoints à vouloir se marier».

«Deux ans! Nous avons attendu deux ans après avoir déposé le dossier de demande, pour recevoir une réponse... négative! Sous prétexte que nous n'avions pas l'accord de mon père...» s'indigne Nezha. «On nous a sans cesse mis des batons dans les roues pour nous décourager. On nous faisait la morale ou on nous insultait».

Louis et Nezha ont gagné cette guerre à l'usure. Enfin, après trois ans de lutte acharnée (et un mariage civil en France), ils se sont présentés devant deux adouls pour légaliser leur union au Maroc. Avec la bénédiction—forcée—du père. Il a finalement cédé, devant l'insistance de ses fils, frères et neveux.

Car pour les Marocaines en rébellion contre la tradition, le plus dur est d'affronter la famille. D'obtenir son assentiment. Deux ans après un premier divorce, Leïla a présenté Steve à ses parents. Une trahison! Son père ne lui a pas adressé la parole pendant trois longues années! Les mères acceptent-elles la transgression mieux que les pères? Pas sûr. Il a fallu douze ans pour que Rachida se décide enfin à épouser Georges: «J'avais peur d'affronter ma mère. Ma sœur aînée avait épousé un Français et ma mère l'avait vécu comme un deuil. Pour elle, sa fille était morte. Longtemps, elle a tout fait pour cacher ce mariage à mes oncles et tantes. Je ne voulais pas vivre le même drame.»

Parce que divorcée, Amina, elle, n'a eu aucun mal à imposer son Anglais: «J'avais accepté de me marier à 19 ans pour faire plaisir à ma mère. Et j'avais vécu l'enfer... La femme répudiée n'a pas de statut social chez nous. Quand elle est mère, elle a peu de chance de trouver un second mari. Pour cette raison, mes parents étaient ravis de rencontrer John.»

Avec le temps, la famille s'adapte. A une fille qu'on aime tendrement, on finit par pardonner. On se réjouit même de son bonheur! «J'ai compris que ma fille était heureuse et c'est ce qui compte, explique Abbas. J'ai craqué quand j'ai vu mon premier petit-fils...» C'est en effet souvent au premier gazouillis[1] que les parents fondent comme neige au soleil pour entonner l'air du Ah-qu'il-est-doux-d'être-enfin-réunis...

Avec les amis, c'est une tout autre histoire: «Je les ai presque tous perdus, confie Nezha. J'avais un combat à mener qu'ils ne comprenaient pas. En fait, nous menions des vies désormais totalement différentes. Je me suis éloignée d'eux autant qu'ils se sont éloignés de moi. Et il est clair qu'aujourd'hui, mes intimes sont tous très tolérants, très ouverts...»

Dans son ensemble, la société marocaine est encore réticente aux mariages mixtes... «L'étranger enlève la Marocaine à ses parents, à sa communauté. C'est un fléau contre lequel il faut se battre», s'indigne Mohamed, commerçant à Casablanca. Fort heureusement, il en est qui voient les choses autrement. Jawad, homme d'affaires: «Je ne crois pas qu'un roumi éloigne sa femme de nos traditions. J'en connais plus d'une qui ont continué à prier et à jeûner pendant le mois de Ramadan. En réalité, ces femmes ont du mérite. Elles intègrent à la société des étrangers qui, généralement, importent leur savoir-faire et exportent notre culture...»

Les sentiments des époux à l'égard de leur pays d'adoption sont tout autant dissonants. «Les relations de travail, remarque Steve, sont basées sur la parenté ou le régionalisme. On est le cousin d'un tel, on vient de telle région... Je me suis

---

[1] **le gazouillis:** *chirping, warbling*

senti isolé, exclu du fait de la solidarité alentour.» Coopérant dans l'enseignement, Louis se sent pleinement intégré: «Depuis que ma belle-famille a accepté notre union, je me sens ici chez moi. Je n'ai jamais souffert de racisme...»

La psychanalyste Hafsa Chbani Kounda[2] constate: on ne peut taxer le Marocain d'être foncièrement xénophobe. «Seuls les sujets qui ont trouvé leur être et savent donc quel est leur non-être peuvent être racistes. Or le Marocain ne sait pas qui il est. Berbère? Arabe? Européen? ou Phénicien? Le Marocain est pluriel! Mais le vrai problème est qu'on lui refuse cette pluralité parce que l'idéologie classique valorise l'unité—une langue, une religion, une culture... En clair, le Marocain associe pluriel et bâtard, donc il se mutile. Conséquence: il souffre de son brouillard identificatoire et il est intolérant. A l'égard de lui-même, donc a fortiori[3] à l'endroit d'une autre couleur de peau ou d'une autre longueur de jupe.»

Pourquoi des Marocaines, élevées dans le respect des traditions, se jettent-elles dans les bras d'étrangers? Pourquoi choisissent-elles délibérément cette voie difficile, qui les éloigne de leurs proches? Par hasard, par amour, bien sûr. Mais aussi par révolte, par défi.

Le mariage interracial, une garantie de libération pour la Marocaine? Pas toujours, affirme Kounda. La déconvenue[4] est parfois au rendez-vous: «La jalousie, la possessivité, l'autorité ne sont pas des caractéristiques géographiques, propres au drapeau rouge-étoile verte!» s'exclame-t-elle. Elles sont humaines, universelles... Myriam s'indigne que son mari ait «tourné sa veste: il s'est converti pour de bon. Comble, il m'a suggéré de porter le voile! Il se croit meilleur musulman que moi et me surveille...»

C'est souvent à l'occasion de conflits que ces Marocaines intrépides découvrent qu'elles tombent, comme toutes leurs concitoyennes, sous le coup— sous les coups—de la Moudouana. Oui, le Musulman installé au Maroc, quelque soit sa nationalité, doit obéir au Code du statut personnel marocain. Il peut ainsi répudier sa femme, l'empêcher de travailler ou s'octroyer trois autres épouses dans le pays!

En fait, le scénario est identique pour tous les couples. Les Marocaines mariées aux roumis se heurtent aux mêmes difficultés que les autres femmes. Au début, c'est l'euphorie, le bonheur tout neuf, libéré des contraintes sociales. Ensuite, il faut tenir. Durer. «L'acceptation de la différence de l'autre, explique Kounda, est le moteur essentiel de l'équilibre du couple. Or dans un couple mixte non plus, cette acceptation ne va pas de soi. Certaines Marocaines choisissent des étrangers parce qu'elles prétendent leur ressembler. Très peu de gens fondent un couple sur la différence. La grande majorité commencent leur histoire sur un "on est pareil". Or on n'est jamais pareil!... Les couples mixtes ont cependant un atout majeur: "Ils ont lutté pour vivre ensemble et ils se sont

---

[2] Hafsa Chbani Kounda est auteur de *Couples mixtes: le bonheur à haut risque* (Edition Eddif, 1990).   [3] **a fortiori:** *all the more so*   [4] **la déconvenue:** déception

forgés à construire, à défendre leur union." Au lieu de décourager les conjoints, l'hostilité alentour a tendance à les rappocher. A rendre leur couple plus fort, plus solide...»

Et les enfants dans tout ça? «Leur identité floue, leur acculturation» est souvent mise en avant pour condamner les mariages interraciaux. La conversion, par exemple, est exigée prétendument pour éviter que l'enfant n'adopte la religion originelle du père. Curieux quand on sait qu'il n'obtient pas d'emblée la nationalité marocaine. Il peut la demander à sa majorité... s'il réside dans le royaume. «Mes fils le ressentent comme une injustice, confie Nezha. Leur cœur est marocain, et leur passeport français.»

La naissance d'un enfant, il est vrai, ressuscite le passé de chacun et fait surgir de nouvelles questions! Quelle langue lui parler? Quelles coutumes religieuses respecter? Et d'abord, quel prénom lui donner? Les parents en adoptent souvent de neutres, passe-partout, mais le plus souvent ils optent pour deux, l'un occidental, l'autre arabe, laissant en quelque sorte l'enfant choisir lui-même, plus tard. Pour la langue, pour les rites, quand la rivalité ne s'installe pas, on s'accommode des exigences de chacun. Nezha confirme: «Nous avons tenu à leur apprendre à aimer les deux cultures. Sans concurrence. En fait, les enfants sont déséquilibrés, vivent mal leur double appartenance si les parents se déchirent.»

«Sans intermariages, il n'y a pas d'intégration» soulignait Fernand Braudel.[5] On pourrait ajouter que sans un minimum d'intégration, il y a peu de couples mixtes heureux.

------

[5]Fernand Braudel, historien français (1902–1985), a écrit *Identité de la France* (1986, posthume).

Extraits d'*Afrique Magazine* (juin 1992), pages 32–35.

VERIFICATION

Répondez aux questions suivantes; justifiez ou expliquez chacune de vos réponses.

1. Qu'est-ce que c'est qu'un **roumi**?

2. Au Maroc, quel est le procédé pour obtenir la permission de se marier avec un étranger?

3. Pourquoi est-ce qu'il y a souvent de l'opposition à un mariage mixte?

4. Quels obstacles se présentent au couple d'un mariage mixte? dans les rapports familiaux? au travail? dans la vie quotidienne?

5. Quels problèmes se posent à la naissance d'un enfant dans une union mixte?

6. Comment est-ce que l'hostilité envers un mariage mixte, peut-elle renforcer l'union au lieu de la rompre?

A VOTRE AVIS

Expliquez les énoncés suivants d'après le texte que vous venez de lire.

1. Les Marocaines musulmanes qui se marient «exclusivement à l'étranger sont, au regard de la législation du pays, toujours célibataires. Même si elles sont mères de famille.»

2. «Le plus dur est d'affronter la famille.»

3. «C'est en effet souvent au premier gazouillis que les parents fondent comme neige au soleil...»

4. «La jalousie, la possessivité, l'autorité ne sont pas des caractéristiques géographiques, propres au drapeau rouge-étoile verte!»

5. «Mes fils le ressentent comme une injustice, confie Nezha. Leur cœur est marocain, et leur passeport français.»

STRATEGIES POUR S'EXPRIMER

COMMENT REVELER SES SENTIMENTS

L'importance des sentiments

1. L'expression des sentiments est souvent moquée dans un monde où la raison froide et la dérision semblent l'emporter. Or, sans les sentiments, on serait amoindri, sourd au monde et à autrui, automatisé.

2. Réhabiliter les sentiments, c'est admettre la force des pulsions nées dans l'inconscient et des tendances qui les prolongent. Peines de cœur, plaisirs de la vie, répulsions, amour... tels sont les sentiments.

La syntaxe

1. Dans la phrase affective, la syntaxe doit correspondre aux émois,[1] aux sentiments exprimés, en somme illustrer la fonction expressive du langage. On emploiera donc:

   • des phrases courtes pour marquer la vivacité d'un sentiment;

   • des phrases longues et complexes pour dépeindre un état d'âme, des sentiments intimes ou contradictoires;

   • des phrases coupées, elliptiques, pour retrouver la spontanéité;

   • des phrases exclamatives pour marquer la force du sentiment exprimé.

---

[1] **les émois** *(m)*: émotions

2. La phrase interrogative convient fort bien puisque les sentiments s'expriment dans la communication.

Le vocabulaire sentimental

L'expression des sentiments appelle un vocabulaire expressif, des mots à fortes connotations.

	Noms	Verbes	Adjectifs
Aimer	Amour, passion, affection, amitié, concorde, entente, tendresse, fraternité, adoration, culte, dévotion, ferveur, ardeur, feu, cœur, fièvre...	Chérir, adorer, affectionner, brûler, languir, s'éprendre, s'embrasser, cajoler, roucouler...	Epris, passionné, tendre, voluptueux, chaud, ardent, galant, câlin, angélique, céleste, chaste, platonique, affectueux, bienveillant...
Haïr	Haine, animosité, aversion, antipathie, colère, dégoût, horreur, hostilité, inimitié, exécration, rancune, rancœur, répulsion...	Abhorrer, détester, exécrer, rejeter, honnir, maudire, se venger, excommunier, répugner...	Haïssable, odieux, détestable, exécrable, insupportable, maudit, haineux...

APPLICATION

Comme il s'agit d'histoires personnelles concernant le mariage—un sujet très personnel et passionné—il y a de très bons exemples de l'expression des sentiments forts. Lisez encore une fois le texte précédent en encerclant le vocabulaire sentimental et en indiquant dans la marge les phrases affectives, afin de les comparer avec vos camarades de classe.

DISCUSSION

1. «Le Marocain est pluriel. Mais on lui refuse cette pluralité parce que l'idéologie classique valorise l'unité.» Expliquez cette pluralité. Quels autres pays ou cultures sont pluriel(le)s? Quels sont les indices qui montrent qu'ils acceptent leur pluralité? qu'ils la refusent?

2. Etes-vous d'accord avec l'énoncé suivant: «Sans intermariages, il n'y a pas d'intégration?» Expliquez votre point de vue.

EXPANSION

Une des femmes citées dans l'article, Nezha, a souligné qu'elle a perdu presque tous ses amis après s'être mariée avec un étranger. Elle dit: «J'avais un combat à mener qu'ils ne comprenaient pas. Il est clair aujourd'hui, mes intimes sont tous très tolérants, très ouverts.» Comment êtes-vous influencé(e) par vos amis? par votre famille? Pourriez-vous vous marier avec quelqu'un que votre famille n'accepte pas? que vos amis n'acceptent pas? Dans quelles circonstances? Si vos amis vous connaissent depuis longtemps et vous estimez leurs opinions, jusqu'à quel point suivriez-vous leurs conseils?

SYNTHESE DE L'UNITE

EXPRESSION ORALE

Sujet de débat: «Frontières ouvertes»
Rôles: Citoyens (pour et contre des frontières ouvertes), immigrés

Dans les années récentes, le bouleversement de l'Europe de l'Est et les développements rapides dans les pays du Sud ont souligné les difficultés qui se présentent en face de l'immigration de grands nombres de gens. Pour diverses raisons (politiques, religieuses et économiques), ces nouveaux immigrés cherchent une liberté qui leur manquait dans leurs pays d'origine. Jusqu'à quel point les pays de l'Ouest devraient-ils accepter ces immigrés? Le taux de chômage, les problèmes économiques, le nombre croissant de gens sans foyer— tout ceci contribue à rendre la décision difficile. Que faire? Présentez vos idées en jouant le rôle d'un(e) citoyen(ne) (pour ou contre les frontières ouvertes) ou celui d'un(e) immigré(e).

EXPRESSION ECRITE

Est-ce que vous avez jamais été témoin d'un acte de préjudice? contre vous? contre quelqu'un que vous connaissez? Quelles en étaient les raisons? Choisissez une voix narrative pour raconter cet événement et écrivez une histoire de deux pages.

RELIGION: TRADITIONS, EVOLUTION, QUESTIONS

LA RELIGION DOMINANTE est une fenêtre ouverte sur la société d'un peuple. Les traditions religieuses passent les valeurs culturelles d'une génération à l'autre. La tolérance ou le manque de celle-ci envers d'autres religions représente une indication de la cohésion d'une société. Les rôles de l'homme et de la femme

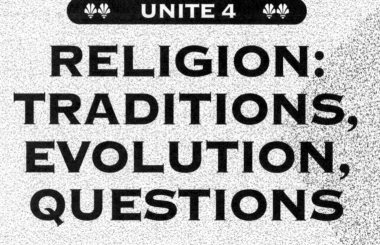

Notre-Dame-du-Haut, Ronchamp, F

dans une religion reflètent souvent leurs rôles dans la société en général. Autrefois, on cherchait dans la religion des réponses ou des solutions profondes aux problèmes. Aujourd'hui, certains continuent à y chercher des réponses, tandis que d'autres se sont tournés vers de nouvelles religions ou formes de spiritualité. Comment la religion est-elle évidente dans votre culture? Quelles religions y sont représentées? Quelles valeurs religieuses font partie de l'identité nationale de votre pays?

CHAPITRE 7

CE QUE CROIENT LES FRANÇAIS

Le but de ce chapitre est d'examiner les croyances religieuses des Français d'aujourd'hui. Quelles sont les grandes religions représentées en France aujourd'hui? En quelles proportions sont-elles représentées? Combien de ces adeptes sont «pratiquants» et combien sont «non-pratiquants»? Comment le rôle de la religion a-t-il changé dans les années récentes? Quelles autres formes de spiritualité sont évidentes en France aujourd'hui?

A part les réponses à ces questions suggérées par les textes et par les observations faites en classe, ce chapitre nous présente quelques stratégies (comment créer une description, comment livrer une opinion) et des techniques linguistiques (comment prévoir deux circuits de lecture) qui seront renforcées et pratiquées dans le contexte de la discussion et du travail écrit. Les textes serviront de point de départ pour les activités orales et la pratique de l'écriture.

⚜ ⚜ ⚜ ⚜ ⚜ ⚜ ⚜ ⚜ ⚜ ⚜ ⚜

PREPARATION A LA LECTURE

Choisissez une des religions ci-dessous et décrivez ce que vous savez sur ses principes de base, ses traditions, ses fêtes religieuses.

le judaïsme

le bouddhisme

l'islam

le catholicisme

le protestantisme

l'hindouisme

Croyances: Tendances générales en France

80% des Français se disent catholiques.

5% se réclament d'une autre religion.

15% sont sans religion.

Les nombreuses enquêtes disponibles récentes indiquent toutes que la proportion de Français de 18 ans et plus se déclarant catholiques est très proche de 80%. Elle n'a guère varié depuis une dizaine d'années, mais elle est inférieure à celle qui apparaissait dans les sondages plus anciens (peut-être aussi moins fiables). Les autres religions représentées en France sont principalement l'islam, le protestantisme et le judaïsme.

La proportion de personnes «sans religion» varie assez largement selon les catégories sociales. L'âge est le principal facteur discriminant; la proportion de personnes sans religion diminue régulièrement avec l'âge: 23% des jeunes de 18 à 24 ans; 10% des plus de 65 ans. Les employés et ouvriers le sont davantage que les cadres et les personnes âgées.

• **Catholiques, pratiquants réguilers**	**11,5**
• **Catholiques pratiquants occasionnels**	**26,3**
• **Catholiques non-pratiquants**	**41,8**
• **Musulmans**	**0,9**
• **Juifs**	**0,6**
• **Protestants**	**2,1**
• **Autres**	**0,9**
• **Sans religion**	**15,8**
• **Ne se prononcent pas**	**0,1**
Total	**100,0**

CREDOC

L'islam est la seconde religion en France, loin derrière le catholicisme mais devant le protestantisme.

La proportion de 1% de musulmans généralement indiquée par les enquêtes (soit environ 500 000 personnes) est faussée par le fait qu'elles ne couvrent en général que la population de nationalité française. Elles ne tiennent donc pas compte de la population musulmane vivant en France, estimée entre 3 et 5 millions, dont une grande partie n'a pas la nationalité française. Il faut noter également que 500 000 à 700 000 musulmans originaires d'Algérie (les familles harkies et leurs enfants nés depuis 1962) sont français. De plus, les enquêtes ne portent que sur la population adulte (18 ans et plus), ce qui sous-estime encore la proportion de musulmans, plus élevée parmi les jeunes. Si l'on tient compte de ces chiffres, on peut affirmer que l'islam est aujourd'hui la seconde religion de France.

Les protestants représentent environ 2% de la population, soit un million de personnes.

On compte parmi eux 500 000 réformés, 300 000 luthériens, 200 000 évangéliques. Mais 60% d'entre eux ne se rendent jamais au temple. Les protestants ont en commun, avec les catholiques et les orthodoxes (très peu nombreux en France; la majorité sont des Russes blancs émigrés après la révolution de 1917 et installés dans l'ouest parisien) d'être chrétiens. Cela signifie qu'ils croient aux vérités du Credo: un seul Dieu en trois personnes (le Père, le Fils et le Saint-Esprit). Mais les divergences sont nombreuses.

Par tradition historique, les protestants se situent plutôt à gauche sur l'échiquier politique; un certain nombre d'entre eux ont d'ailleurs retrouvé une influence avec l'arrivée des socialistes au pouvoir en 1981...

La France compte environ 600 000 juifs.

Environ la moitié d'entre eux vivent à Paris. Beaucoup de juifs ashkénazes (de culture et de langue yiddish) sont arrivés d'Europe centrale entre les deux guerres; ils ont été suivis par les séfarades (juifs des pays méditerranéens) venus d'Afrique du Nord après la décolonialisation. De tous les pays d'Europe occidentale, c'est la France qui compte la plus importante minorité juive...

La pratique religieuse a fortement diminué pendant les années 70. L'érosion a été moins sensible au cours des années 80.

Les chiffres concernant l'appartenance à une religion ne sont pas suffisants pour rendre compte de la réalité religieuse. Le fait de se dire catholique n'implique pas nécessairement une affirmation de sa foi, mais que l'on a été baptisé ou que l'on se reconnaît dans certaines valeurs héritées de la religion.

Chez les catholiques, les indicateurs de la pratique religieuse ont beaucoup baissé depuis le milieu des années 60: les Français font moins baptiser leurs enfants, vont moins à l'église, même pour s'y marier. La population ecclésiastique a diminué...

Plus on est jeune, moins on est pratiquant. 72% des pratiquants réguliers sont des femmes.

Environ 12% des catholiques sont des pratiquants réguliers, 37% des pratiquants occasionnels, 51% des non-pratiquants. La pratique régulière de la religion catholique croît de façon très nette avec l'âge: en décembre 1991, 3% des 18-24 ans se disaient très pratiquants, 16% «assez pratiquants», contre respectivement 13% et 32% des personnes de plus de 65 ans.

La baisse de la pratique est particulièrement forte dans l'Est; on observe au contraire une hausse en région parisienne et dans le Centre. Les pratiquants réguliers habitent plus fréquemment en Lorraine et dans l'Ouest. Ceux qui se disent sans religion ont un niveau d'études plus élevé que la moyenne, habitent plus souvent l'agglomération parisienne et les régions méditerranéennes.

Les modes de vie des pratiquants sont différents de ceux des personnes sans religion.

Ils croient davantage en la famille (qu'ils souhaitent idéalement composée de trois enfants), habitant plutôt des logements anciens, fument moins, suivent plus souvent que les autres un régime alimentaire. Au contraire, ceux qui se disent sans religion sont plus individualistes, moins satisfaits de leur niveau de revenu ou du fonctionnement des institutions.

On constate également que l'union libre est pratiquement inexistante chez les catholiques pratiquants réguliers âgés de 25 à 39 ans, qui sont presque tous mariés. Aux mêmes âges, 19% des personnes sans religion vivent en union libre, 20% sont célibataires, 52% seulement sont mariées. Entre 40 et 59 ans, le taux de divorce est de 20% dans ce groupe, contre 4% chez les pratiquants réguliers.

La baisse de la pratique tend à se stabiliser, mais l'avenir dépendra de l'évolution des jeunes d'aujourd'hui.

Certains indicateurs comme le nombre des séminaristes (environ 1 200 par an depuis cinq ans), celui des ordinations ou les taux de pratique semblent aujourd'hui en train de se stabiliser. Si la fréquentation des églises diminue globalement, les Français sont un peu plus nombreux à s'y rendre lors des moments importants de la vie: naissance, mariage, décès. La proportion de ceux qui feraient baptiser leur enfant est la même en 1991 qu'en 1983; 81%, dont la moitié sont des non-croyants. De même, 71% des Français souhaitent être enterrés religieusement, dont 24% athées.

Pourtant, il est difficile de prévoir comment évoluera l'attitude des jeunes, aujourd'hui très peu pratiquants, au cours de leur vie. Si les taux de pratique régulière constatés actuellement parmi eux restaient inchangés, la part des catholiques pratiquants réguliers devrait en effet se réduire considérablement: environ 10% en l'an 2000; seulement 3% en 2030.

L'influence de l'Eglise sur les modes de vie a beaucoup diminué.

Pour la majorité des Français, le rôle essentiel du prêtre est de dire la messe, d'aider et de réconforter les plus déshérités, prêcher la paix et le respect des droits de l'homme, être une référence morale plutôt que le censeur des mœurs et des modes de vie. Lorsque le pape se prononce contre le divorce, la pilule ou l'avortement, les trois-quarts des catholiques (et plus de la moitié des pratiquants) déclarent ne pas en tenir compte. Ils ne comprennent pas davantage le refus des préservatifs afin de lutter contre la transmission du SIDA, celui de la pilule abortive ou la condamnation de certains films.

Il faut rapprocher cette évolution de celle qui s'est produite sur le plan économique au cours des trente dernières années. La société de consommation a mis au premier plan les valeurs de satisfaction immédiate de besoins essentiellement individuels et matériels. Dans le même temps, l'Eglise continuait de prôner des valeurs d'altruisme, d'effort, voire de pénitence. D'un côté, la possibilité, matérielle et morale, de «profiter de la vie»; de l'autre, la promesse d'un paradis différé, au prix du sacrifice quotidien.

Après s'être séparée de l'Etat (1905), l'Eglise s'est peu à peu démarquée de la société.

Le pouvoir et l'influence de l'Eglise, considérables jusqu'à la fin du XIXe siècle, ont régulièrement diminué depuis. En fait, la laïcisation de la société et l'émergence de l'individu remontent à la Révolution, elle-même préparée par le lent glissement spirituel qui s'était produit depuis la fin du XVIe siècle et la déchirure qui suivit la Réforme.

La fonction d'assistance aux plus défavorisés, traditionnellement assumée par l'Eglise, s'est trouvée peu à peu transférée à l'Etat. L'Eglise avait donc perdu deux de ses rôles essentiels: proposer (et défendre) un système de valeurs servant de référence commune; contribuer à l'égalisation de la société. Dès lors, son utilité apparaissait avec moins de clarté à l'ensemble des catholiques.

Les rapports entre les individus et l'Eglise ont changé.

La proportion des Français qui déclarent croire en Dieu reste stable (environ 60%). La crise de la religion n'est donc pas celle de la foi, mais celle de sa manifestation dans la vie quotidienne. La religion est devenue une affaire personnelle, que l'on n'est plus obligé de partager avec d'autres.

De nouveaux courants spirituels sont apparus. Alors que les catholiques intégristes s'opposaient de plus en plus ouvertement au Vatican, jusqu'à provoquer un schisme, de nouveaux courants spirituels naissaient, tels le *Renouveau charismatique*, qui tentaient d'élaborer de nouvelles façons de vivre sa foi, en autorisant des aménagements personnels avec l'Eglise.

Le besoin de transcendance et de sacré reste intact.

Dans une société qui se veut laïque et qui pense avoir détruit des derniers tabous (le sexe, l'argent, les loisirs), le besoin de transcendance n'a pas disparu. Il suffit pour s'en convaincre de constater la place prise par l'irrationnel dans la vie sociale (voir p. 148) ou le besoin d'un «supplément d'âme», dans des domaines parfois inattendus. Dans un livre publié il y a quelques années, Alain Etchegoyen s'interrogeait sur l'existence d'une âme dans les entreprises. Aujourd'hui, les publicitaires en attribuent une à l'eau minérale, au camembert ou au yaourt, dans des campagnes parues dans la presse ou en affichage!

Au quotidien, les médias s'efforcent de répondre à cette nostalgie du sacré en lui trouvant des solutions de remplacement. Ils fabriquent ainsi des «monstres sacrés» (acteurs, chanteurs, champions sportifs, gourous de tous bords ou même journalistes). L'Etat tend lui aussi à se sacraliser par ses fastes et les comportements de ses dirigeants. La Terre elle-même est en train de devenir sacrée pour les écologistes, qui l'ont d'ailleurs déifiée en la baptisant Gaïa.[1]

Ce «faux sacré» permet sans doute la survie provisoire de la société. Mais il ne sera sans doute pas suffisant pour assurer son évolution. C'est le pari que font ceux qui pensent avec Malraux que le XXIe siècle sera spirituel ou ne sera pas.

---

[1] Gaïa était écrivain et homme politique français (1901–1976).

Gérard Mermet, *Francoscopie 1993* (Paris: Larousse, 1992), pages 241–246.

VERIFICATION

Complétez les phrases suivantes en choisissant la réponse appropriée.

1. 80% des Français se disent...

    a. protestants.   d. musulmans.

    b. juifs.   e. athées.

    c. catholiques.

2. 15% des Français se disent...

    a. protestants.   d. musulmans.

    b. bouddhistes.   e. athées.

    c. catholiques.

3. La seconde religion en France est...

   a. le protestantisme.
   d. l'islam.

   b. le bouddhisme.
   e. le judaïsme.

   c. le catholicisme.

4. De tous les pays d'Europe, la France compte le plus grand nombre de...

   a. juifs.
   c. luthériens.

   b. bouddhistes.
   d. athées.

5. La proportion de catholiques pratiquants réguliers qui sont femmes est de...

   a. 14%.
   c. 55%.

   b. 32%.
   d. 72%.

6. Laquelle des phrases suivantes est vraie?

   a. Plus on est âgé, moins on est pratiquant.

   b. Plus on est éduqué, plus on est pratiquant.

   c. Plus on a un niveau de vie élevé, plus on est pratiquant.

   d. Plus on est jeune, moins on est pratiquant.

7. Les pratiquants réguliers habitent plus fréquemment dans...

   a. l'Est du pays.
   c. le Sud du pays.

   b. l'Ouest du pays.
   d. la région parisienne.

8. La proportion des Français qui déclarent croire en Dieu est de...

   a. 20%.
   c. 60%.

   b. 40%.
   d. 80%.

A VOTRE AVIS

Répondez aux questions suivantes en justifiant vos réponses.

1. Comment pourriez-vous expliquer que l'âge est le facteur principal pour indiquer la proportion de personnes «sans religion»?

2. Bien qu'il y ait beaucoup de différences dans les croyances des protestants, des catholiques et des orthodoxes, il existe cependant des similarités. Qu'y a-t-il en commun?

3. Quelles pourraient être des raisons pour la baisse drastique de la pratique religieuse pendant les années 70, mais moins sensible au cours des années 80?

4. On note que presque tous les catholiques pratiquants réguliers, âgés de 25 à 39 ans, sont mariés et que l'union libre est «pratiquement inexistante» parmi eux. En même temps, on constate que «19% des personnes sans religion vivent en union libre, 20% sont célibataires, 52% seulement sont mariés». Acceptant le fait que les personnes «sans religion» pourraient choisir de vivre en union libre au lieu de se marier, comment pourriez-vous expliquer le nombre de célibataires dans ce groupe?

5. Commentez sur les chiffres suivants.

   a. «80% des Français se disent catholiques.»

   b. «La proportion des Français qui déclarent croire en Dieu reste stable (environ 60%).»

6. En France, 72% des catholiques réguliers sont des femmes. Comment se fait-il qu'il y ait une si grande différence entre le nombre de femmes et le nombre d'hommes pratiquants réguliers?

STRATEGIES POUR ECRIRE

COMMENT RAPPORTER OBJECTIVEMENT

Comment rendre compte objectivement d'un événement, d'une opinion ou des faits? Il est difficile de se transformer en appareil enregistreur. Pourtant un article d'information, un procès-verbal de réunion, une note technique et même le portrait d'un personnage exigent un maximum d'impartialité.

Pourquoi l'impartialité est-elle difficile?

1. Les sens, qui permettent de percevoir un objet, une scène, sont trompeurs. *Par exemple:* La notion de la chaleur est très subjective.

2. Les préjugés et les rumeurs influencent un individu à son insu. *Par exemple*: Un employé méprisé a toujours tort!

3. L'idéologie, ensemble d'idées adoptées par la société à laquelle on appartient (croyances, modèles de comportement, idées sur l'individu et l'univers), nuit insidieusement à l'objectivité: on croit décrire impartialement une situation alors qu'on la définit inconsciemment du point de vue du groupe social ou politique qui détient le pouvoir.

   Par exemple: Dans un article économique, un journaliste présupposera l'excellence du système socio-économique de son pays.

Quelles règles suivre pour rapporter objectivement?

A. Adopter un point de vue. On ne peut tout dire: mieux vaut choisir un angle de vision.

B. Se poser les questions indispensables. De quoi s'agit-il? Quels sont les acteurs? Que font-ils? Que disent-ils d'important?

C. Situer l'événement. Où et quand s'est-il passé? Dans quelles circonstances? *Un modèle*: le fait divers dans la presse

D. Citer quelqu'un. Ne pas tronquer ses phrases. Citer ce qui correspond à ses conceptions. Sans ces précautions, on peut faire dire à quelqu'un ce qu'il n'a jamais pensé.

E. Eliminer toute appréciation personnelle. Un texte impartial doit renvoyer à la seule fonction référentielle (ensemble des informations objectives). Comparez les deux phrases suivantes:

Quelques jeunes gens munis de bâtons ont cassé la vitrine.
Une poignée de jeunes dévoyés armés de bâtons ont sauvagement brisé la vitrine.

L'objectivité implique-t-elle un style?

Certainement pas, puisque le style c'est l'expression et l'originalité, la marque personnelle d'un auteur, donc la subjectivité. Au contraire, on doit:

1. éviter les mots à fortes connotations et utiliser des termes neutres et précis;

2. employer éventuellement un vocabulaire spécialisé (notes, rapport, articles scientifiques, etc.);

3. construire des phrases conformes à la norme du français usuel (ordre: sujet + verbe + attribut ou complément).

APPLICATION

Trouvez six phrases dans le texte, «Croyances: Tendances générales en France» qui vous semblent de bons exemples de l'impartialité de l'écriture.

DISCUSSION

1. Pourquoi est-ce qu'il y a tant de personnes non-croyantes (50%) qui veulent faire baptiser leur enfant? De même, il y a 71% des Français qui souhaitent l'enterrement religieusement, dont 24% athées. Pourquoi?

2. D'après le texte, «la crise de religion n'est pas celle de la foi, mais celle de sa manifestation dans la vie quotidienne». A votre avis, quelle est cette crise de manifestation de la religion dans la vie quotidienne?

EXPANSION

Quel est le rôle des médias dans la création du «sacré» dans le domaine public? Pouvez-vous citer quelques exemples des symboles religieux dans la vie quotidienne?

Croyances: Quatre grandes religions en France

Catholicisme, islam, protestantisme, judaïsme sont les quatre grandes religions représentées dans le pays. Le catholicisme connaît une situation contrastée, sinon contradictoire: à côté d'incontestables symptômes de déclin, il présente de non moins évidents signes de renouveau (voir p. 137). L'islam, désormais deuxième religion de France, est partagé entre la volonté d'intégration de bon nombre de ses fidèles et la montée de l'intégrisme chez certains d'entre eux. Le protestantisme, dorénavant minoritaire sur le plan religieux, n'en demeure pas moins très influent dans les domaines sociopolitiques. Le judaïsme, enfin, paraît parfois déchiré entre ses «laïcs» et ses «religieux», dont beaucoup sont de plus en plus attirés par la stricte orthodoxie.

L'ISLAM: INTEGRATION OU INTEGRISME?

Avec environ 3 millions de musulmans, l'islam est désormais la deuxième religion en France. Algériens, Marocains, Tunisiens, Africains, Pakistanais, Turcs composent cette communauté islamique, la plus importante d'Europe. Jusque-là plutôt mal connue, elle s'est trouvée sous les feux de l'actualité à la suite de ce qu'on a appelé «l'affaire des foulards». Cette discussion s'est ajoutée à celle provoquée par les manifestations de musulmans «intégristes» protestant contre la publication du livre *Les Versets sataniques*[1] de l'écrivain indo-britannique Salman Rushdie.

Plusieurs sondages ont été publiés à l'occasion de ces deux événements, notamment celui réalisé par l'IFOP.[2] D'après ce sondage, l'image de l'islam apparaît très différente selon que les réponses émanent de Français ou de musulmans. Ainsi, le mot «fanatisme» est celui qui correspond le mieux à l'islam pour 71% des Français, alors que pour 62% des musulmans, c'est le mot «tolérance». De même, si 41% des Français estiment qu'on doit pouvoir vivre en France en respectant toutes les prescriptions de l'islam, ce sont 71% des musulmans qui sont de cet avis. Les points de vue se rapprochent lorsqu'est évoquée la possibilité de concilier intégration à la société française et pratique de la religion musulmane *en privé*: 82% des Français et 93% des musulmans sont alors d'accord. Malgré ce large consensus sur une pratique «privée» de l'islam, il faut préciser que les lieux de culte se sont multipliés sur le territoire français atteignant aujourd'hui le chiffre d'un millier.

Quant à la pratique de la religion musulmane, elle est particulièrement élevée en ce qui concerne le ramadan (81% l'observent et 60% jeûnent pendant toute sa durée). 65% des musulmans vivant en France ne boivent jamais d'alcool et 4% prient chaque jour.

---

[1] Publié en 1988   [2] **IFOP** = Institut français d'opinion publique

Selon plusieurs observations récentes, il se produit chez certains musulmans le même phénomène que chez certains catholiques: à savoir, notamment, une volonté identique d'affirmer des valeurs communautaires et sociales fondées sur une expérience religieuse personnelle. L'intégration ou intégrisme? La question se pose dans l'ensemble du monde musulman, mais elle n'est certainement pas sans échos dans la société française.

LE PROTESTANTISME: MINORITAIRE, MAIS INFLUENT

Il est vrai que la religion de Calvin et Luther est désormais très minoritaire en France. Le nombre des protestants est estimé entre 700 000 et 2 millions de personnes, chiffre très approximatif car dépendant des critères retenus: l'adhésion, la culture ou l'affinité.

Une chose demeure incontestée: la répartition géographique. On trouve environ 30% des protestants dans l'Est de la France, 20% dans la région parisienne, 15% au sud du Massif central, les autres étant plutôt à l'ouest. Les protestants français se partagent entre «réformés» (30%), «évangéliques» (méthodistes, baptistes, adventistes, etc.) (24%), «luthériens» (9%), 37% déclarant n'appartenir à aucune Eglise.

Plus que la moitié de ceux qui se réclament du protestantisme le font en raison de «la liberté d'esprit qu'il donne», environ 30% pour ses principes moraux, les autres évoquant «la place faite à la Bible» ou «l'acceptation de la laïcité». Il y a quelques années, 38% des protestants affirmaient avoir été baptisés selon le rite protestant et 25% s'être mariés au temple, 20% seulement avaient un conjoint protestant contre 48% qui avaient épousé un ou une catholique.

Plus encore que celle des catholiques, la pratique religieuse des protestants est faible. 10% seulement vont au temple deux fois par mois et plus, 60% n'y vont jamais. Si cette désaffection à l'égard du culte, comme la multiplication des mariages mixtes, et, selon certains, l'abandon de la transmission familiale, peuvent être considérés comme les signes d'une crise du protestantisme, d'autres signes peuvent inciter à émettre un diagnostic contraire. On observe ainsi, à l'inverse du catholicisme, un rajeunissement du clergé et une augmentation des étudiants en théologie. Mais, surtout, on constate que la place et l'influence des protestants dans la société française sont sans commune mesure avec leur importance numérique. Ainsi, sociologiquement, environ 15% d'entre eux sont des cadres supérieurs ou des membres des professions libérales, soit deux fois plus que dans l'ensemble de la société. Politiquement, ils sont fort bien représentés...

De fait, peut-être J. Bauberot a-t-il raison lorsqu'il affirme en substance: le protestanisme est dans l'anonymat, mais les protestants se portent bien.

LE JUDAISME ENTRE LAICITE ET ORTHODOXIE

Selon Benny Cohen, président du consistoire de Paris, organisme qui gère la vie religieuse de la communauté juive, il y a actuellement 800 000 juifs en France...

Selon une enquête réalisée à la demande du Fonds social juif unifié (FSJU), il convient de distinguer trois niveaux de pratique religieuse: 15% sont des «observants» (ils respectent le sabbat, mangent de la nourriture Kasher, célèbrent les fêtes religieuses); 49% sont des «traditionalistes» (ils célèbrent les très grandes fêtes et observent un minimum de prescriptions alimentaires); enfin, 36% sont des «non-observants».

De fait, la communauté juive est actuellement divisée entre «laïcs» et «religieux», ceux-ci étant considérés comme des «orthodoxes» ou des «intégristes». Les «religieux» sont ainsi particulièrement rigoristes[3] en matière de droit matrimonial et de conversions. Pour eux, les mariages mixtes (entre juifs et non-juifs) et les «conversions de complaisance» pour mariage (admis par les «laïcs» ou «libéraux») sont dangereux pour l'intégrité du judaïsme. Comme le dit Benny Cohen: «On n'a pas le droit de jouer avec une tradition qui est la première du monothéisme, (...) on n'a pas le droit de rompre un seul maillon d'une chaîne qui remonte à plusieurs millénaires, d'inventer son judaïsme et sa Torah. Désormais, les enfants issus de couples mixtes ne sont pas acceptés dans certaines écoles juives qui recrutent leurs élèves sur des critères religieux.»

Selon l'enquête du FSJU, juifs «laïcs» et juifs «religieux» sont en nombre à peu près égal, mais les seconds sont très actifs au sein de la communauté...

Comme le fait remarquer le spécialiste des questions religieuses au *Monde:* «Le judaïsme ne se réduit évidemment pas à son expression religieuse. Il est héritier d'une histoire, porteur d'une tradition, d'une philosophie et d'un projet culturel, mais le judaïsme orthodoxe est devenu sa facette la plus visible, à un moment où le dynamisme cultuel de la communauté semble échapper à ses institutions représentatives.»

---

[3] **rigoriste:** qui manifeste un attachement rigoureux aux règles religieuses ou aux principes moraux

---

Extraits de Alain Kimmel, *Vous avez dit France*? (Paris: Hachette, 1992).

VERIFICATION

Indiquez si les phrases suivantes sont vraies (**V**) ou fausses (**F**).

_____ 1. Les musulmans résidant en France aujourd'hui sont tous d'origine algérienne.

_____ 2. D'après un sondage récent, 71% des Français associent le terme **fanatisme** avec l'islam.

_____ 3. La majorité des Français et des musulmans sont d'accord sur le fait qu'il est possible de réconcilier la pratique de la religion de l'islam _en privé_ et l'intégration à la société française.

_____ 4. La majorité des musulmans en France sont «pratiquants réguliers» et observent le ramadan.

_____ 5. Tandis que la population protestante en France n'est pas très grande, la majorité va au temple régulièrement.

_____ 6. Dans la population protestante en France, il y a beaucoup de mariages mixtes.

_____ 7. La plupart des juifs en France sont des «observants» qui respectent le sabbat et célèbrent les fêtes religieuses.

_____ 8. Les juifs «religieux» aussi bien que les protestants sont très actifs dans la communauté hors de proportion avec le pourcentage qu'ils représentent dans la société française.

À VOTRE AVIS

Lisez les résultats d'un sondage présentés ci-dessous. Ensuite, répondez aux questions suivantes en justifiant vos réponses.

- 75% des Français seraient hostiles à l'élection d'un président de la République d'origine musulmane.

- 71% des Français pensent que le mot **fanatisme** s'applique à l'Islam (15% le mot **tolérant**).

- 53% des Français trouvent anormal le fait que des jeunes filles musulmanes portent le voile ou le tchador dans les écoles publiques françaises.

- 49% des Français ne seraient pas hostiles à ce qu'un de leurs proches parents (frère, sœur, enfant) épouse une personne d'origine musulmane.

- 42% des Français seraient favorables à la construction d'une mosquée dans la commune ou la région où ils habitent (50% opposés).

- 35% des Français changeraient leur enfant d'école s'ils apprenaient qu'il y avait dans sa classe plus de 50% d'immigrés (55% non).

- 76% des Français estiment que la religion musulmane ne va pas dans le sens du respect des droits de la femme (16% de l'avis contraire).

1. Quelle attitude ou quelle réponse vous a frappé(e) dans ce sondage?

2. Si les mêmes questions avaient été posées dans votre communauté ou région, les résultats auraient-ils été les mêmes?

3. Comment répondriez-vous aux questions sur lesquelles ce sondage a été basé?

PONCTUATION

Aussi nécessaire dans les textes que les bornes sur les routes, la ponctuation compense la disparition des pauses et des intonations à l'oral. Son emploi est très codifié.

LA PONCTUATION EN FIN DE PHRASE

Signes	Utilisation
.	*Le point* indique la fin d'une phrase déclarative. *Ex*: Le catholicisme, l'islam, le protestantisme et le judaïsme sont les quatre grandes religions représentées en France.
!	*Le point d'exclamation* introduit des connotations nées du contexte (étonnement, surprise, sentiments, etc.).
?	*Le point d'interrogation* introduit une question. *Ex*: L'intégration ou intégrisme?
...	*Les points de suspension* signalent que la phrase pourrait se prolonger.
!...	Ils suivent parfois le point d'exclamation ou
?...	le point d'interrogation.

LA PONCTUATION DANS LA PHRASE

Signes	Utilisation
,	*La virgule* sépare les éléments d'une énumération, les compléments circonstanciels et les propositions qu'un terme de liaison ne relie pas. *Ex:* Algériens, Marocains, Tunisiens, Africains, composent cette communauté islamique. (*énumération*) *Ex:* L'islam, désormais deuxième religion de France, est partagé entre la volonté d'intégration...» (*les compléments circonstanciels*)
:	*Les deux points* introduisent une énumération, une explication ou une citation. *Ex:* Cela signifie qu'ils croient aux vérités du Credo: un seul Dieu en trois personnes (le Père, le Fils et le Saint-Esprit).
;	*Le point-virgule* marque un arrêt moins long que le point. *Ex:* La proportion de ceux qui feraient baptiser leur enfant est la même en 1991 qu'en 1983; 81%, dont la moitié sont des non-croyants.
( )	*Les parenthèses* permettent d'intégrer une idée incidente, une définition, une référence.
« »	*Les guillemets* encadrent une citation.
— —	*Les tirets* s'emploient pour mettre en valeur un mot ou une expression.

APPLICATION

Complétez les deux paragraphes suivants en ajoutant la ponctuation nécessaire. Indiquez le début de chaque phrase en inscrivant une lettre majuscule pour le premier mot de chaque phrase. Soyez prêt(e) à expliquer vos décisions.

1. Si la religion ne répond pas aux nouveaux défis de la vie quotidienne la science ne donne pas non plus une explication satisfaisante du monde les savants eux-mêmes s'interrogent d'ailleurs tant sur les conséquences de leur pouvoir que sur les limites de leurs connaissances certains n'hésitent pas à chercher dans d'autres voies

2. Dix millions de Français utilisent les services des voyants et astrologues il y aurait en France environ 50 000 extralucides professionnels deux fois plus que de prêtres télépathie clairvoyance précognition sont les dons revendiqués par ces voyants marabouts occultistes exorcistes que les Français consultent de plus en plus fréquemment et ouvertement le chiffre d'affaires des professions du paranormal représenterait environ 20 milliards de francs

---

DISCUSSION

1. Comment se fait-il qu'une majorité de Français n'acceptent pas la construction d'une mosquée dans leur communauté? De quoi ont-ils peur?

2. Quelles sont les religions les plus représentées dans votre pays? Y a-t-il une répartition géographique distincte pour ces religions?

EXPANSION

58% des Français considèrent que la religion musulmane ne permet pas l'exercice de la démocratie (22% de l'avis contraire).

Le souci de la possibilité de conflit entre la religion et la politique n'est pas réservé aux Français. Jusqu'aux années 60, il n'y avait jamais eu un président américain qui était catholique. La question de la religion de John F. Kennedy a préoccupé un grand nombre de votants pendant les élections américaines en 1960. Quelle est l'origine de ce problème? Implique-t-il toujours une considération dans l'élection d'un président? Pourquoi ou pourquoi pas?

Irrationnel

Le scientisme cède peu à peu la place au mysticisme.

Si la religion ne répond pas aux nouveaux défis de la vie quotidienne, la science ne donne pas non plus une explication satisfaisante du monde. Les savants eux-mêmes s'interrogent d'ailleurs, tant sur les conséquences de leur pouvoir que sur les limites de leurs connaissances; certains n'hésitent pas à chercher dans d'autres voies.

La crise des valeurs, celle de l'économie et de la religion, la proximité de l'an 2000 expliquent sans doute le besoin, ressenti par beaucoup de Français, de chercher de nouvelles attaches, de nouvelles explications du monde, de nouvelles visions de l'avenir.

Beaucoup tentent de puiser dans l'irrationnel des éléments de réponse ou de réflexion.

Les exemples de cet engouement ne manquent pas. Les astrologues et voyants sont de plus en plus souvent consultés. Des entreprises font appel à eux pour recruter leurs employés ou leurs cadres; elles n'hésitent pas non plus à recourir à la numérologie, voire au spiritisme. Les sectes récupèrent une partie des déçus du rationalisme. Les adeptes du *Nouvel Age* se comptent par millions.

Les catholiques n'échappent pas à la tentation de l'irrationnel. Les affaires de sorcellerie, d'envoûtement,[1] de possession ou de crimes rituels sont encore nombreuses en France, surtout dans les campagnes.

Les Français sont à la recherche des «religions douces».

La religion est la médecine de l'âme. C'est sans doute pourquoi l'engouement des Français pour les médecines douces, (homéopathie,[2] acuponcture, phytothérapie, instinctothérapie, etc.) coïncide avec un intérêt croissant pour les religions venues d'ailleurs: bouddhisme, hindouisme, etc. Les sectes ont largement profité de ce mouvement depuis les années 70.

L'Eglise de Scientologie, la Méditation transcendantale, l'Eglise de l'unification (Moon), la Nouvelle Acropole, les Témoins de Jéhovah et bien d'autres sont les plus solidement implantées en France. On estime que 600 000 Français sont concernés, dont 200 000 adeptes et 400 000 sympatisants. Le nombre des sectes présentes en France serait de 25 000.

Le Nouvel Age apparaît comme un mélange fascinant de religion, d'écologie et d'humanisme...

Comme beaucoup d'Occidentaux, les Français sont de plus en plus nombreux à être séduits par les idées du Nouvel Age. Elles leur paraissent à la fois

---

[1] **l'envoûtement**(*m*): séduction comme par magie   [2] **l'homéopathie**(*f*): traitement naturel (plantes, herbes) des maladies

généreuses et exotiques et arrivent au bon moment: la science doute d'elle-même et l'humanité craint pour sa survie.

Le postulat de base est que le monde est entré dans une ère de grande mutation (d'une durée prévue de 1 000 ans) qui verra l'homme retrouver l'harmonie avec la nature, avec le cosmos et avec lui-même. L'âge de l'être remplacerait celui de l'avoir.

Le Nouvel Age a donc une vocation à la fois philosophique, universelle et globaliste; il tente de réunifier la science et la conscience, l'individu et la collectivité, l'Orient et l'Occident et même le cerveau droit de l'homme (siège de l'instinct, de la fantaisie et du rêve) avec son cerveau gauche (lieu de la raison et de l'intelligence).

...mais la dimension matérialiste n'est pas absente et certaines pratiques sont dangereuses.

Comme ceux des sectes, les gourous du Nouvel Age demandent à leurs adeptes de transformer leurs modes de vie et même leur personnalité. Pour parvenir à l'harmonie promise, il faut d'abord surveiller son alimentation (végétarisme, macrobiotique, instinctothérapie...). Il s'agit surtout d'accroître son énergie (laquelle serait plus importante que la matière) par des méthodes de développement personnelles: méditation; relaxation; rêve éveillé... Certaines ne sont d'ailleurs pas sans risques. Ainsi la «renaissance» consiste à revivre au moyen d'exercices respiratoires le traumatisme de la naissance. Le «channeling» a pour but d'entrer en contact avec les esprits et la «mémoire collective». Le «voyage astral» est une sortie hors de son corps charnel...

Il est clair que certaines de ces pratiques relèvent davantage de l'ésotérisme ou du charlatanisme que d'un humanisme désintéressé.

L'avenir du mouvement dépendra des dérives auxquelles il est en permanence exposé.

Outre ces pratiques destinées aux individus, le Nouvel Age se propose de remettre en cause les structures sociales et les institutions et de réaliser le syncrétisme religieux.

Phénomène de mode, tentative utopique de synthèse ou dernière chance pour l'humanité? Le mérite du Nouvel Age est de proposer une vision optimiste de l'avenir et de s'ancrer dans la réalité quotidienne. Mais les risques sont à la hauteur des ambitions: récupération marchande (déjà largement engagée); dérive ésotérique; régression de type psychanalytique; éclatement en «écoles» divergentes et antinomiques; prise de pouvoir par des mouvements de type intégriste.

Le «chemin de l'extase» ne serait alors qu'une route qui mène à de nouveaux affrontements entre les hommes, voire à de nouvelles guerres de Religion.

10 millions de Français utilisent les services des voyants et astrologues.

Il y aurait en France environ 50 000 extralucides professionnels: deux fois plus que de prêtres! Télépathie, clairvoyance, précognition sont les dons revendiqués par ces voyants, marabouts, occultistes, exorcistes, radiesthésistes[3] que les Français consultent de plus en plus fréquemment et ouvertement. Le chiffre d'affaires des professions du «paranormal» représenterait environ 20 milliards de francs.

Comme la peur du diable et le goût pour l'irrationnel, l'engouement pour l'irrationnel n'est pas un phénomène récent. Mais on constate aujourd'hui son institutionnalisation. Les entreprises lui ont donné récemment ses lettres de noblesse en intégrant ses techniques dans le recrutement, parfois même la gestion ou la définition des stratégies.

---

[3] **un(e) radiesthésiste**: *diviner using radiation detector*

Francoscopie 1993, pages 246–248.

VERIFICATION

Complétez les phrases dans la colonne A en choisissant un élément approprié de la colonne B.

Colonne A

1. 10 millions de Français...

2. Le Nouvel Age est un mélange...

3. Le «channeling» a pour but...

4. Les gourous du Nouvel Age demandent à leurs adeptes...

5. Pour parvenir à l'harmonie...

6. En France, il y a deux fois plus d'extralucides que...

7. Le **voyage astral** est...

8. L'homéopathie se sert...

Colonne B

a. une sortie hors du corps.

b. de plantes et de sources naturelles pour guérir le corps.

c. il faut surveiller son alimentation.

d. de prêtres.

e. utilisent les services des voyants et astrologues.

f. d'entrer en contact avec les esprits.

g. de changer leurs modes de vie et parfois leur personnalité.

h. de religion, d'écologie et d'humanisme.

A VOTRE AVIS

Répondez aux questions suivantes en justifiant vos réponses.

1. Comment peut-on expliquer la crise des valeurs à l'approche de l'an 2000?

2. Qu'est-ce que c'est que l'**homéopathie**? Avez-vous jamais utilisé des remèdes homéopathiques? Lesquels?

3. Quels sont les principes de base du Nouvel Age?

4. Quels sont les indices qui montrent que le Nouvel Age propose «une vision optimiste de l'avenir»? De quelle manière les adeptes du Nouvel Age sont-ils obligés de démontrer cet optimisme dans leur vie quotidienne?

5. Selon l'article, les catholiques n'échappent pas à l'intrigue de l'irrationnel. De quelle manière est-ce qu'ils y participent?

6. Pourquoi est-ce que les professionnels se sont tournés vers l'irrationnel pour gérer leurs entreprises?

STRATEGIES POUR S'EXPRIMER

REGISTRES DE LANGUE

Toutes les gradations sont possibles, mais on distingue fondamentalement trois registres: au **niveau soutenu**, on choisit des mots rares et des structures complexes; au **niveau courant**, on adopte le code habituel du plus grand nombre sans recherche et sans relâchement; au **niveau familier**, on emploie une langue proche des conversations quotidiennes.

LE LEXIQUE

- Registre courant: les mots sont compris sans difficulté.

- Registre soutenu: le vocabulaire est rare, recherché, littéraire; les expressions impliquent des références historiques, littéraires, artistiques, bibliques, etc. Mais il ne faut pas confondre vocabulaire soutenu avec vocabulaire spécialisé, c'est-à-dire les termes propres à un domaine professionnel.

- Registre familier: les termes sont évidemment qualifiés de familiers, de populaires, ou même d'argotiques dans le dictionnaire.

LA SYNTAXE

- Registre courant ou soutenu: les temps rares comme l'imparfait du subjonctif ne se trouvent guère qu'au niveau soutenu, qui reste dans l'ensemble plus puriste dans ses constructions. Sa syntaxe est nettement plus complexe.

- Registre familier: La syntaxe est simplifiée, juxtaposition plutôt que subordination, phrases nominales, la grammaire n'est pas toujours respectée.

- Deux syntaxes différentes: syntaxe écrite et syntaxe orale.

La syntaxe concerne la fonction des mots et leur disposition dans un énoncé.

Syntaxe orale

1. L'intonation indique la fin de la phrase.

2. Dans la conversation, les phrases sont souvent inachevées et coupées (dès que l'interlocuteur a compris).

3. Fréquentes répétitions

4. Formes d'insistance («ça, c'est incroyable...»)

Syntaxe écrite

1. La ponctuation découpe le texte.

2. Respect du modèle: sujet + verbe + complément

3. Répétitions déconseillées

4. Formes d'insistance déconseillées

APPLICATION

Choisissez un des paragraphes du texte précédent et ensuite racontez l'essence du paragraphe en employant un registre familier.

DISCUSSION

1. Etes-vous d'accord avec la phrase suivante «La religion est la médecine de l'âme»? Justifiez votre réponse et donnez quelques exemples pour soutenir votre point de vue.

2. Parmi les divers groupes du Nouvel Age (l'Eglise de Scientologie, la Méditation transcendantale, l'Eglise de l'unification (Moon), les Témoins de Jéhovah, etc.), lesquels sont bien établis dans votre pays ou région? Y a-t-il d'autres groupes dont on n'a pas encore parlé? Comment voyez-vous leur présence dans votre communauté?

EXPANSION

On identifie deux raisons, parmi d'autres, pour la popularité de ces nouvelles sectes; d'abord, le sentiment croissant que la religion traditionnelle n'est plus en contact avec la réalité de la vie quotidienne; et, d'autre part, la science qui «doute d'elle-même» au moment où l'on y cherche des réponses à nos questions. Acceptez-vous ou pas ces raisons? Pourquoi ou pourquoi pas? A votre avis, pour quelles raisons est-ce que la science, en ce moment, «doute d'elle-même»?

CHAPITRE 8

LA CONDITION FEMININE DANS UN MONDE ISLAMIQUE

Le but de ce chapitre est d'examiner de près quelques aspects du rôle de la femme dans une société islamique. Est-ce que toutes les femmes maghrébines font face aux mêmes conditions et limitations? Pourquoi est-ce que certaines femmes maghrébines croient que «Dieu ne peut être qu'un homme»? Ce n'est pas le cas d'une femme marabout[1] à la tête d'une structure islamique, dont nous allons faire connaissance.

Outre les réponses aux questions suggérées par les textes, ce chapitre nous présente quelques stratégies (comment créer une description, comment livrer une opinion) et des techniques linguistiques (prévoir deux circuits de lecture) qui seront renforcées et pratiquées dans le contexte de la discussion et du travail écrit. Les textes serviront de point de départ pour les activités orales et la pratique de l'écriture.

---

[1] **un marabout:** un chef spirituel

Mauritanie: Espaces libres pour une femme voilée

Il est 20 heures. La nuit commence à jeter son voile ténébreux sur la capitale Nouakchott. L'avenue principale Gamal Abd Ennasser est bruyante et mal éclairée... Une voiture somptueuse passe lentement... Une jeune fille totalement voilée fait un signe discret, la voiture s'arrête et la fille monte...

La soirée commence timidement par une longue randonnée sur la route menant à la plage ensablée, puis s'allonge allègrement par une veillée de thé dans un salon bien garni et se termine tardivement aux premières heures de l'aube... Scène quotidienne dans une ville à l'allure terne et triste.

Cependant, la voiture n'est nullement le seul lieu de rencontre de la jeunesse nouakchottoise. A défaut de centres de loisir et de cafés publics, les salons des villas de Tevragh Zeïna (quartier résidentiel), ainsi que les tentes dressées à même le jardin sont les lieux privilégiés de réunions.

L'une des spécificités de la société mauritanienne concerne cet espace libre offert à la jeune fille au sein du milieu citadin.

Les rapports se nouent d'ailleurs dans d'autres espaces: les boutiques tenues par des jeunes filles, les soirées artistiques privées et publiques. Il y a lieu de mentionner spécialement les saisons de la *Guetna*, de mai à juillet (cueillette des dattes dans les oasis du nord et du centre du pays), et de l'automne (juillet – octobre), où les grandes villes se vident au profit des campements de brousse[2] (*la badia*). La jeune mauritanienne se montre exigeante et audacieuse dans ses rapports avec l'homme. Très coquette, mais au maquillage traditionnel discret, le voile multicolore recouvrant à peine sa fraîche beauté de nomade, elle cultive l'image de la cible[3] ambiguë difficile et inaccessible, obtenue seulement après une longue et subtile quête qui se poursuit même après le mariage.

LES BOUTIQUES–CAFES

Au milieu du centre austère de la capitale Nouakchott, se situe un grand bâtiment rouge de deux étages... Ce bâtiment abrite ce qu'on appelle communément «Le marché de la capitale», (*El masra*).

Une première remarque s'impose à l'esprit des visiteurs: l'absence quasi totale des hommes sur le lieu.

En effet, l'essentiel du commerce est tenu par des femmes qui ne sont point de simples vendeuses, mais des commerçantes, souvent prospères, qui importent le luxe des dernières modes et passent une bonne partie de l'année à voyager, sillonnant le monde entier, des pays de l'Extrême-Orient aux villes européennes.

Soukeïna (la trentaine), gaie, dynamique, vient de débarquer de Hong Kong d'où elle a amené un gros lot de tissu servant d'habit traditionnel pour femme (*la malhafa*).

---

[2] **un campement de brousse**: *rural bush camp*   [3] **la cible**: *desirable one*

La malhafa en tissu appelé banalement «souïssra» (du nom de la Suisse), vaut actuellement 15 000 ouguiya (800 FF). Soukeïna compte prochainement prospecter le marché de Bombay (Inde) où le sari indien ne diffère point de la malhafa mauritanienne.

Soukeïna n'est qu'un exemple de la femme mauritanienne, réputée entreprenante, dynamique et grande voyageuse.

A Las Palmas (Espagne) ou à Casablanca (Maroc), on les voit partout, avec leurs longs vêtements, le visage mi-voilé, marchandant à haute voix dans les magasins de mode, ou lors des longues «veillées de thé» dans les petits hôtels qui leur sont pratiquement réservés.

Précisons, par ailleurs, que le marché n'est pas, pour la femme, uniquement un lieu commercial, mais un espace très vaste, qui sert aussi de café public, coin de rencontre entre les deux sexes.

A la boutique, le délicieux méchoui[4] est servi accompagné de trois tasses de thé vert... Et avec le thé, circulent les rumeurs de tout genre, car la boutique est aussi un échantillon représentatif d'une petite société très ouverte et très liée.

POLYGAMIE VERTICALE

Khadija a la quarantaine... Elle vient de se remarier pour la sixième fois, avec un riche homme d'affaires, ayant le même âge qu'elle. Sa fille aînée (23 ans) est mariée, ses autres enfants vivent avec elle. «Pas question de les abandonner... D'ailleurs, ils ont vite sympathisé avec mon nouveau mari, qui n'a jamais eu d'enfants...» précise-t-elle.

Khadjia n'est pas une exception dans la société mauritanienne, qui présente le pourcentage de divorces le plus élevé au Maghreb. Le statut de la femme divorcée contraste largement avec celui de ses sœurs maghrébines... Ainsi peut-on observer que le divorce revalorise la femme et lui confère un statut social privilégié où s'imbriquent les facteurs d'alliance familiale et tribale et la mobilité inhérente au mode de vie nomade.

D'aucuns expliquent ce pourcentage élevé de divorces par la détermination ferme de la femme mauritanienne de préserver une certaine autonomie vis-à-vis de l'autorité de l'homme. Une telle autonomie se traduit sur le plan éthique par une tradition chevaleresque et galante qui prescrit un grand respect de la femme et prohibe toute velléité de nuire à son image de marque.

Ainsi, la société mauritanienne nomade n'a jamais connu ces pratiques largement répandues dans les milieux citadins arabes (la polygamie—le harem). Cependant, le divorce entraîne un grand nombre de problèmes sociaux qui commencent à prendre une ampleur dramatique. Parmi ces problèmes, il faudrait citer en premier lieu l'impact de la dislocation de la famille sur les enfants. Une enquête sociologique effectuée récemment a démontré que parmi les causes principales de la délinquance juvénile figure le divorce.

---

[4] **un méchoui**: mouton ou agneau rôti à la broche

Pour Mme Yenserha Bent M. Mahmoud, chargée du département de la protection de la famille au Secrétariat d'Etat pour la promotion féminine, «la dissolution du mariage s'explique surtout par des problèmes économiques. Avec la crise actuelle que connaît le pays, l'homme n'est plus à même de satisfaire les demandes d'une épouse de plus en plus exigeante».

Dans les textes juridiques, on ne relève aucune mention concernant la protection de la femme répudiée et de ses enfants. Pour pallier ce vide juridique grave, le Secrétariat d'Etat est sur le point de présenter à l'Assemblée nationale un projet de loi déjà soumis à l'approbation des autorités religieuses.

Seyid Ould Bah, *Maghreb Magazine* (mars 1993), pages 64–65.

VERIFICATION

Indiquez si les phrases suivantes sont vraies (**V**) ou fausses (**F**).

_____ 1. La Mauritanie a le taux de divorces le plus élevé des pays maghrébins.

_____ 2. La pratique répandue de la polygamie est un des facteurs contribuant au nombre élevé de divorces.

_____ 3. Il n'est pas rare que des femmes mauritaniennes participent au domaine du commerce et voyagent souvent à l'étranger.

_____ 4. Une des causes principales de la délinquance juvénile en Mauritanie est le nombre de jeunes venant des familles divisées par le divorce.

_____ 5. Une raison citée pour la dissolution de beaucoup de mariages mauritaniens est la présence des harems.

_____ 6. Une fois divorcée, une femme n'a pas le droit, dans la société mauritanienne, de se marier de nouveau.

A VOTRE AVIS

Répondez aux questions suivantes en justifiant vos réponses.

1. Comment se fait-il que, dans la société mauritanienne, le divorce «revalorise la femme et lui confère un statut social privilégié»?

2. Dans quels aspects de la vie quotidienne l'autonomie de la femme mauritanienne est-elle évidente?

3. Quelle pourrait être la fonction du département de la protection de la famille?

4. Pourquoi est-ce que le gouvernement s'occupe formellement de la protection familiale? Quels sont ses buts?

STRATEGIES POUR ECRIRE

COMMENT CREER UNE DESCRIPTION

Décrire, c'est représenter, dépeindre un objet, un paysage, une scène... Les descriptions sont nécessaires en littérature où elles accompagnent les récits, mais la presse en fait aussi un grand usage.

L'impossible objectivité

1. *Choisir les éléments de la réalité.* Le réel est complexe: sa description exhaustive est impossible. Décrire, c'est donc d'abord choisir des éléments de ce réel selon divers critères: importance pour le récit, significations symboliques, typicité.

2. *Toute description exige un point de vue.* Qui est le spectateur? l'auteur, le narrateur, un personnage? En quel lieu et à quelle époque a-t-il vu ce paysage, cette foule?

Quel ordre descriptif choisir?

Notre perception du réel est synchrone. Nous voyons en même temps les éléments qui composent ce réel. Par contre, la description écrite de ce réel est obligatoirement linéaire: il faut donc inventer un ordre descriptif. Voici quelques possibilités:

1. *Le réel vu d'un lieu fixe.* Nos yeux voient le réel en perspective: on peut donc le décrire du premier plan à l'arrière-plan ou inversement. Les éléments du premier plan sont les plus directement visibles, d'où l'importance qu'on peut lui accorder.

2. *Le réel en panoramique.* Si l'observateur pivote sur lui-même à la façon d'une caméra sur son axe, sa vision d'un paysage, d'une scène, devient panoramique et la description peut se conduire selon les oppositions gauche/droite, ici/là-bas, devant/derrière, en bas/en haut.

3. *Le réel en travelling.* Si l'observateur bouge, avance, prend du recul, il peut décrire le réel en travelling avant, arrière, latéral et le restituer à la façon de la caméra qui se déplace, qui voyage.

4. *La description d'un objet.* On peut appliquer les techniques précédentes mais aussi inventer un ordre plus psychologique. *Exemple*: vue globale de l'objet, impression d'ensemble, détail significatif, réflexions...

Le vocabulaire de la description

Verbes	Adverbes	Adjectifs	Prépositions
• Voir, apercevoir, entrevoir, discerner, distinguer, deviner, observer, épier, contempler, examiner, surveiller, scruter, suivre du regard, jeter un coup d'œil... • Se tenir, s'étaler, s'étendre, se dérouler, apparaître, se dresser...	• Ailleurs, alentour, dedans, dehors, dessus, dessous, ici, là-bas, là, loin, partout... • Alors, ensuite, aujourd'hui, hier, demain, aussitôt, hier, longtemps...	• Immense, démesuré, ample, spacieux, exigu, étroit, imposant, grandiose... • Enorme, gigantesque, excessif, monstrueux, colossal...	• Après, avant, dans, depuis, derrière, devant, entre, à gauche, à droite, parmi, à côté de, à l'abri de, à travers, autour de, au-dessus de, au-dedans de, au bas de...

APPLICATION

Lisez l'extrait du texte en dessous et encerclez le vocabulaire de la description (verbes, adverbes, adjectifs, prépositions). Ne vous limitez pas à la liste de vocabulaire donnée ci-dessus. Ensuite répondez aux questions qui suivent.

Il est 20 heures. La nuit commence à jeter son voile ténébreux sur la capitale Nouakchott. L'avenue principale Gamal Abd Ennasser est bruyante et mal éclairée... Une voiture somptueuse passe lentement... Une jeune fille totalement voilée fait un signe discret, la voiture s'arrête et la fille monte...

La soirée commence timidement par une longue randonnée sur la route menant à la plage ensablée, puis s'allonge allègrement par une veillée de thé dans un salon bien garni et se termine tardivement aux premières heures de l'aube... Scène quotidienne dans une ville à l'allure terne et triste.

Cependant, la voiture n'est nullement le seul lieu de rencontre de la jeunesse nouakchottoise. A défaut de centres de loisir et de cafés publics, les salons des villas de Tevragh Zeïna (quartier résidentiel), ainsi que les tentes dressées à même le jardin sont les lieux privilégiés de réunions.

L'une des spécificités de la société mauritanienne concerne cet espace libre offert à la jeune fille au sein du milieu citadin.

Les rapports se nouent d'ailleurs dans d'autres espaces: les boutiques tenues par des jeunes filles, les soirées artistiques privées et publiques. Il y a lieu de mentionner spécialement les saisons de *la Guetna*, de mai à juillet (cueillette des dattes dans les oasis du nord et du centre du pays), et de l'automne (juillet – octobre), où les grandes villes se vident au profit des campements de brousse (*la badia*). La jeune mauritanienne se montre exigeante et audacieuse dans ses rapports avec l'homme. Très coquette, mais au maquillage traditionnel discret, le voile multicolore recouvrant à peine sa fraîche beauté de nomade, elle cultive l'image de la cible ambiguë difficile et inaccessible, obtenue seulement après une longue et subtile quête qui se poursuit même après le mariage.

QUESTIONS

1. Quel ordre descriptif est-ce que l'auteur a choisi d'employer?

2. Sur quels éléments est-ce qu'il a mis l'accent? Pourquoi?

3. Quel est le ton de la description?

4. Comment a-t-il décrit la jeune femme et les jeunes femmes mauritaniennes, en général? Pourquoi a-t-il choisi ces aspects pour faire sa description? Quelle image veut-il créer?

DISCUSSION

1. Que représente le milieu des boutiques–cafés pour la femme mauritanienne? Qu'est-ce qu'on veut dire par l'expression **espaces libres**? Quels sont les autres espaces libres pour les femmes mauritaniennes?

2. Par contraste avec ses sœurs maghrébines d'autres pays, on entend parler de «la détermination ferme de la femme mauritanienne de préserver une certaine autonomie vis-à-vis de l'autorité de l'homme». D'où vient cette détermination?

EXPANSION

Une femme mauritanienne qui fait de longs voyages «sillonnant le monde entier», revient en Mauritanie pour y reprendre le voile et y retrouver des restrictions sur sa vie quotidienne. Comment pourriez-vous expliquer cette dualité d'esprit qui lui permet de franchir ces deux mondes?

Les Maghrébines aujourd'hui
«Dieu ne peut être qu'un homme»

Comment, de nos jours encore, des femmes peuvent-elles écouter et suivre ceux qui veulent les maintenir dans un état d'infériorité? C'est ce à quoi tentent de répondre Sophie Bessis et Souhayr Belhassen dans leur dernier livre que présente ci-dessous l'écrivain algérien Rachid Mimouni.

De tous les ouvrages dernièrement publiés sur la condition féminine en terre d'islam, celui-ci tranche agréablement. Il refuse le sensationnalisme racoleur dont ont usé certains auteurs dans l'espoir de faire monter leurs ventes. Il évite le défaut traditionnel des travaux universitaires dont la lourdeur des phrases, conjuguée à l'abus d'un vocabulaire abscons,[1] finit par décourager les meilleures volontés.

Dans un style allègre et d'une rare concision, Sophie Bessis nous dresse un tableau de la femme maghrébine et des conditions historiques, sociales et religieuses qui ont contribué à la maintenir dans un statut d'être second… En Kabylie, par exemple, on a continué à les priver d'héritage, en formelle contradiction avec les prescriptions coraniques. Il semble bien que Dieu et les hommes se soient ligués contre elles. Sophie Bessis nous cite l'aveu troublant d'une paysanne algérienne: «Notre sort est fixé par la loi de Dieu. Mais pour avoir fait une telle loi, Dieu ne peut être qu'un homme»…

Avec les années soixante-dix, le Maghreb entre dans l'ère des désillusions. La folle croissance démographique et ses corollaires—montée du chômage, exode rural, surpopulation des villes—vont aggraver les effets de l'échec plus ou moins patent des politiques de développement. Les multiples mécontentements font le lit de l'intégrisme alors que les dirigeants fragilisés se replient vers des positions de plus en plus conservatrices, craignant d'affronter le radicalisme islamiste.

Ses leaders ne se feront pas faute de préciser que l'ordre islamique se construira d'abord contre les femmes. A propos des «sœurs musulmanes», Sophie Bessis ne manque pas de poser la question essentielle: comment des femmes peuvent-elles écouter et suivre ceux qui leur promettent leur oppression? «Faute d'avoir pu apprendre ce qu'est le jour, elles ne verraient pas la nuit qui tombe», note judicieusement l'auteur, qui conclut sur l'ensemble des questionnements qui secouent à l'heure actuelle la société maghrébine. La familiarité de Sophie Bessis et de Souhayr Belhassen avec le monde maghrébin, la richesse de leur documentation, alliées à un souci d'honnêteté et de rigueur, font de *Femmes du Maghreb* un livre d'une qualité remarquable.

---

[1] **abscons(e):** difficile à comprendre

FEMMES DU MAGHREB (EXTRAIT)

«L'islam est total, religion, politique, société, morale… Considérer le code de statut personnel comme un acquis sacré est un égarement… L'égalité entre hommes et femmes est une guerre contre l'islam, le mari est supérieur à la femme, il est chef de famille… Dieu a permis la polygamie pour combattre le fléau de la prostitution. En cas de nécessité, faut-il laisser l'homme qui ne peut se suffire d'une seule épouse étaler ses vices? Ne vaut-il pas mieux limiter ses élans par des normes qui amoindriraient ses méfaits? Le divorce doit bien entendu être entre les mains du mari…»

Le cheikh Lakhoua, alem (docteur de la loi musulmane), conservateur et candidat des islamistes à Tunis aux Elections législatives

LA CONTAGION DU HIJAB

En Algérie, les premiers cas de vitriolage de femmes dévoilées sont signalés dès 1979. On ne compte plus depuis les agressions contre elles. A la porte des cités universitaires, des bandes de jeunes barbus font la chasse aux groupes mixtes et séparent les couples. Des professeurs se voient empêchées de faire classe parce qu'elles ne portent pas le hijab.[2] Dans certains hôpitaux, on interdit aux femmes médecins de soigner des patients de sexe masculin…

De nombreuses femmes, qui sont loin d'être toutes féministes, craignent désormais pour leur sécurité. «Hier j'ai combattu aux côtés de mes frères pour que mes enfants puissent vivre librement. Aujourd'hui je dois surveiller ma fille lorsqu'elle sort de la maison. J'ai peur qu'elle ne revienne blessée», se plaint une ancienne *moujahida*.[3] Cette violence algérienne explique l'intensité des luttes qui s'y déroulent mais, pour être moins spectaculaire, la pression islamiste est également fort lourde en Tunisie et s'accroît au Maroc.

DISTRIBUTION GRATUITE

Ailleurs, les sœurs aident les jeunes filles aux revenus modestes à financer leur trousseau de mariage et à faire face aux frais des épousailles, à condition bien sûr que le futur couple se conforme aux préceptes d'une saine morale islamique. Dans les quartiers les plus modestes, elles distribuent gratuitement les hijabs et, aux plus pauvres, des tenues islamiques complètes: robe de rude tissu

---

[2] **le hijab**: vêtement traditionnel pour les femmes   [3] **la moujahida**: combattante d'un mouvement de libération nationale

tombant jusqu'aux chevilles, bas épais ne laissant rien soupçonner de la jambe, robustes chaussures et, bien sûr, l'indispensable foulard...

Mais qui bouderait une telle générosité quand les vêtements coûtent si cher dans les boutiques des centres-villes? «Avant, je m'habillais "civilisée" (c'est-à-dire à l'européenne dans le langage populaire algérien), raconte Jamila, femme de ménage dans un lycée de Constantine. Je portais des jeans, je voulais tout le temps acheter des T-shirts à la mode et des chaussures qui me ruinaient. Aujourd'hui je suis tranquille. Je m'habille en hijab, je porte tout le temps des savates[4] et je fais des économies!»

ASSISTANCE SOCIALE

Qui refuserait de payer tant de sollicitude d'une plus stricte observance des règles religieuses qui présente en outre l'appréciable avantage de faciliter l'accès à un paradis dont les professeurs de l'enseignement public garantissent l'existence? «Mon mari est artisan bijoutier dans les souks, raconte Hayet, la trentaine, mère de deux enfants, qui vit à la cité Ettadhamen dans la banlieue de Tunis. Un jour, la police est venue l'arrêter. J'étais alors employée de maison, mais j'ai dû abandonner mon travail pour prendre sa place à la boutique. Je n'y connaissais rien, j'étais totalement désemparée. C'est alors que j'ai été littéralement prise en charge. Des sœurs sont venues s'occuper du ménage à la maison et ont aidé mon aîné à faire ses devoirs. Quelqu'un a remplacé gratuitement mon mari au magasin afin qu'il ne perde pas son emploi. Quelle famille en aurait fait autant? C'est pourquoi j'ai fait vœu de porter le hijab le jour où mon mari sortirait de prison. Et maintenant je le porte.» Tout le monde reconnaît... que l'assistance sociale est une de leurs meilleures armes: «Elles aident beaucoup les femmes qui ont des problèmes de divorce ou de santé, ou dont les fils ou les maris sont en prison»...

Le hijab a cessé dans un tel contexte d'être uniquement un signe de ralliement et le drapeau d'une idéologie. Illustrant le regain de bigoterie[5] de sociétés plus soumises qu'autrefois à la pression religieuse, plus réceptives à l'influence de la péninsule arabe qui a supplanté progressivement les images multiples de la pluralité d'antan, sa banalisation est la preuve tangible du succès du prosélytisme islamiste. Car si chaque femme croit avoir ses propres raisons de l'adopter, la force de la contrainte sociale semble être le dénominateur commun de cette adhésion massive.

«Je porte le hijab, dit une femme de ménage de 36 ans, parce que dans ma cité à Sidi Bou Merzoug (périphérie de Constantine) tout le monde le porte.» Hamida, infirmière au centre de protection maternelle et infantile (PMI) d'El Biar à Alger le porte comme ses huit sœurs toutes plus jeunes qu'elle «parce que cela se fait, mais je ne fréquente pas pour autant la mosquée». Houria, infirmière de 36 ans au centre médico-social de Sétif, ne va pas à la mosquée, ne prie pas et

---

[4] **la savate**: vieille pantoufle ou chaussure usée
[5] **la bigoterie**: pratique étroite et bornée de la dévotion

ne lit pas le Coran parce que «je ne suis pas arabisante. Mais, ajoute-t-elle, depuis que je porte le hijab, je me sens plus à l'aise dans la rue. Celles qui ne le portent pas sont insultées». Chedlia, la postière de Hraïria, avoue que ses enfants la préféraient quand elle s'habillait «comme avant. Mais ici, explique-t-elle, il est devenu impossible de ne pas porter le hijab. Ce serait presque indécent d'aller tête nue chez l'épicier ou chez un voisin. Tout le monde jaserait. Peut-être ne l'aurais-je jamais porté si j'avais continué à habiter le centre de Tunis. Mais ici le regard des autres est partout. Pourtant, je fais ma prière mais je ne vais jamais à la mosquée».

En ces temps incertains où il ne fait pas bon être une femme «nue», il est le seul sésame permettant de circuler librement, même la nuit: on n'insulte pas une femme en hijab, on ne la déshabille pas du regard, on n'ose pas la draguer, on la «respecte». «J'ai mis le hijab, dit une employée constantinoise, pour que les hommes ne me cassent plus les pieds quand je fais la queue au supermarché.» Une enseignante de Ouargla, résolument anti-islamiste, raconte le désarroi de sa fille: «Elle se demande si elle ne doit pas s'y mettre car tout le monde à Ouargla le porte, par conviction, par peur ou par mimétisme.»

LE CAUCHEMAR DU CELIBAT

Les milieux islamistes ayant en outre la réputation de faire office de véritables agences matrimoniales—n'est-ce pas à leurs yeux solliciter le péché que de laisser en liberté des femmes célibataires?—certaines femmes voient en eux le moyen d'échapper à ce cauchemar social qu'est le célibat. Ainsi Amira, qui a suivi sa scolarité dans un lycée français et qui est chef de service à l'Office marocain du commerce extérieur, qui était pratiquante sans ostentation et soignait sa mise à l'extrême, se met un jour à porter djellaba et hijab noirs, sabots et grosses chaussettes de laine. La raison de sa conversion? Voulant à tout prix se marier, elle a accepté d'être la seconde épouse d'un jeune fonctionnaire islamiste déjà pourvu de femmes et père de six enfants. Zeineb, jolie femme de 24 ans ayant vécu un temps du commerce de ses charmes, a adopté le hijab et s'est mise à se conduire en bonne musulmane pour épouser un de ses fidèles clients déjà marié et père de famille.

INSTRUMENT DE LIBERATION

C'est ce qui fait dire parfois, au Maroc surtout où il est moins banalisé qu'ailleurs, que «le hijab peut camoufler[6] un tas de choses», comme le glisse Fawzia, étudiante à Rabat, ou comme l'affirme plus nettement Samira, mère de famille casablancaise de 39 ans: «Je suis contre le hijab comme mon mari. Il dit qu'il y a beaucoup de femmes de mauvaise vie qui le portent»…

Le phénomème a pris en tout cas chez les jeunes les proportions d'un raz de marée.[7] Les deux tiers des étudiantes de Sétif ou de l'école d'ingénieurs de Tunis

---

[6] **camoufler**: cacher, couvrir   [7] **le raz de marée**: phénomène brutal qui bouleverse une situation donnée; ici, un bouleversement social

portent le hijab, comme la moitié des 20 000 étudiantes de l'université algéroise de Bab Ezzouar. A Fès et à Marrakech, les jeunes têtes recouvertes du voile se font de plus en plus nombreuses. Car hors les militantes et les sympathisantes des mouvements islamistes qui en ont fait leur étendard, le recul est tel qu'on voit de plus en plus souvent en lui un instrument de libération…

Fetiha, professeur à l'université d'Oran, constate qu'on rencontre souvent parmi les filles portant le hijab les étudiantes les plus éveillées: «Elles le mettent pour qu'on les laisse tranquilles. Les garçons cessent d'être agressifs à leur égard. Le fait de se voiler est en réalité pour elles un problème secondaire, qu'elles règlent sans états d'âme contre la conquête de leur liberté d'action. Car une chose est certaine: entre le hijab et la réclusion,[8] elles n'ont pas un instant d'hésitation… Puisqu'elles assument en portant le hijab le fait d'être dépositaires de l'honneur familial, les parents ne craignent plus leurs écarts. Désireuses d'échapper en se couvrant à l'agressivité des hommes, incitées à porter la tenue islamique par la pression totalitaire de leur environnement, elles sacrifient—plus ou moins volontiers, selon leurs convictions—une part d'elles-mêmes afin de sauver ce qui leur semble essentiel… Elles semblent trouver cela normal. L'infériorité de la femme que symbolise leur tenue fait pour elles partie de l'ordre naturel des choses.»

J'AI TROUVE LA PAIX.

Si leur choix est rarement le résultat d'une démarche autonome, il ne se réduit pas cependant à une simple concession superficielle en échange de laquelle elles peuvent vaquer tranquilles à leurs occupations. Si lourd est le poids du modèle dominant renforcé par la propagande islamiste, si forte la culpabilisation des femmes à laquelle cette dernière se livre, si mal vécue l'hybridité de leur statut, si douloureux le sentiment d'être dépourvues d'identité, qu'elles voient dans le hijab le seul moyen de se réconcilier avec elles-mêmes, d'affirmer en le portant leur vraie nature «arabo-musulmane», de correspondre enfin à ce qu'on attend d'elles tout en demeurant libres de s'instruire, de travailler et de choisir leur conjoint.

«J'ai retrouvé la paix», cette phrase toute simple est répétée à l'infini par des dizaines de jeunes femmes, étudiantes, médecins, employées, incapables de vivre autrement cette harmonie tant souhaitée entre leurs désirs et la réalité, qui ne veulent plus connaître le doute et aspirent désormais au repos. «Une Française ou une Américaine ne peut pas comprendre nos tâtonnements, dit une jeune médecin algéroise. Mon père était ouvrier journalier… Mais je ne voulais pas agresser ma famille par mon comportement et mon langage. Je me dédoublais constamment, je changeais de peau entre mes discours militants et mon attitude à la maison. Le hijab m'a permis de recoller les deux parties de ma personne et d'abandonner mon comportement schizophrénique.»

Raja, 24 ans, ouvrière casablancaise qui a le niveau du bac et qui rêvait de faire médecine, explique qu'elle s'est mise au hijab après avoir fréquenté le cercle féminin de sa mosquée et que cela lui a donné confiance en elle-même. «La

---

[8] **la réclusion**: vie en solitaire, retiré du monde

femme est cause de *fitna*, explique-t-elle. Pour ne pas provoquer le désordre, nous devons porter le hijab jusqu'au tombeau. Mais il ne doit empêcher ni de s'instruire ni de travailler car la société a changé. La polygamie, par exemple, est devenue impossible. Et je choisirai moi-même mon époux. Il sera bon musulman mais pas forcément islamiste.» En cas de choc émotionnel, il se trouve toujours une personne attentive pour indiquer la voie de la guérison: «J'ai beaucoup souffert de la mort de mon père, raconte la jeune employée de maison Zina. Une amie m'a alors conseillé de porter le hijab et de me consacrer à la prière. Depuis, j'ai trouvé la paix.»

DISTINCTION «MUSULMAN / ISLAMISTE»

Safia, jeune secrétaire de l'association algérienne de Planning familial, estime qu'«une femme ne portant pas le hijab peut être bonne musulmane mais il lui manquera toujours quelque chose». Le plus souvent, l'adoption du hijab est le premier pas sur le chemin de la conversion à l'idéologie islamiste. Aïcha, l'institutrice de 49 ans, qui a mis quatre ans pour se décider à le porter et espère que son comportement finira par influencer son entourage, pense aujourd'hui que le code du statut personnel n'est pas conforme à l'islam, que la polygamie doit être autorisée dans certains cas pour mettre fin à «l'actuelle dégradation des mœurs» et que le droit à l'adoption, interdit par le Coran, doit disparaître de la législation tunisienne.

A Casablanca, Nadia, responsable à 25 ans de la gestion d'une société, a porté le hijab dès l'âge de 19 ans, par conviction religieuse d'abord, malgré la violente opposition de sa grand-mère. «Je ne comprends pas cette religion qui n'a rien à voir avec l'islam, clame cette dernière. Ma petite-fille est folle ou malade, ou alors elle a eu une déception amoureuse et veut tous nous rendre très malheureux. Moi, on m'enveloppera la tête le jour de ma mort, pas avant. Je porte ma djellaba et un foulard comme tout le monde. Qu'est-ce que cette religion où on dort sur des nattes ou des matelas par terre, ou on ne mange que le strict nécessaire permettant de vivre, ou la fête et les gâteaux sont interdits? La religion n'est pas une punition!»

La charge de l'aïeule n'a pas ébranlé Nadia, devenue au fil des ans militante islamiste de base: la contraception? «Il n'est pas question de la pratiquer alors que l'islam l'interdit.» La polygamie? «C'est clair, dans le Coran l'homme a droit à quatre femmes, mais s'il est un vrai musulman, il sera juste et équitable envers elles. L'Etat marocain n'est pas véritablement musulman, ajoute-t-elle. Il devrait rendre le hijab obligatoire et interdire la mixité.»[9]

---

[9] **la mixité**: programme intégré, présence des deux sexes

De tels aveux montrent l'ampleur de ce qui représente une des plus grandes victoires des islamistes: les populations maghrébines, vivant souvent dans la culpabilité leur absence de pratique religieuse, prennent de plus en plus leur lecture politique de l'islam pour le retour aux vérités premières de la Révélation.

Extraits de *Jeune Afrique* (26 mars–1 avril 1992).

VERIFICATION

Indiquez les raisons diverses pour lesquelles les femmes suivantes portent le hijab, en expliquant votre choix. Des réponses multiples sont possibles.

A. pour ne plus rester seule / pour plaire à des amis
B. par conviction religieuse
C. pour raisons de sécurité
D. par mimétisme
E. pour trouver la paix personnelle
F. pour faire des économies

_____ 1. Autrefois «je portais des jeans, je voulais tout le temps acheter des T-shirts à la mode et des chaussures qui me ruinaient. Aujourd'hui je suis tranquille. Je m'habille en hijab et je fais des économies.»

_____ 2. «Des sœurs sont venues s'occuper du ménage à la maison. Quelqu'un a remplacé gratuitement mon mari au magasin… Quelle famille aurait fait autant? C'est pourquoi je porte le hijab…»

_____ 3. «Je porte le hijab parce que tout le monde le porte.»

_____ 4. «…depuis que je porte le hijab, je me sens à l'aise dans la rue. Celles qui ne le portent pas sont insultées.»

_____ 5. «Amira se met un jour à porter le hijab voulant à tout prix se marier.»

_____ 6. «Elles (les étudiantes) le mettent pour qu'on les laissent tranquilles.»

_____ 7. «J'ai mis le hijab pour que les hommes ne me cassent plus les pieds quand je fais la queue au supermarché.»

_____ 8. «Le hijab m'a permis de recoller les deux parties de ma personne et d'abandonner mon comportement schizophrénique.»

_____ 9. «Je porte le hijab parce que cela se fait.»

_____ 10. «J'ai beaucoup souffert de la mort de mon père. Une amie m'a conseillé de porter le hijab et de me consacrer à la prière. Depuis, j'ai trouvé la paix.»

A VOTRE AVIS

Répondez aux questions suivantes en justifiant vos réponses.

1. Que veut dire le titre de cet article: «Dieu ne peut être qu'un homme»?

2. Quelles sont les justifications offertes pour la légalisation de la polygamie? Etes-vous d'accord avec les raisons données? Justifiez votre réponse.

3. Ce ne sont pas seulement les vieilles femmes, mais on trouve de plus en plus de jeunes femmes marocaines qui ont pris la décision de porter le voile. Comment expliquez-vous cette attitude? Qu'est-ce qui est à la base de cette décision?

4. Pourquoi est-ce que le hijab permet aux femmes de circuler librement dans les villes écartant ainsi l'attention non-voulue des hommes?

REGARDER DE PRES

PREVOIR DEUX CIRCUITS DE LECTURE

Pour les essais de plusieurs pages ou des articles de presse assez longs, il faut couper et identifier les différentes parties du texte. Les lecteurs potentiels sont souvent pressés, fatigués, blasés. D'où la nécessité, dans le même article, de leur offrir deux circuits de lecture.

Un circuit court. Il comprend, le titre, le sous-titre, éventuellement une ou deux photos. Cet ensemble devrait contenir 80% des informations à transmettre (pour un article de presse).

Un circuit long. C'est l'article lui-même, auquel on se réfère pour en savoir plus. Plus il est long et plus il faut le couper d'intertitres qui balisent en le résumant rapidement.

APPLICATION

Puisque vous avez déjà lu le texte intégral, écrivez un résumé du texte en relisant seulement le titre et les sous-titres.

DISCUSSION

1. Pourquoi est-ce qu'il y a tant de conflits au sujet d'un vêtement apparemment simple? Le voile que portent les femmes musulmanes, que signifie-t-il? Pourquoi est-ce qu'une «Française ou une Américaine ne peut pas comprendre» les décisions de ces femmes à ce sujet?

2. Quel est le rôle de l'assistance sociale dans la conversion de nouveaux disciples à l'islam? à d'autres religions?

EXPANSION

La pratique religieuse de réglementer les vêtements, la nourriture et le comportement de ses adhérents n'est pas réservée à l'islam. Comment expliquez-vous la citation suivante: «La religion n'est pas une punition» dans le contexte du sacrifice religieux?

❦ ❦ ❦ ❦ ❦ ❦ ❦ ❦

Islam de femmes en Afrique Noire: Une femme à la tête d'une structure islamique

Marabout: Le besoin inné des Africains de s'enraciner dans une tradition remontant aux ancêtres, et transmise par initiation, les amena à intégrer à l'islam leurs croyances profondes. Tout d'abord se développa la nécessité de trouver un intermédiaire avec Dieu et les forces mystérieuses qui animent le monde. C'est ainsi qu'apparut le **marabout**, personnage remplaçant le devin, le guérisseur, et parfois le sorcier. Il connaît les formules magiques, les versets coraniques écrits sur de petits papiers, les chiffres, la numérologie, pour prédire l'avenir, guérir ou éloigner le mauvais sort.[1]

UN CHAMP ISLAMIQUE VOILE

Un thème dominant marque la littérature concernant les rapports entre les femmes et l'islam, surtout pour ce qui est de l'Afrique Noire: les femmes seraient quasiment absentes du champ islamique, ou n'y occuperaient qu'une place subalterne ou secondaire. Plus exactement, il y aurait une sorte de division sexuelle du «travail religieux», les hommes étant musulmans et les femmes «païennes». Certains critiques notent que si les femmes sont à la «périphérie de la périphérie» du monde musulman, parce qu'elles sont en même temps «musulmanes et non-musulmanes», elles ne sont pas pour autant en état de subordination absolue, justement parce qu'elles sont en quelque sorte les «médiateurs et

[1]Bernard Nantet, *Afrique: Les mots-clés* (Paris: Bordas, 1992).

les mainteneurs» de la culture préislamique, sur laquelle elles s'appuient pour préserver leur autonomie à l'égard des hommes.

Il y aurait donc une sorte d'exclusion ou d'absence des femmes au champ religieux musulman; et la contradiction, en Afrique Noire notamment, entre les principes de l'islam, qui même s'ils soumettent les femmes aux mêmes obligations que les hommes, enferment celles-ci dans un univers privé et subalterne, et les cultures africaines préislamiques dans lesquelles les rôles et fonctions de la femme dans les domaines économiques, politiques et religieux sont nettement plus affirmés, se résoudrait par cette césure ou cette cohabitation de deux univers parallèles, l'un dans lequel la femme n'est que mineure, l'autre dans lequel elle marque son autonomie, tout en sachant que celle-ci est de plus en plus menacée par l'expansion de l'islam.

Cette démarche a le mérite de souligner les capacités propres des femmes dans des situations de domination, de mettre en relief leurs initiatives à travers un traditionalisme qui leur servirait de rempart contre la subordination dans laquelle l'islam les confinerait.

Nous soutenons au contraire qu'il existe un monde islamique féminin, certes plus ou moins spécifique, ou ambigu, par rapport à celui des hommes, peut-être à bien des égards peu orthodoxe... mais qui marque tout de même de son empreinte le champ islamique. Les femmes, pour être les «silencieuses» de l'islam, n'en sont pas moins actives dans certains rites de cette religion. Leurs initiatives, si elles semblent souvent «informelles» ou «parallèles», n'en constituent pas moins une présence...

Notre hypothèse est donc que l'intervention des femmes dans le champ islamique mérite plus d'attention que celle que l'on a bien voulu lui prêter jusqu'à présent... Les diverses figures féminines n'ont jusqu'à présent guère retenu l'attention des spécialistes de l'islam d'Afrique Noire, qui ont adopté une vision très masculine de cette religion, négligeant la position, par exemple, au Sénégal, des femmes ou filles de marabouts (*sokhna*)...

Enfin, en revenant à notre propos initial sur la séparation des champs religieux (hommes = islam, femmes = pratiques préislamiques), il semble qu'il conviendrait de ne pas exclure systématiquement du domaine de l'islam les cultes et les rites qui sont en grande partie dirigés par des femmes. En effet, à lire la littérature sur le sujet, on est frappé par la présence d'éléments empruntés à l'islam dans leurs manifestations: les esprits invoqués sont souvent musulmans; Allah et son prophète n'en sont pas non plus absents. Après tout... cette inclusion d'apports musulmans serait-elle une stratégie des femmes pour légitimer leurs rôles et fonctions dans l'ordre islamique dominé par les hommes, pour capter à leur profit cette religion, qui est utilisée pour les soumettre ou les marginaliser?

Autant de réflexions, d'intuitions et d'hypothèses qui indiquent que les femmes, même si l'islam contribue à leur subordination, marquent aussi celui-ci de leur culture propre. Le cas de Sokhna Magat Diop en est un bon exemple.

LA FILLE DU CHEIKH: UNE FEMME MARABOUT MOURIDE² (SENEGAL)

Sokhna Magat Diop est actuellement la seule femme, qui au Sénégal, porte le titre et assure les fonctions de khalife. Elle dirige en effet une branche de la confrérie mouride, dont son père Abdoulaye Iyakhine (plus connu sous le nom d'Abdoulaye Niakhite), fut le fondateur et auquel elle succéda en 1943, à l'âge de 26 ans...

Donc depuis 1943, Sokhna Magat Diop préside aux destinées de cette communauté mouride, qui n'est certainement pas une des plus importantes de la confrérie, mais qui regroupe un nombre non négligeable de disciples (difficile à estimer) à Thiès, mais aussi à Dakar, à M'Boro et en Gambie. Ces fonctions ne l'ont pas d'ailleurs empêchée d'avoir une vie normale de femme sénégalaise: mariée trois fois, elle eut six enfants avec ses deux derniers maris.

Sokhna Magat Diop a donc hérité des disciples de son père qui lui ont confirmé leur acte de soumission; depuis d'autres disciples lui ont fait acte d'allégeance... Elle préside chaque année un *magal*³ à la mémoire de son père, pour laquelle elle a fait construire un mausolée. Elle semble aussi jouer un rôle particulier, en tant que chef de famille maraboutique, dans le choix des époux et épouses de ses enfants... La plupart de ses enfants ont pris mari ou femme dans les grandes familles maraboutiques mourides, ce qui est une preuve supplémentaire de sa position sociale dans la confrérie.

Elle est le chef incontesté de la communauté. Elle a tous les attributs d'un chef mouride et jouit d'une grande autorité auprès de ses disciples, qui lui rendent fréquemment visite pour recevoir ses directives et sa bénédiction.

Il est cependant un certain nombre de tâches religieuses que Sokhna Magat Diop, de par sa condition de femme, ne peut effectuer. Ainsi, non seulement elle ne se rend jamais à l'une des deux mosquées du quartier (qu'elle a fait construire), mais elle ne dirige jamais les prières publiques. Elle ne prie que chez elle. Par contre, elle visite chaque matin le mausolée de son père, qui se trouve à quelques mètres de sa résidence, au milieu d'une voie publique. Elle n'exerce pas non plus de fonctions juridiques, comme la célébration de baptêmes ou de mariages.

Cependant ces limitations ne signifient pas pour autant que la *khalife* n'intervienne pas dans les affaires touchant à la mosquée ou au droit islamique. En réalité, elle agit par des intermédiaires. C'est elle qui nomme les *imams*. C'est elle aussi qui arrange les mariages de ses *taalibe* (et elle se montre sur ce point fort dynamique et énergique, puisqu'une quarantaine de mariages sont célébrés à l'occasion de son *magal*), même si c'est un *imam*, ou son fils qui officient. Ce dernier insiste beaucoup sur le fait qu'il ne fait qu'exécuter les ordres de sa mère. Il se considère comme le bras droit du marabout, bien qu'il ait par ailleurs ses propres disciples.

---

² **mouride**: mouvement spirituel louant les vertus du travail manuel   ³ **un magal**: une cérémonie

Sokhna Magat Diop ne parle pas non plus en public. Lors de grandes céré-monies, c'est son fils aîné, Mame Bala M'Backé, qui fait le discours d'usage et répond aux autorités administratives invitées; mais, selon ses propres termes, il n'est que le porte-parole de sa mère, dont il suit scrupuleusement les indications dans ses interventions.

Sokhna Magat Diop est donc omniprésente dans les activités de sa commu-nauté par personnes interposées, qu'elle a choisies, et qui la «représentent». Il en va de même dans les affaires du quartier et que celui-ci doit tout autant des comptes à son *khalife* qu'au maire ou au préfet.

Il convient aussi de remarquer que si la *khalife* est formellement absente ou discrète dans certaines situations publiques, cela ne tient pas seulement à son sexe, mais aussi à sa réputation de sainte.

Sokhna Magat Diop, en effet, vit pratiquement en femme recluse: elle sort peu, ne voyage que rarement, n'apparaît qu'exceptionnellement en public; mais plus par souci de se consacrer à Dieu que pour appliquer à la lettre les préceptes religieux islamiques quant à l'effacement de la femme de la vie publique. Elle passe le plus clair de son temps dans ses appartements à prier; elle mange peu, parle d'une voix très basse, et ses visiteurs sont sévèrement filtrés. Bref, elle adopte un comportement que l'on peut qualifier de mystique, relativement peu commun dans le milieu maraboutique mouride.

Pour ses enfants et ses adeptes il ne fait pas de doute que Sokhna Magat Diop est une *wali*, «une amie de Dieu»... Ses visions, ses rêves prémonitoires, voire ses talents de thérapeute font d'elle un être exceptionnel, qui «est en direct avec Dieu». Cette sainteté, cependant, lui a été transmise par son père, néan-moins, tous les fils et filles des *wali* ne sont pas des saints; Abdoulaye Iyakhine savait de son vivant, que sa fille Magat, hériterait de ses pouvoirs; et *cela même lorsqu'il avait encore des enfants mâles.* Cela lui avait été révélé par Dieu lui-même; et il répétait à tout le monde que c'était sa *fille* qui avait été «distinguée». Sérigne Abdoulaye donna donc une éducation particulière à sa fille, lui livrant ses «secrets divins».

Les pouvoirs acquis par Sokhna Magat Diop lui permettent notamment de faire les retraites mystiques (des *xalwa*), qui peuvent durer jusqu'à quarante jours, pendant lesquels elle est complètement coupée du monde. Cette pratique mystique, qui est estimée fort dangereuse, est réservée aux grands initiés: il est exceptionnel qu'une femme puisse s'y adonner.

La présence d'une femme à la tête de cette organisation religieuse paraît avoir marqué celle-ci d'une touche propre. On peut dire qu'à certains égards la communauté de Sokhna Magat Diop manifeste une religiosité nettement plus féminine que celle de la plupart des autres groupes confrériques. Il y a notamment chez ses enfants, tout un discours justifiant l'égalité des sexes dans la pratique religieuse et les limites que celles-ci connaissent sont même inver-sées pour être valorisées; ainsi le fait que la *khalife* ne prie pas à la mosquée, mais dans sa chambre, devient un acte religieux supérieur, car «pour adorer Dieu avec plus de pureté il vaut mieux être seul»; et notre informateur d'invoquer la parole du Prophète: *Prier seul vaut vingt-sept fois mieux que de prier à la mosquée.*

D'autre part, dans cette communauté, le rôle et le pouvoir des femmes sont nettement mis en avant. Le cas de Sokhna Magat Diop est certainement quelque peu exceptionnel dans l'islam africain, encore que d'autres femmes ont exercé et exercent encore des responsabilités publiques dans des organisations musulmanes... Il est cependant intéressant de constater qu'aux yeux de la plupart des musulmans d'Afrique Noire, cette présence de femmes à la tête de structures islamiques n'est ni choquante ni extraordinaire. D'abord, parce que dans de nombreuses sociétés africaines des femmes ont pu, aussi bien sur le plan religieux que politique, accéder à des positions de leadership. Cela fait partie de la culture de ces sociétés. Ensuite, parce que, et il faut à nouveau insister sur ce point, l'islam soufi[4] et confrérique atténue les divisions sexuelles, qui, dans l'islam légaliste sont au centre de l'organisation de la vie sociale, religieuse et politique. Ce n'est donc certainement pas un hasard si l'islam soufi s'est bien enraciné en Afrique Noire et si les femmes y ont trouvé leur place.

---

[4] **soufi(e)**: qui met l'accent sur la religion intérieure (contrairement au légalisme)

Extraits de *Femmes du Maghreb au présent: La dot, le travail, l'identité* (Paris: Editions du Centre National de la Recherche Scientifique, 1990).

VERIFICATION

A. Répondez aux questions suivantes en vous référant au texte.

Sokhna Magat Diop...

1. D'où viennent ses pouvoirs?

2. De qui a-t-elle reçu la position de khalife de la confrérie mouride?

3. Quelles sont ses responsabilités envers ses disciples?

4. Quelles sont ses limitations en sa qualité de femme?

5. Quel est le rôle de ses enfants dans cette organisation?

6. Comment décrivez-vous sa personnalité?

B. Identifiez chacun des termes suivants en inscrivant la lettre de la définition qui correspond.

____ 1. *marabout*   a. les retraites mystiques

____ 2. *wali*   b. cérémonie pour fêter une personne vivante ou morte

____ 3. *khalife*   c. des femmes ou filles de marabouts

____ 4. *sokhna*   d. chef d'une famille maraboutique

____ 5. *xalwa*   e. intermédiaire avec Dieu et les forces mystérieuses

____ 6. *magal*   f. un chef religieux musulman

____ 7. *imam*   g. une amie de Dieu

A VOTRE AVIS

Choisissez une des citations suivantes et expliquez l'intention de l'auteur.

1. «Les femmes, pour être "silencieuses" de l'islam, n'en sont pas moins actives dans certains rites de cette religion.»

2. «Les femmes, même si l'islam contribue à leur subordination, marquent aussi celui-ci de leur culture propre.»

3. «Sokhna Magat Diop est omniprésente dans les activités de sa communauté par personnes interposées.»

4. «Ce n'est donc certainement pas un hasard si l'islam soufi s'est bien enraciné en Afrique Noire et si les femmes y ont trouvé leur place.»

STRATEGIES POUR S'EXPRIMER

COMMENT LIVRER UNE OPINION

DEMARCHES DE FORMULATION DIRECTE

1. Revendiquer nettement l'opinion

Discours direct. Utiliser le «je» ou le «nous».
Utiliser des tournures comme: «à mon avis..., j'ai la conviction que..., je crois que..., je peux dire... ».

2. Reprendre une opinion d'autrui et l'adopter

On peut citer: Comme l'écrit X, «cette journée de la femme... »
On peut la résumer et donner sa référence.

3. Formuler un jugement sur la thèse d'autrui

Rappeler d'abord la thèse d'autrui.
Communiquer son opinion sur cette thèse.

DEMARCHES DE FORMULATION INDIRECTE

4. Utiliser les ressources du style

Présentation frappante, imagée, riche de connotations

5. Utiliser l'ironie

Arme de la polémique, elle permet de livrer une opinion en feignant d'adopter l'opinion inverse.

6. Eviter de préciser la source de l'opinion

Utiliser le «on»: «on l'admet souvent... on sait que... »
Utiliser les tournures impersonnelles, avec «il»: «il semble que... ».

APPLICATION

A. Faites l'activité suivante en vous référant à l'article précédent.

1. Citez trois exemples du discours direct.

2. Citez deux exemples des thèses d'autrui.

B. Préparez une présentation orale où vous communiquez votre opinion sur une de ces thèses. Etes-vous d'accord avec la thèse? Pourquoi ou pourquoi pas?

DISCUSSION

1. Pourquoi, dans sa communauté et parmi ses disciples, est-ce qu'il y a une tendance à renverser certaines pratiques religieuses chez Sokhna Magat Diop, par contraste avec d'autres marabouts? D'habitude, les marabouts fréquentent quotidiennement les mosquées, mais chez Sokhna Magat Diop: «Prier seul vaut vingt-sept fois mieux que de prier à la mosquée»?

2. Comment expliquez-vous l'idée répandue que les femmes sont «à la périphérie de la périphérie du monde musulman» ou qu'elles occupent «une place subalterne ou secondaire» dans le champ islamique?

EXPANSION

1. Y a-t-il d'autres domaines, en dehors de la religion, dans lesquels les femmes se trouvent «à la périphérie de la périphérie»? Lesquels?

2. Y a-t-il d'autres exemples de professions où les femmes s'y trouvent intégrées aujourd'hui, et où dans le passé l'accès à ces professions leur était fermé?

SYNTHESE DE L'UNITE

EXPRESSION ORALE

Sujet de débat: «Le Rôle de religion dans la société au seuil de l'an 2000»

Pour quelques personnes, la foi dans la science a remplacé la foi dans la religion. On espère trouver dans les sciences des remèdes aux maladies du monde, des solutions aux problèmes de surpopulation et d'environnement et des raisons logiques pour des phénomènes jusqu'à maintenant inexplicables. Elles rejettent la religion comme une mode de penser révolue—une vieille tradition d'une civilisation moins avancée. Par contre, il y a beaucoup d'autres personnes qui croient que la religion est plus importante aujourd'hui que jamais. Au moment où la science et la technologie deviennent si avancées que l'humanité peut se détruire facilement, nous avons besoin de revenir à nos racines religieuses pour y retrouver le calme et la conscience nécessaires pour prendre des décisions technologiques. Pour sauvegarder notre humanité, est-ce qu'il nous faut la religion? Qu'en pensez-vous? Présentez vos idées et répondez aux questions ou observations de vos camarades de classe.

EXPRESSION ECRITE

Choisissez un article récent d'un journal ou d'une revue (que vous trouverez à la bibliothèque de l'université) sur le thème de la religion. Préparez des sous-titres qui résument les points essentiels du texte. D'après votre schéma du texte (titre et sous-titres) faites un résumé concis de l'article. Ce résumé peut être oral ou écrit.

VALEURS D'HIER, D'AUJOURD'HUI ET DE DEMAIN

LES VALEURS D'UNE SOCIÉTÉ TENDENT À ÉVOLUER LENTEMENT ET REFLÈTENT LES CHANGEMENTS POLITIQUES, ÉCONOMIQUES ET SOCIAUX.

CHAQUE GÉNÉRATION CHERCHE À SE DÉFINIR ET À CRÉER SA PROPRE IDENTITÉ EN GARDANT CERTAINES VALEURS DE LA GÉNÉRA-TION PRÉCÉDENTE ET EN LAISSANT TOMBER D'AUTRES. L'IDENTITÉ CUL-TURELLE EST AUSSI SOU-VENT LIÉE À L'HISTOIRE D'UN PAYS. ET À TRAVERS

CETTE HISTOIRE IL Y A DES HÉROS QUI INCARNENT CERTAINES VALEURS D'UN PEUPLE. COMMENT VOTRE GÉNÉRATION DIFFÈRE-T-ELLE DE CELLE DE VOS PA-RENTS, DE VOS GRANDS-PARENTS? QUELLES VALEURS EST-CE QUE VOUS AVEZ EN COMMUN? CITEZ DEUX OU TROIS PERSONNAGES HISTORIQUES QUI INCAR-NENT DES VALEURS NATIONALES DE VOTRE PAYS.

CHAPITRE 9

AU SEUIL DE L'AN 2000: TENDANCES DES FRANÇAIS

Le but de ce chapitre est d'examiner les attitudes et les valeurs des Français dans les années quatre-vingt-dix. Quelles sont les valeurs qu'ils estiment le plus et veulent sauvegarder ou réintroduire au sein de la société? Les Français sont-ils optimistes à l'égard de leur avenir? de l'avenir de l'Europe? du monde? Que disent les sociologues? Quelles tendances générales peut-on remarquer en examinant les attitudes exprimées dans les sondages?

A part les réponses à ces questions suggérées par les textes et par les discussions en classe, ce chapitre nous présente quelques stratégies (comment dire l'essentiel, comment opposer ou défendre l'opinion d'autrui) et des techniques linguistiques (la révision du style) qui seront renforcées et pratiquées dans le contexte de la discussion et du travail écrit. Les textes serviront de point de départ pour les activités orales et la pratique de l'écriture.

PREPARATION A LA LECTURE

A. Dans l'évolution de la société américaine ou canadienne, au cours des vingt dernières années, quelles sont, selon vous, les valeurs qui ont perdu en importance et celles qui ont gagné en importance? Lesquelles faudrait-il sauvegarder ou réintroduire? Donnez votre opinion sur la liste ci-après.

l'autorité
l'esprit de concurrence
l'égalité

le pardon
la politesse
le respect du bien commun

l'esprit de famille	le respect de la tradition
l'esprit d'entreprise	la responsabilité
l'honnêteté	la réussite matérielle
l'honneur	le sens du beau
l'hospitalité	le sens du devoir
la justice	le sens de la fête
la liberté	la solidarité

B. Comparez vos réponses avec celles de vos camarades de classe. Y a-t-il des tendances générales? Lesquelles? Y a-t-il des différences selon le sexe? Lesquelles?

Les Valeurs actuelles

L'individualisme a engendré des excès que les Français veulent aujourd'hui corriger.

La «règle du je» s'est affirmée au fil des années. Elle s'énonce de plusieurs façons qui, toutes, dévoilent un aspect de son contenu: «chacun pour soi et tout pour tous»; «on ne vit qu'une fois»; «après moi le déluge»...

L'individualisme est apparent dans tous les domaines de la vie quotidienne des Français: redécouverte du corps; déclin des sports collectifs au profit des sports individuels; volonté de réussir la vie de couple ensemble *et* séparément; diminution de l'activité associative (l'adhésion aux syndicats est en chute libre); désintérêt de la chose publique (accroissement de l'abstention lors des élections); moindre importance des phénomènes de mode... La voiture est devenue le symbole de cet individualisme triomphant; les Français sont d'ailleurs deux fois moins nombreux qu'en 1978 à accepter l'idée d'une limitation de son usage.

Mais cette boulimie individualiste a engendré sur le plan social, politique et économique des excès dont ils sont conscients. C'est pourquoi il leur paraît aujourd'hui nécessaire de les corriger.

La morale et la vertu reviennent à l'ordre du jour.

Longtemps bannis du vocabulaire de la modernité, ces mots trouvent aujourd'hui un écho de plus en plus large dans l'opinion. Les médias et les intellectuels recommencent à les employer sans craindre de passer pour des conservateurs, des réactionnaires ou des «ringards».[1] Une majorité de Français (58%) trouve que la morale n'occupe pas une place assez importante dans la société d'aujourd'hui (contre 23% qui pensent qu'elle a une place assez importante, 4% une place trop importante).

Mais qu'est-ce que la morale? Un ensemble de valeurs permettant d'être en accord avec soi-même, des principes permettant de vivre harmonieusement en société ou des règles dictées par la religion? Les Français préfèrent de toute

---

[1] **ringard(e)**: médiocre, bon à rien

évidence la première définition, qui est la seule compatible avec la revendication individualiste.

Le système de valeurs souhaité est très différent de celui qui s'était installé au cours des vingt dernières années.

Les Français constatent avec regret la régression ou la disparition de certaines valeurs comme la politesse, l'honnêteté, la justice, le respect du bien commun, l'esprit de famille, le sens du devoir ou l'égalité. Leurs regrets sont moins forts en ce qui concerne le respect des traditions, l'honneur, l'autorité ou le sens de la fête (voir Tableau 1, ci-dessous).

Ils dénoncent à l'inverse l'importance considérable prise par la réussite matérielle, placée en première position des valeurs gagnantes des années 80 et au dernier rang de celles qu'il faut sauvegarder. La compétitivité et l'esprit d'entreprise sont un peu mieux traités, mais il apparaît clairement que les Français sont de moins en moins nombreux à célébrer spontanément le «culte de la performance».

Tableau 1: Valeurs d'hier, d'aujourd'hui et de demain		
Dans l'évolution de la société française, au cours des vingt dernières années, quelles sont, selon vous, les valeurs qui ont **perdu** en importance? (%)	Au cours des vingt dernières années, quelles sont, selon vous, les valeurs qui ont **gagné** en importance dans l'évolution de la société française? (%)	Quelles sont, aujourd'hui, les valeurs qu'il vous paraît important et même nécessaire, de **sauvegarder** ou de **restaurer** pour l'avenir? (%)
La politesse 64	La réussite matérielle 60	La justice 71
L'honnêteté 56	La compétitivité 59	L'honnêteté 59
Le respect du bien commun 49	L'esprit d'entreprise 34	La politesse 53
La justice 44	La liberté 20	La liberté 52
L'esprit de famille 42	La solidarité 18	L'esprit de famille 50
Le respect de la tradition 40	Le sens du beau 17	Le respect du bien commun 47
Le sens du devoir 37	La responsabilité 14	L'égalité 45
L'honneur 34	Le sens de la fête 14	Le sens du devoir 45
La solidarité 29	L'autorité 14	La solidarité 41
L'égalité 25	L'égalité 8	La responsabilité 33
Le sens de la fête 24	L'esprit de famille 5	L'hospitalité 31
L'autorité 24	L'hospitalité 5	L'honneur 30
La responsabilité 23	La justice 4	Le respect des traditions 22
L'hospitalité 22	Le sens du devoir 3	La compétitivité 22
Le pardon 14	Le pardon 2	L'esprit d'entreprise 20
La liberté 12	L'honneur 2	Le sens du beau 19
La compétitivité 12	Le respect du bien commun 2	L'autorité 19
Le sens du beau 9	Le respect de la tradition 2	Le sens de la fête 18
L'esprit d'entreprise 8	La politesse 2	Le pardon 17
La réussite matérielle 3	L'honnêteté 1	La réussite matérielle 8
Le Pèlerin magazine, Sofres, octobre 1991.		

Les seules évolutions des vingt dernières années dont ils souhaitent le maintien sont la liberté, la solidarité (mais la liberté reste prioritaire et passe après l'égalité) et la responsabilité.

Les valeurs matérialistes arrivent tout en bas de l'échelle.

Il faut noter que, sur les 20 valeurs proposées dans l'enquête, 14 sont jugées comme ayant perdu de l'importance par plus de 20% des Français, alors que seulement 3 sont considérées comme ayant gagné en importance par un pourcentage comparable. Eloquente illustration du vide moral et de la déliquescence[2] des mœurs au cours des deux dernières décennies! Parmi les valeurs à sauvegarder ou à restaurer, on en trouve aussi 14 qui sont mentionnées par plus d'un Français sur cinq.

Les regrets des Français

- 49% des Français estiment qu'ils ont perdu des occasions au cours de leur vie ou laissé passer la chance: 74% dans la vie professionnelle, 34% dans la vie sentimentale.

- 35% de ceux qui ne travaillent pas ou plus le regrettent (61% non).

- 8% de ceux qui travaillent le regrettent (92% non). 19% regrettent d'avoir choisi le métier qu'ils exercent (78% non). 15% regrettent l'entreprise dans laquelle ils travaillent (77% non).

- 15% regrettent les études qu'ils ont faites (72% non). 71% regrettent de ne pas en avoir fait davantage (26% non).

- 31% regrettent d'avoir commencé à fumer.

- 23% de ceux qui n'ont pas eu d'enfant le regrettent (65% non). 21% de ceux qui en ont regrettent de ne pas en avoir eu davantage (77% non).

- 30% regrettent de ne pas avoir assez écouté les conseils de leurs parents (68% non).

- 42% regrettent parfois d'avoir été trop honnêtes (57% non). 11% de ne pas avoir été très honnêtes (82% non).

- 45% regrettent d'avoir parfois manqué de courage (53% non).

- 25% regrettent de ne pas avoir, un jour, tout quitté dans leur vie professionnelle pour recommencer à zéro (69% non), 14% dans leur vie amoureuse (83% non), 9% dans leur vie familiale (89% non).

L'Express, février 1990.

Le bonheur est aujourd'hui individuel et multidimensionnel.

Les quinze dernières années, marquées par une crise à la fois économique et morale, ont fortement ébranlé l'espoir d'un bonheur collectif. Dans ce contexte,

---

[2] **la déliquescence:** décadence complète

chacun s'efforce de conduire sa propre vie et de la «réussir» en fonction des ses aspirations, de ses capacités et de ses contraintes.

Mais le bonheur ne peut être complet que si chacune des activités quotidiennes contribue à l'épanouissement individuel. Les Français acceptent mal que leur vie soit découpée en tranches indépendantes les unes des autres. Les activités obligatoires, travail en tête, ne doivent pas être moins enrichissantes que celles qui sont librement choisies. Pourquoi faudrait-il mériter quelques instants de bonheur par de longs moments de contrainte ou d'ennui?

Le confort matériel croissant va de pair avec un inconfort moral grandissant.

Les Français n'ont jamais été (globalement) aussi riches, aussi libres, aussi informés, aussi maîtres de leur destin individuel. Pourtant, ils n'ont peut-être jamais été aussi anxieux. La consommation de tranquillisants et de somnifères, pour laquelle la France détient le record du monde, l'accroissement du nombre des suicides en sont des illustrations.

Les attitudes et les comportements sont souvent paradoxaux. L'argent ne fait pas le bonheur, mais les Français en demandent toujours davantage. Ils habitent dans les villes mais rêvent de vivre à la campagne. Ils sont salariés des entreprises privées, mais pensent que les fonctionnaires sont les plus heureux. Ils passent leur temps libre devant la télévision, mais considèrent que la lecture est plus importante...

Le progrès matériel crée à la fois du bien-être et de la frustration.

Comme la plupart des sociétés occidentales, la société française est caractérisée par «l'hyperchoix», créé par les entreprises et relayé par la publicité et les médias. Cette croissance considérable de l'offre entraîne la lassitude de ceux qui courent sans cesse après les objets de la modernité. Elle implique aussi la frustration de ceux qui n'ont pas les moyens de se les offrir. Si les Français restent très attachés au matérialisme, ils sont de plus en plus conscients que celui-ci ne donne pas un sens à leur vie.

Extraits de Gérard Mermet, *Francoscopie 1993* (Paris: Larousse, 1992), pages 95–96, 235–236.

VERIFICATION

Quelles similarités et différences est-ce que vous avez remarquées entre vos réponses à l'enquête sur les valeurs (perdues, gagnées, etc.) et celles des Français présentées dans le Tableau 1 à la page 179? Citez des exemples précis.

A VOTRE AVIS

Répondez aux questions suivantes en justifiant vos réponses.

1. Pourquoi est-ce que les Français acceptent, moins souvent aujourd'hui qu'en 1978, de limiter l'usage de leurs voitures?

2. Que veut dire l'expression **boulimie individualiste**? Donnez deux exemples de cette boulimie individualiste.

3. La politesse et l'honnêteté se trouvent parmi les valeurs qui ont perdu en importance dans les années récentes selon le sondage français. Etes-vous d'accord avec cette observation? Pourquoi ou pourquoi pas?

4. Regrettez-vous d'avoir parfois été trop honnête? de ne pas avoir été assez honnête? Quelles en ont été les conséquences?

5. Quels autres regrets avez-vous? Qu'est-ce que vous auriez fait différemment si vous aviez eu le choix?

6. Quelle est votre définition du mot **morale**? Est-ce que c'est un ensemble de valeurs permettant d'être en accord avec soi-même, ou des principes permettant de vivre harmonieusement en société ou des valeurs religieuses qui règlent la vie? Ou autre chose?

STRATEGIES POUR ECRIRE

COMMENT DIRE L'ESSENTIEL

«Allez à l'essentiel! Abrégez!» Cette rengaine[3] est justifiée en cette fin de siècle où l'on est bombardé d'informations pas toujours précises ni courtes. Comment donc gagner du temps et se montrer plus efficace, sinon en livrant l'essentiel du message? Mais comment distinguer l'essentiel de l'accessoire?

Quel est l'essentiel pour le destinataire?

- S'il n'est pas spécialiste, le destinataire demande une mise au courant brève, claire, exprimée en termes simples.

- Le destinataire peut chercher des informations «pointues» dans tel ou tel secteur: il faut satisfaire cette demande particulière.

Comment distinguer l'essentiel de l'accessoire?

- L'essentiel, c'est ce qui est indispensable à la compréhension d'une idée, d'une situation, d'une carte, etc.

- Choisir l'essentiel, c'est:

—retenir les caractéristiques importantes d'une idée,

—formuler un ou deux jugements synthéthiques plutôt que cinq ou six,

—insister sur les faits riches de signification,

—retenir un ou deux exemples ou citations caractéristiques,

—traiter les données numériques pour n'en retenir que les plus distinctives,

—insister sur des résultats ou implications plutôt que sur les moyens d'y parvenir.

---

[3] **la rengaine:** paroles répétées à tout propos

Techniques d'expression de l'essentiel

- Trier, hiérarchiser, éliminer.

- Utiliser des tableaux, des schémas et des graphiques.

- Mettre en place un circuit court et un circuit long.

APPLICATION

L'enquête des valeurs des Français (dans le texte précédent) comprend une grande quantité de données numériques. De tous les résultats, lesquels sont les plus importants? Quelle est l'idée essentielle? Citez deux exemples pour montrer comment l'auteur de cet article a réussi à réduire ces chiffres à l'essentiel.

DISCUSSION

1. Quels sont les dix mots (noms) les plus importants pour vous? (par exemple: **famille**, **liberté**, etc.) Sans beaucoup réfléchir, dressez une liste des dix mots que vous considérez les plus importants.

2. Comparez votre liste avec celle de vos camarades de classe. Y a-t-il des tendances générales? Lesquelles? Y a-t-il des différences selon le sexe? Lesquelles?

3. Faites une comparaison de votre liste (ou des tendances générales de votre classe) et de la liste des Français (voir Tableau 2, ci-dessous). Quelles similarités ou différences est-ce que vous y voyez? Pourriez-vous expliquer ces résultats?

Tableau 2: Les grands mots			
Les 10 mots les plus importants pour les Français:			
• Santé	43%	• Enfants	20%
• Travail	36%	• Amitié	19%
• Amour	33%	• Bonheur	17%
• Famille	31%	• Loisirs	13%
• Argent	25%	• Liberté	8%

Note: Les classements sont différents selon le sexe: les femmes privilégient les valeurs familiales. Par ordre décroissant: amour, famille, enfants, amitié, bonheur, maison. Les hommes accordent la priorité à la vie active et aux activités extérieures: travail, argent, loisirs, vacances, vie, paix.

EXPANSION

Lisez encore une fois le paragraphe de l'article précédent qui commence par «Les attitudes et les comportements sont souvent paradoxaux». Comment pourriez-vous expliquer cette tendance humaine? Est-elle inévitable?

Les Français: Une enquête sur le bonheur

Les Français sont-ils heureux? Le plus simple, pour le savoir, est bien sûr de le leur demander. Mais on sait que la notion de bonheur est relative et subjective; «on n'est jamais si malheureux qu'on croit, ni si heureux qu'on avait espéré» (La Rochefoucauld).[1] De plus, le bonheur n'est pas un sentiment simple. Il ne saurait être isolé de ses multiples ingrédients: on peut être heureux dans sa vie familiale et malheureux dans sa vie professionnelle, «heureux au jeu et malheureux en amour»...

Mais la question reste fondamentale; «la grande affaire et la seule qu'on doive avoir, c'est de vivre heureux», affirmait Voltaire.[2] Elle se doit d'être traitée dans un ouvrage dont la vocation est de dresser le portrait des Français tels qu'ils sont.

BONHEUR

Les Français sont plus satisfaits à titre personnel que collectivement.

Le niveau de satisfaction exprimé par chaque Français pour lui-même est considérablement plus élevé que celui qu'il exprime à propos de l'ensemble de la société. Ainsi, les taux de satisfaction individuelle sont souvent proches de 80 % (apparence physique, santé, vie de famille, logement, vie sentimentale, vie sociale, réalisations); seule la vie professionnelle (travail, entreprise, revenu) est jugée moins favorablement (de 42 % à 63 %) ainsi que le temps dont on dispose, qui en est la conséquence directe.

Mais ces taux restent beaucoup plus élevés que ceux mesurés dans les domaines collectifs (climat social, vie politique, évolution de la France, de l'Europe et du monde, programmes de télévision), compris entre 7 % et 36 %. Le bonheur des Français serait en somme complet s'ils ne dépendaient pas d'un environnement politique, social et économique qu'ils jugent très sévèrement: «Le bonheur est à ceux qui se suffisent à eux-mêmes», écrivait déjà Aristote.

Les hommes se déclarent presque toujours plus satisfaits que les femmes.

Les niveaux de satisfaction indiqués par les hommes sont tous supérieurs à ceux des femmes dans les domaines individuels, à l'exception du temps (49 % contre 54 %). On peut bien sûr se demander si les hommes sont par nature plus facilement satisfaits d'eux ou si l'explication tient à leur situation souvent dominante dans la société. Dans ce cas, il faudrait s'attendre à terme à un rééquilibrage, car ce monopole historique apparaît largement entamé... L'exception concernant le temps peut sembler paradoxale lorsqu'on sait que les femmes disposent quotidiennement de moins de temps libre que les hommes; mais il est vrai que leur espérance de vie est plus longue (voir Tableau 3, page 185).

---

[1] La Rochefoucauld était un grand seigneur et écrivain français du XVIIe siècle, connu surtout pour ses *Réflexions* et *Maximes*, qui illustrent une «thèse sur l'homme».
[2] Voltaire était un écrivain français du XVIIIe siècle dont l'œuvre est très vaste et très variée. Il était philosophe, poète, dramaturge, politicien, métaphysicien et critique.

Tableau 3: Satisfactions en tout genre											
«Pouvez-vous nous indiquer votre niveau de satisfaction dans les domaines suivants» (en %):											
THEME et CLASSEMENT (par ordre décroissant de satisfaction)	ENSEMBLE		PAR SEXE (satisfaits*)		PAR AGE (satisfaits*)						
	Satis-faits	Pas satis-faits	H	F	15-19 ans	20-24 ans	25-34 ans	35-49 ans	50-64 ans	65 ans et +
8 Votre apparence physique	76	23	85	68	79	82	80	76	74	71
7 Votre état de santé	78	21	83	74	86	90	88	81	74	58
10 Votre niveau d'instruction	66	32	69	64	76	77	69	64	59	65
12 Le temps dont vous disposez	53	46	49	56	58	47	41	39	63	75
1 Votre vie de famille	89	10	91	86	88	91	89	87	91	86
2 Votre logement	86	14	85	86	88	82	75	85	91	93
19 Le climat social actuel en France	13	87	14	12	23	15	11	12	13	9
20 La vie politique en France	7	92	6	7	14	9	3	7	7	5
17 L'évolution de la France ces dernières années	22	76	23	22	33	30	22	22	19	17
15 L'évolution de l'Europe ces dernières années	36	62	37	36	57	50	38	37	28	24
18 L'évolution du monde ces dernières années	18	78	19	17	34	27	17	18	13	10
11 Votre travail	63	20	68	59	65	70	67	66	65	49
14 Votre entreprise	42	25	49	36	35	45	54	51	38	24
13 Vos revenus	47	46	48	47	34	50	47	42	48	59
6 Votre vie sentimentale	81	15	86	76	63	86	84	86	83	73
9 Vos activités de loisirs en général	71	27	76	66	81	70	71	66	70	74
16 Les programmes de télévision	30	69	28	32	42	23	29	29	32	28
3 Votre vie sociale (amis, relations...)	86	13	86	86	88	93	86	84	84	87
5 Ce que vous avez réalisé jusqu'ici dans votre vie	82	17	84	79	77	87	83	82	83	79
4 Votre vie actuelle en général	85	15	87	83	80	93	84	86	85	82

* La proportion de non-satisfaits est très proche du complément à 100 de la proportion de satisfaits, le nombre de non-réponses étant très réduit.

Les écarts sont en revanche très faibles en ce qui concerne les indices collectifs. Les deux sexes se retrouvent sur un même malaise à l'égard du climat politique et social et l'évolution récente dans le monde. On notera cependant que les femmes sont un peu moins insatisfaites des programmes de télévision.

Tableau 4: Satisfactions et régions*

«Pouvez-vous nous indiquer votre niveau de satisfaction dans les domaines suivants» (proportion de satisfaits** par région, en %):

	Région parisienne	Est	Nord	Ouest	Centre-Ouest	Centre-Est	Sud-Est	Sud-Ouest
Votre apparence physique	75	75	80	79	70	77	77	73
Votre état de santé	76	83	80	82	76	75	80	75
Votre niveau d'instruction	71	75	64	65	60	62	66	64
Le temps dont vous disposez	50	54	52	58	51	49	56	51
Votre vie de famille	84	92	89	94	83	86	91	89
Votre logement	80	92	88	87	84	86	83	88
Le climat social actuel en France	11	16	19	16	3	10	13	12
La vie politique en France	8	9	10	8	0	5	4	6
L'évolution de la France ces dernières années	20	26	26	27	13	22	22	17
L'évolution de l'Europe ces dernières années	37	41	34	41	26	41	33	30
L'évolution du monde ces dernières années	15	23	19	19	18	17	18	18
Votre travail	59	63	59	67	61	65	62	72
Votre entreprise	39	41	37	44	38	49	43	44
Vos revenus	43	48	42	51	40	56	46	46
Votre vie sentimentale	77	85	85	83	78	81	76	82
Vos activités de loisirs en général	72	69	69	71	71	78	68	64
Les programmes de télévision	27	32	30	39	21	30	26	30
Votre vie sociale (amis, relations...)	88	83	88	89	87	85	86	81
Ce que vous avez réalisé jusqu'ici dans votre vie	80	86	83	84	74	85	78	80
Votre vie actuelle en général	81	91	81	90	77	87	81	86

* **Région parisienne**: Ile-de-France. **Est**: Alsace, Lorraine; Champagne-Ardenne. **Nord**: Nord-Pas-de-Calais; Picardie. **Ouest**: Haute-Normandie; Basse-Normandie; Bretagne; Pays de la Loire; Poitou-Charentes. **Centre-Ouest**: Centre; Limousin; Auvergne. **Centre-Est**: Bourgogne; Franche-Comté; Rhône-Alpes. **Sud-Est**: Provence-Alpes-Côte d'Azur; Languedoc-Roussillon. **Sud-Ouest:** Aquitaine; Midi-Pyrénées.

**La proportion de non-satisfaits est très proche du complément à 100 de la proportion de satisfaits, le nombre de non-réponses étant très réduit.

Tableau 5: Satisfactions et revenus

«Pouvez-vous nous indiquer votre niveau de satisfaction dans les domaines suivants» (proportion de satisfaits* par classe de revenus** du foyer, en %):

	Aisées	Moyennes supérieures	Moyennes inférieures	Modestes
Votre apparence physique	76	80	73	79
Votre état de santé	79	79	77	81
Votre niveau d'instruction	77	67	64	58
Le temps dont vous disposez	48	52	57	51
Votre vie de famille	84	91	88	90
Votre logement	87	88	85	81
Le climat social actuel en France	9	11	14	15
La vie politique en France	5	8	7	7
L'évolution de la France ces dernières années	20	23	22	23
L'évolution de l'Europe ces dernières années	42	41	33	32
L'évolution du monde ces dernières années	16	18	20	16
Votre travail	67	62	62	63
Votre entreprise	48	41	40	44
Vos revenus	65	51	42	32
Votre vie sentimentale	81	82	81	77
Vos activités de loisirs en général	76	73	70	62
Les programmes de télévision	26	26	33	36
Votre vie sociale (amis, relations...)	80	85	89	86
Ce que vous avez réalisé jusqu'ici dans votre vie	87	82	80	79
Votre vie actuelle en général	87	87	85	78

*La proportion de non-satisfaits est très proche du complément à 100 de la proportion de satisfaits, le nombre de non-réponses étant très réduit.

Définies en fonction du nombre de personnes au foyer (de une à neuf et plus). **Classe aisée: plus de 8 400 F par mois de revenu 1991 pour une personne; plus de 14 280 F pour deux personnes; plus de 22 680 F pour quatre personnes, etc. **Classe moyenne supérieure**: 5 101 à 8 400 F pour une personne; 8 671 à 14 280 F pour deux; 13 771 à 22 680 F pour quatre, etc. **Classe moyenne inférieure**: 2 701 à 5 100 F pour une personne; 4 591 à 8 670 F pour deux; 7 291 à 13 770 F pour quatre, etc. **Classe modeste**: moins de 2 700 F pour une personne; moins de 4 590 F pour deux; moins de 7 290 F pour quatre, etc.

L'âge entraîne une plus grande insatisfaction, particulièrement marquée dans les domaines collectifs.

La jeunesse n'est pas un gage absolu de bonheur. Certes, les moins de 40 ans sont un peu plus satisfaits de leur santé que les anciens. Mais 71 % des 65 ans et plus s'accommodent bien de leur apparence physique, contre 79 % des 15–19 ans. La jeunesse semble plus un facteur favorable en ce qui concerne l'instruction. Le climat social et politique ou l'évolution des pays du monde sont aussi jugés de plus en plus défavorable au fur et à mesure que l'on avance en âge, au contraire des revenus (beaucoup de retraités sont sans doute conscients des difficultés qui attendent leurs successeurs).

Les jugements portés ne varient pas tous de façon linéaire. Ainsi, les jeunes de 25 à 34 ans sont moins satisfaits de leur logement que les plus jeunes (dont beaucoup sont encore chez leurs parents) et les plus âgés, généralement plus stables sur le plan familial et financier. Le temps manque aussi davantage entre 35 et 49 ans, lorsque les soucis professionnels et familiaux tendent à réduire le temps de loisir.

Les niveaux de satisfaction varient largement selon la région d'habitation, avec un minimum dans le Centre-Ouest.

Les habitants de l'Est sont plus satisfaits que les autres de leur niveau d'instruction, ceux de l'Ouest sont plus à l'aise avec le temps dont ils disposent. On ne s'étonnera pas que la vie de famille ou le logement apparaissent moins satisfaisants en région parisienne, où les taux de divorce sont plus élevés qu'ailleurs, les logements plus chers et plus petits. L'explication ne tient pas pour les habitants du Centre-Ouest (Centre-Limousin-Auvergne), moins satisfaits de leur vie de famille. Elle est peut-être à rechercher dans la démographie, la vie économique ou tout simplement les mentalités. D'autant que ces régions sont aussi plus mécontentes du climat social, de l'évolution de la France et de l'Europe, des programmes de télévision ou même des réalisations personnelles et de la vie en général (voir Tableau 4, page 186).

Plus le niveau de revenu est élevé et plus on est satisfait.

Il semble bien que l'argent contribue largement au bonheur dans certains domaines. Si l'on établit une classification en quatre classes progressives de revenus, de «modeste» à «aisée», on observe en effet que le taux de satisfaction est fortement corrélé à la hiérarchie des revenus en ce qui concerne le niveau d'instruction, le logement, les loisirs, les choses réalisées dans la vie et la vie en général, sans oublier bien sûr le revenu lui-même. Pourtant, les jugements portés sur le travail et l'entreprise sont à peine plus favorables chez les personnes aisées.

On observe curieusement le phénomène inverse en ce qui concerne l'évolution de l'Europe, jugée moins sévèrement par les personnes aux revenus modestes (à l'exception très nette des agriculteurs). C'est le cas aussi pour les programmes de télévision. On note enfin que les personnes aisées sont un peu moins satisfaites de leur vie sociale que l'ensemble des autres (voir Tableau 5, page 187).

Les Français sont assez confiants dans leur propre avenir, mais très peu dans celui du monde.

On retrouve les mêmes écarts que précédemment en ce qui concerne l'optimisme des Français à l'égard de l'avenir. On ne peut d'ailleurs parler d'optimisme qu'à propos de l'avenir personnel (68 %), alors qu'un fort pessimisme domine lorsqu'il s'agit de l'avenir du monde (19 %), de la France (28 %) et de l'Europe (34 %). La question qui se pose est évidemment de savoir si ces deux sentiments opposés peuvent être longtemps compatibles; l'influence de l'environnement, au sens le plus global du terme, ne saurait être durablement faible dans une société devenue planétaire. L'optimisme individuel pourrait alors s'en ressentir (voir Tableau 6, ci-dessous).

Tableau 6: Optimisme individuel et pessimisme collectif

«Pour les dix prochaines années, êtes-vous optimiste en ce qui concerne...» (selon différents critères, en %):

	ENSEMBLE		PAR SEXE (optimistes*)		PAR AGE (optimistes*)					
	Opti-mistes	Pessi-mistes	H	F	15-19 ans	20-24 ans	25-34 ans	35-49 ans	50-64 ans	65 ans et +
Votre avenir personnel	68	31	70	67	71	91	77	70	62	49
L'avenir de la France	29	70	31	26	33	35	28	29	27	24
L'avenir de l'Europe	34	64	38	31	46	44	34	42	24	24
L'avenir du monde	20	78	19	21	27	25	21	22	16	12

Par région (voir définition des régions dans le tableau *Satisfactions et régions*, page 186):

	Region pari-sienne	Est	Nord	Ouest	Centre-Ouest	Centre-Est	Sud-Est	Sud-Ouest
Votre avenir personnel	69	73	70	73	59	68	62	67
L'avenir de la France	27	29	29	31	19	34	27	27
L'avenir de l'Europe	35	37	36	38	23	38	33	27
L'avenir du monde	19	23	16	22	16	20	22	18

Par classe de revenus (voir définition des classes dans le tableau *Satisfactions et revenus*):

	Aisées	Moyennes supérieures	Moyennes inférieures	Modestes
Votre avenir personnel	72	74	65	58
L'avenir de la France	31	31	27	27
L'avenir de l'Europe	36	42	30	29
L'avenir du monde	15	22	20	21

* La proportion de pessimistes est très proche du complément à 100 de la proportion d'optimistes, le nombre de non-réponses étant très réduit.

Dans ce domaine aussi, les hommes se montrent un peu plus optimistes que les femmes, surtout à propos de l'avenir de la France et de l'Europe. L'écart est de sens contraire, mais de faible amplitude, en ce qui concerne l'avenir du monde.

Les jeunes de 15 à 19 ans sont plus réservés que les 20–34 ans sur leur avenir personnel, mais le taux baisse fortement et régulièrement à partir de 20 ans, passant de 91 % à 49 %. Les plus âgés sont aussi les plus pessimistes en ce qui concerne l'avenir de la France, de l'Europe et surtout du monde. Les habitants du Centre-Ouest sont ici encore les plus pessimistes, pour tous les échelons géographiques proposés.

Enfin, les personnes appartenant aux catégories aisées sont plus optimistes que les autres quant à leur avenir personnel. Elles le sont aussi, à un moindre degré, pour l'avenir de la France et de l'Europe, mais elles le sont moins pour celui du monde.

APPARTENANCE

La construction européenne, l'évolution géopolitique du monde, la nature planétaire des problèmes qui se posent à l'humanité (démographie, sida, environnement, pauvreté...) sont des données récentes et fortement médiatisées qui sont susceptibles d'influer sur la place de la France dans le monde et l'état d'esprit des Français. Elles peuvent, comme dans d'autres pays proches, entraîner des réactions de repli (sur la nation ou la région) ou au contraire d'ouverture. Il était donc intéressant de mesurer la hiérarchie existant entre les quatre niveaux possibles d'appartenance géographique. Les résultats de l'enquête sont riches d'enseignement.

Les Français appartiennent d'abord à leur région, puis à la France et au monde. L'Europe arrive en dernière position.

Si les Français sont majoritairement favorables à la poursuite, voire à l'accélération de la construction européenne, ils sont encore très peu nombreux à se considérer comme des citoyens européens, moins en tout cas que des citoyens du monde (voir Tableau 7, page 191).

Ce résultat, qui surprendra sans doute, peut s'expliquer par le fait que l'Europe tient peu de place dans la vie quotidienne des Français. Leur vie professionnelle est plus directement influencée par la concurrence japonaise ou américaine que par celle de l'Espagne ou des Pays-Bas. Dans leur vie personnelle ou familiale, la présence de l'Europe n'est pas non plus très sensible: les programmes de télévision sont bien davantage imprégnés de culture américaine que d'une culture européenne qui reste à définir; les Français ne profitent guère de leurs vacances pour découvrir les pays voisins, surtout ceux du nord de la Communauté. Enfin, les hommes politiques, par leurs divisions et leur attitude souvent frileuse, n'ont pas réussi à transmettre un véritable enthousiasme européen. Les Français, qui n'aiment guère l'incertitude et redoutent la bureaucratie, n'ont pas vibré à la perspective de la mise en place du Marché unique, encore moins à la lecture du traité de Maastricht.

Tableau 7: L'Europe à la traîne

«Avez-vous le sentiment d'appartenir d'abord...» (en %):

	EN-SEMBLE	PAR SEXE		PAR AGE					
		H	F	15-19 ans	20-24 ans	25-34 ans	35-49 ans	50-64 ans	65 ans et +
A votre région ou pays d'origine	24	23	25	20	30	27	25	22	20
A votre région actuelle	23	23	23	18	21	23	26	22	26
A la France	37	37	36	32	32	31	35	42	45
A l'Europe	5	6	4	10	4	5	4	6	5
Au monde	9	8	10	18	13	13	8	6	2

	Région parisienne	Est	Nord	Ouest	Centre-Ouest	Centre-Est	Sud-Est	Sud-Ouest
A votre région ou pays d'origine	15	30	24	30	18	31	25	19
A votre région actuelle	17	29	27	19	32	24	24	27
A la France	44	31	33	38	38	30	32	42
A l'Europe	9	5	6	3	5	6	6	2
Au monde	14	4	7	8	5	8	12	11

Voir définitions des régions dans le tableau *Satisfactions et régions*.

	Aisées	Moyennes supérieures	Moyennes inférieures	Modestes
A votre région ou pays d'origine	16	24	26	28
A votre région actuelle	21	21	27	22
A la France	42	40	34	32
A l'Europe	9	5	3	9
Au monde	11	9	9	8

Voir définitions des classes de revenus dans le tableau *Satisfactions et revenus*.

N.B. Les totaux par colonne sont un peu inférieurs à 100, du fait des non-réponses.

La préférence régionale reste en tout cas très nette, puisqu'elle totalise 47 % des réponses, réparties à égalité entre la région (ou pays) d'origine et la région actuelle. L'appartenance nationale concerne un peu plus d'un Français sur trois (37 %).

Les jeunes sont un peu plus attachés à l'Europe et surtout au monde que les plus âgés.

Les hommes et les femmes établissent une hiérarchie d'appartenance très semblable. Il n'en est pas de même selon l'âge. Plus on est jeune et plus on est attaché à l'Europe et surtout au monde, bien que l'attachement à la région, puis à la France, reste majoritaire. On note un basculement important à partir de 20 ans en faveur de la région (ou du pays) dont on est originaire; il peut s'expliquer par le fait que c'est souvent l'époque où on la quitte.

On observe aussi que les habitants de l'Est et du Centre-Est sont le plus «régionalistes», au contraire de ceux de la région parisienne et, dans une moindre mesure, du Sud-Ouest qui sont plus attachés à la France. L'attachement européen est particulièrement faible dans le Sud-Ouest et l'Ouest qui comptent, avec la région parisienne, le plus de «mondialistes».

Le niveau de revenu engendre assez peu de différences significatives. On observe toutefois que les catégories aisées sont plus nationalistes que les plus modestes, lesquelles sont plus proches de la région. L'examen des catégories socioprofessionnelles montre un moindre intérêt des cadres et professions intermédiaires pour la région.

Extraits de *Francoscopie 1993*, pages 12–19.

VERIFICATION

Indiquez si les phrases suivantes sont vraies (**V**) ou fausses (**F**).

___ 1. La majorité des Français sont satisfaits de leur vie de famille.

___ 2. En général, les Français sont satisfaits des programmes de télévision.

___ 3. La vie politique en France est une grande source de satisfaction pour les Français.

___ 4. Malheureusement, la plupart des Français ne sont pas satisfaits de leur apparence physique.

___ 5. La vie sociale (amis, relations...) est une source de grande satisfaction pour un grand nombre de Français.

A VOTRE AVIS

Répondez aux questions suivantes en justifiant vos réponses.

1. Pour quelles raisons les hommes se déclarent-ils presque toujours plus satisfaits que les femmes?

2. Est-ce que la thèse de la Rochefoucauld sur l'homme, citée au début du texte, est optimiste ou pessimiste? et celle de Voltaire?

3. Pourquoi les Français sont-ils assez confiants dans leur propre avenir, mais très peu dans celui du monde? Y a-t-il une contradiction innée dans cette opinion? Jusqu'à quel point est-ce que notre avenir est lié à celui du reste de l'humanité?

4. «Les Français appartiennent d'abord à leur région, puis à la France et au monde. L'Europe arrive en dernière position.» Tandis qu'il y a une certaine logique dans cette phrase (des rapports plus proches à ceux qui sont plus lointains), le rang de l'Europe en dernière position ne suit pas cette logique. Comment pourriez-vous expliquer cette alliance avec la nation et le monde avant le continent?

5. Comment se fait-il que les jeunes soient plus «attachés à l'Europe» que les plus âgés?

REGARDER DE PRES

LA REVISION DU STYLE

«Trop confus», «maladroit», «trop lourd», «négligé», «pas assez soutenu», «plat», etc., ces annotations reviennent souvent à la charge dans les marges de vos devoirs, et vous ne savez pas comment combattre cet ennemi diffus. Et d'abord, pourquoi ces remarques?

De la nécessité d'avoir du style

Par vos devoirs écrits, vous transmettez vos réflexions à une autre personne. Pour les apprécier, celle-ci doit pouvoir saisir clairement vos idées. Même si «vous comprenez», elle peut être découragée par un texte trop confus. Il est donc indispensable d'avoir un style clair et aisé pour que les nuances de votre argumentation soient bien mises en évidence.

Avant d'écrire

«Ce que l'on conçoit bien s'énonce clairement.» Il est indispensable d'avoir des idées nettes sur ce qu'on va écrire avant de commencer à rédiger.

«trop confus»: mettez de l'ordre dans la phrase

Vous avez écrit au fil de votre plume, vous vous êtes interrompu(e) pour chercher un mot et les compléments d'une proposition sont devenus les sujets d'une autre proposition sans qu'il y ait de mot coordonnant ou subordonnant... une autre phrase peut être correcte, mais dire néanmoins le contraire de ce que vous voulez dire...

Pour éviter ces confusions et ces ambiguïtés, retrouvez chaque verbe et assurez-vous de son sujet. L'ordre des mots le plus simple est bien souvent le meilleur. Un mot placé à un mauvais endroit peut modifier le sens de la phrase.

«trop de maladresses»: vérifiez la construction et la place des mots

- Soyez sûr(e) de la construction des mots et n'hésitez pas à consulter fréquemment un dictionnaire.

- Vérifiez que les pronoms renvoient bien à un nom et que leur genre et leur nombre correspondent à ce nom.

- Les termes collectifs sont souvent repris par un nom singulier: **la foule**, etc.

- Ne confondez pas **que**, **dont**, **auquel**, etc. Dressez une liste de vos erreurs les plus fréquentes.

«trop lourd»: allégez la phrase

- Les subordonnées se sont enchaînées et vous avez perdu le fil des pensées. Quand les **qui** et les **que** se multiplient, faites l'analyse de votre phrase pour retrouver le verbe principal.

- Ne dépassez pas deux subordonnées par phrase. Une subordonnée peut d'ailleurs souvent être remplacée par un groupe nominal, un gérondif, un participe passé ou une proposition infinitive.

Traquez les répétitions

Pour les termes qui reviennent souvent dans les essais, constituez des listes de synonymes.

«trop négligé»: attention aux oublis

- Ce qui peut passer à l'oral doit être banni à l'écrit.

- Une négation comporte toujours deux membres.

- Les abréviations indispensables pour des notes sont à proscrire formellement dans les devoirs.

«trop plat»: acquérez de l'aisance, enrichissez votre vocabulaire

La simplicité est une qualité, la simplification un défaut. Des phrases trop plates, construites sur le même modèle («l'auteur dit que... puis, il dit que...») sont à éviter.

Après la rédaction

- Prenez le temps de vous éloigner de vos arguments pour relire le style de votre devoir. Il n'est pas déshonnorant de s'assurer que chaque proposition a un sujet et un verbe en soulignant ceux-ci au crayon (pour pouvoir l'effacer après) et en séparant les propositions par des barres verticales. Les plus grosses incohérences seront ainsi évitées.

- D'après les remarques de vos professeurs, établissez une liste de vos points faibles et attachez-vous à les dépister systématiquement dans vos écrits.

APPLICATION

Relisez votre dernier devoir écrit et révisez-le en suivant les conseils au sujet du style. Notez au moins trois points auxquels vous devriez faire particulièrement attention.

DISCUSSION

Chaque étudiant(e), à tour de rôle, énonce tout haut un des vingt domaines représentés dans le sondage suivant. Pour chaque énoncé les étudiants de la classe indiquent leur réponse en levant la main. Comptez le nombre de personnes satisfaites aussi bien que le nombre de participants de chaque sexe. Calculez les résultats et inscrivez les chiffres dans les colonnes appropriées. Comparez vos résultats avec ceux de l'enquête des Français.

«Pouvez-vous nous indiquer votre niveau de satisfaction dans les domaines suivants» (en %):

THEME et CLASSEMENT (par ordre décroissant de satisfaction)	ENSEMBLE		PAR SEXE (satisfaits)		Personnelle-ment, je suis... satisfait(e)/ pas satisfait(e)
	Satis-faits	Pas satis-faits	H	F	
Votre apparence physique					
Votre état de santé					
Votre niveau d'instruction					
Le temps dont vous disposez					
Votre vie de famille					
Votre logement					
Le climat social actuel aux Etats-Unis					
La vie politique aux Etats-Unis					
L'évolution des Etats-Unis ces dernières années					
L'évolution de l'Europe ces dernières années					
L'évolution du monde ces dernières années					
Votre travail					
Votre entreprise					
Vos revenus					
Votre vie sentimentale					
Vos activités de loisirs en général					
Les programmes de télévision					
Votre vie sociale (amis, relations...)					
Ce que vous avez réalisé jusqu'ici dans votre vie					
Votre vie actuelle en général					

EXPANSION

Etes-vous d'accord que la notion de bonheur est «relative et subjective»? Pourquoi ou pourquoi pas?

«On n'est jamais si malheureux qu'on croit, ni si heureux qu'on avait espéré.» Etes-vous d'accord avec cette citation de La Rochefoucauld? Pourquoi ou pourquoi pas?

❦ ❦ ❦ ❦ ❦ ❦ ❦ ❦

Fin de siècle: quelques grandes tendances de la société française

1. LE TEMPS PARTAGE

Depuis le début du siècle, l'espérance de vie moyenne à la naissance s'est allongée de 26 ans. Parallèlement, la durée du travail a diminué de façon spectaculaire (8 ans seulement sur une vie d'homme moyenne de 73 ans) au profit du temps libre (21 ans). De sorte que les Français passent au cours de leur vie plus de temps devant la télévision qu'au travail ou, pour les jeunes, qu'à l'école. L'évolution technologique a par ailleurs transformé le rapport au temps, et par voie de conséquence à l'espace. Le «temps réel» a supprimé la durée et conféré à l'homme le don d'ubiquité (voir *La société du zapping* à la page 197).

L'emploi du temps traditionnel de la vie (un temps pour apprendre, un pour travailler, un pour se reposer) ne correspond plus ni aux souhaits des individus ni aux nécessités économiques. Le temps futur devra donc être partagé, tant au niveau de la vie personnelle que de la vie collective. Il est intéressant à cet égard de constater le succès récent de la propriété à temps partagé (acquisition de périodes dans des résidences de vacances pouvant être échangées dans le temps et dans l'espace) qui succède à la multipropriété, invention française du début des années 60.

Le temps partagé annonce plus largement le temps du partage. Il ne concernera plus seulement le loisir, mais aussi le travail. Cette révolution du temps est l'un des fondements de la nouvelle civilisation à venir.

2. LE NOUVEAU MONDE

La rupture récente et brutale des anciens équilibres politiques, démographiques, économiques, culturels a donné aux Français une vision plus précise du monde, mais aussi plus inquiète. L'Europe a une géométrie et un avenir variables en fonction de l'actualité internationale. Les bouleversements dans les pays de l'Est et dans l'ex-URSS ont ainsi provoqué la découverte d'une autre Europe, oubliée depuis quarante ans. Le Marché unique de 1993 et le traité de Maastricht ont donné à la Communauté un cadre plus juridique que romantique. Dans un monde plein de menaces, elle n'apparaît pas encore comme un modèle, alors que le Japon, la Suède ou même l'Amérique ne le sont plus.

La conséquence est que seuls 5% des Français ressentent aujourd'hui une appartenance d'abord européenne (47% à la région, 37% à la France et 9% au monde). Pourtant, ce que l'on prend pour une peur de l'Europe n'est en fait qu'une peur de la France, un doute quant à sa capacité à trouver ou maintenir sa place dans le monde à venir.

3. LA SOCIETE HORIZONTALE

Après avoir été hiérarchiques, donc verticales, les structures des entreprises, de l'Etat ou de la famille tendent à devenir horizontales. L'entreprise fait davantage participer ses employés, les laboratoires de recherche créent des équipes pluridisciplinaires, l'Etat décentralise, la famille donne à la femme et aux enfants une plus large autonomie.

Mais c'est dans le domaine de la communication que l'évolution est la plus sensible, grâce au développement des *réseaux*. Par l'intermédiaire du téléphone, des ordinateurs, du Minitel ou du fax, reliés entre eux et aux banques de données, l'information circule entre les individus sans respecter une quelconque hiérarchie. Ce «maillage» transversal abolit les barrières de classe sociale, d'âge, de distance, de nationalité. Il répond à la fois aux souhaits des individus et à un souci général d'efficacité. Le succès des pin's ou celui des associations (surtout à vocation de défense) illustre cette volonté de se regrouper par affinité ou par intérêt. Ces réseaux modernes remplacent la religion, dont la vocation est (étymologiquement) de *relier* les gens.

4. LA SOCIETE DU ZAPPING

La télécommande est l'object-symbole de cette fin de siècle. Avec le magnétoscope, elle a donné aux téléspectateurs un pouvoir sur les images, juste contrepoids à celui qu'elles exercent sur eux. Mais le phénomène du *zapping* ne concerne pas que la télévision. Il s'applique aussi à la consommation; les Français sont de plus en plus nombreux à «zapper» d'un produit à un autre, d'un magasin à un autre, d'un comportement d'achat à un autre (cher/bon marché, luxe/bas de gamme, rationnel/irrationnel, boutique spécialisée/hypermarché...).

Les Français zappent aussi au cours de leur vie professionnelle, occupant des emplois successifs au gré des opportunités ou des obligations. Ils zappent dans leur vie affective et sociale, changeant d'amis, de relations, de partenaires ou d'époux en fonction des circonstances.

Ces nouveaux comportements sont motivés à la fois par la multiplication des choix et l'instabilité caractéristique de l'époque. Ils pourraient demain s'appliquer aux choix politiques et aux systèmes de valeurs, rendant la société française encore plus imprévisible et, sans doute, encore plus vulnérable.

TELECOMMANDE ET CIVILISATION

La télécommande est beaucoup plus qu'un simple gadget électronique. Le zapping qu'elle autorise résume à lui seul l'évolution récente des mœurs et des comportements; on peut même penser (et, sans doute, craindre) qu'il préfigure la transformation prochaine de la civilisation.

Le zapping offre en effet, sans qu'on en soit vraiment conscient, la possibilité si longtemps rêvée de l'*ubiquité*. Grâce à la petite boîte noire, chacun peut successivement et alternativement être ici et ailleurs. C'est-à-dire partout à la fois, puisque le «transport» se fait à la vitesse de la lumière et n'a donc pas de durée perceptible. L'*instantanéité* ou «temps réel» est la condition temporelle de l'ubiquité, véritable voyage dans l'espace sans déplacement.

Le zappeur se trouve donc investi d'un *pouvoir* considérable, celui de choisir les images ou les sons qui lui parviennent, donc d'avoir indirectement un droit de vie et de mort sur ceux qui en sont les producteurs ou les diffuseurs.

Un autre aspect essentiel de cette révolution à la fois technologique et sociologique est l'*immobilité* qu'elle autorise; un seul mouvement du doigt (demain un mot ou, pourquoi pas, une pensée) et le téléviseur change de chaîne. On atteindrait alors un point limite qui peut être interprété, selon qu'on est optimiste ou pessimiste, comme le confort suprême (le degré zéro de la fatigue) ou la mort de l'humanité. Le fait qu'il existe une corrélation entre le mouvement et l'activité, tant physique que cérébrale, tendrait à accréditer la seconde idée...

Enfin, il est intéressant de constater que l'usage de ce nouveau pouvoir introduit une *discontinuité* dans les comportements. Le téléspectateur zappeur ne suit plus une émission en totalité; il en regarde plusieurs en fonctionnant comme les ordinateurs multitâches en «temps partagé». Il collectionne, additionne des moments de chacune d'elles pris plus ou moins au hasard et reconstitue dans son cerveau ceux qui manquent. Il en résulte une vision «pointilliste» du monde, faite d'images vues et d'autres inventées ou recréées.

Cette façon de «voir» présente sans doute l'avantage de favoriser une certaine activité intellectuelle. Mais elle privilégie la superficialité au détriment de la profondeur, privilégie la connaissance fragmentaire par rapport à la compréhension globale.

La pratique télévisuelle du zapping implique une culture-mosaïque, constituée de petites touches éparses et floues, non reliées entre elles. Sa pratique généralisée dans les divers domaines de la vie risque de transformer les individus en multispécialistes incompétents et incapables de se situer dans leur environnement. Donc frustrés et malheureux.

5. LA VIE VIRTUELLE

Chaque jour, les Français sont exposés pendant six heures aux médias (dont 2h30 d'attention exclusive), soit une heure de plus en six ans (1985–1991). Les enfants lisent deux fois moins de journaux qu'en 1975; même la lecture des bandes dessinées a chuté au profit de l'audiovisuel (télévision, jeux vidéo). La médiatisation croissante des produits, entreprises, institutions, idées et personnages publics fait que l'image tient aujourd'hui lieu de réalité. Avec le développement des images de synthèse et l'avènement de la «réalité virtuelle», le monde s'est dématérialisé et la réalité est de plus en plus souvent «rêvée». Le foyer devient une sorte de bulle stérile peuplée de «produits de distanciation» (télévision, téléphone, Minitel, ordinateur, fax...) qui permettent à chacun d'être relié au monde extérieur sans être en contact direct avec lui.

Le mythe du «voyage» se développe; on y accède non seulement par les transports mais aussi par la drogue, les médias ou le jeu. Les loisirs qui se développent le plus (audiovisuel, jeux vidéo, parcs de loisirs, clubs de vacances...) cherchent d'ailleurs moins à simuler la réalité qu'à la transcender.

A défaut d'être à l'aise dans la «vraie» vie, les Français préfèrent la rêver. Beaucoup vivent leurs passions et une partie croissante de leur vie par procuration, confortablement installés devant leur poste de télévision.

Extraits de *Francoscopie 1993*, pages 29–34.

VERIFICATION

En deux à trois phrases, résumez chacune des cinq grandes tendances de la société française.

1. Le temps partagé

2. Le nouveau monde

3. La société horizontale

4. La société du zapping

5. La vie virtuelle

A VOTRE AVIS

1. Quelles sont vos inquiétudes à l'égard des bouleversements politiques et économiques des années récentes? Quels autres changements dans le domaine politique envisagez-vous dans les prochaines années?

2. Que pensez-vous de la pratique télévisuelle du zapping et de ses implications sur la société en général? Croyez-vous que le zapping nous mène à la transformation des «individus en multispécialistes incompétents et incapables de se situer dans leur environnement»?

3. Quelles grandes tendances de la société américaine ou canadienne pouvez-vous identifier? Notez au moins trois tendances.

STRATEGIES POUR S'EXPRIMER

COMMENT OPPOSER OU DEFENDRE L'OPINION D'AUTRUI

Etape 1: Choisissez la thèse que vous voulez réfuter ou défendre.

1. Justifiez la thèse initiale.

Etape 2: Etablissez votre position personnelle.

1. «Je ne suis pas du tout d'accord!»

    a. Critiquez abondamment la thèse initiale.

2. «Je suis à peu près d'accord.»

    a. La défendre: présentez les objections que les adversaires de cette thèse pourraient émettre, leur répondre.

3. «Ce n'est pas entièrement faux mais c'est simpliste.»

    a. Critiquez la thèse initiale (l'antithèse).

Etape 3: Présentez votre conclusion.

1. Si vous n'êtes pas d'accord...

    a. présentez une critique plus constructive.

2. Si vous êtes d'accord...

    a. nuancez, approfondissez la thèse initiale.

3. Si vous êtes compatissant(e) (mais pas tout à fait)...

    a. dépassez ces contradictions afin de ne pas rester enfermé(e) dans une opposition simpliste: tenez compte de ce qui reste valable dans la thèse et dans l'antithèse et tentez de concilier ces éléments.

APPLICATION

Présentez votre réaction (opposition, défense) à l'une des citations suivantes. Suivez l'organisation suggérée.

1. «Le zapping préfigure la transformation prochaine de la civilisation.»

2. «La pratique du zapping implique une culture-mosaïque, constituée de petites touches éparses et floues, non reliées entre elles.»

3. «A défaut d'être à l'aise dans la "vraie" vie, les gens préfèrent la rêver.»

DISCUSSION

1. Qu'est-ce que c'est que «la société horizontale»? Qu'est-ce qui contribue à l'établissement de cette «société»? Croyez-vous que ce développement soit bon? Pourquoi ou pourquoi pas?

2. Quel est ce mythe du «voyage»? Croyez-vous que nous ayons tendance à vivre dans nos rêves? Pourquoi est-ce qu'il est quelquefois difficile de faire face à la réalité? Peut-on rester optimiste en face de la réalité aujourd'hui? Comment?

EXPANSION

Regardons de près l'emploi du temps traditionnel de la vie: «un temps pour apprendre, un temps pour travailler, un temps pour se reposer». Si cet emploi du temps ne correspond plus aux besoins ou désirs de la société et des individus, quel emploi du temps devra le remplacer? L'espérance de vie est plus longue aujourd'hui qu'auparavant et nous jouissons de vingt et un ans de plus de temps libre qu'autrefois. Proposez un plan pour un nouvel emploi du temps qui remplacerait l'ancien.

CHAPITRE 10

REGARD SUR L'ACTUALITE AFRICAINE

Le but de ce chapitre est d'explorer les divers aspects de la question: «Que veut dire être Africain(e) aujourd'hui?». Comment les Africains voient-ils l'avenir de leur continent? Au-delà des grands problèmes économiques, politiques, de santé, etc., qui se posent, comment l'Afrique de demain se définit-elle?

Ce chapitre est une excellente occasion de souligner les usages des stratégies et techniques linguistiques étudiées dans les chapitres précédents. Les textes serviront de point de départ pour les activités orales et la pratique de l'écriture.

❧ ❧ ❧ ❧ ❧ ❧ ❧ ❧ ❧ ❧ ❧

Etre Africain aujourd'hui: Partie I

Peut-on parler de valeurs africaines? Nous vous livrons ici un panorama de la conscience africaine au début de la dernière décennie avant l'an 2000. Puissiez-vous trouver dans ces pages matière à alimenter la réflexion individuelle et collective qui s'impose sur la place et le rôle des Africains dans un monde en mutation?

Etre Africain, comment s'en cacher, est principalement une douleur dans le monde d'aujourd'hui. Rien ne nous sourit. L'économie, la santé, l'éducation, l'acculturation, la politique, les routes, les pluies, le désert, l'apartheid, les guerres... Et les autres, ceux d'Europe et d'Amérique; quand ils ne nous ignorent pas, ils pratiquent un mépris dévastateur, paient peu notre travail et nous en rendent responsables. Noir, c'est noir.

Et après? La liste des maux est longue, mais elle ne suffit pas, malgré le doute qui s'installe et nous ronge, à épuiser qui nous sommes. En dépit de cette image apocalyptique, on sait que l'Africain ne se réduit pas à un PNB[1] ni à un taux: taux d'endettement, de mortalité, de scolarisation infantile, de pluviométrie, de natalité, d'analphabétisme.

Derrière le désespoir pointe, avec force, la volonté de vaincre, de renouer après une phase éphémère avec l'Afrique, mère de l'humanité et, à ce titre, la première du rang. L'indestructible. L'afropessimisme, cancer des autres, gagne aussi nos esprits. Mais on se soigne. Les réflexions publiées ici en témoignent.

Critiques et auto-critiques, sarcastiques ou empreints de tristesse, leurs auteurs visent tous le même but: retrouver le moteur vivant au fond d'une carosserie amochée, le souffle vital qui, même dans le marasme,[2] caractérise ces hommes et femmes issus d'Afrique.

L'AFRICAIN PEUT-IL FONDER SES ESPOIRS SUR SON PASSE?

Emmanuel Mvé, historien, sociologue, chargé de mission dans un organisme français de formation et de recherche pédagogique. Né au Cameroun, il vit à Nantes.

Un soir, dans un bar de Lyon, je me suis retourné sur un jeune homme dans la pénombre. Il parlait à quelqu'un depuis un quart d'heure et ses mots me parvenaient, indistincts et subversifs, comme les effluves d'un parfum d'exotisme. Il était blanc, blond comme la Beauce au mois de juillet et ses yeux rappelaient l'Atlantique au printemps. Je me suis senti bête et j'ai bredouillé: «Excusez-moi, Monsieur, je vous avais pris pour un Africain...» Alors, il s'est rengorgé et il a annoncé fièrement: «Je suis camerounais de Yaoundé!» Je ne l'ai plus jamais revu, mais j'espère qu'il lira ces lignes: être africain, c'est une manière de parler, c'est-à-dire de raconter et de chanter le monde.

Auparavant, dans un club de Liverpool, je m'étais posé des questions. C'était un soir où je «draguais» sec. J'assurais, quoi! Et ma victime, une Anglaise un peu minette sur les bords, m'a dit: «I wonder how you'd be if you were white.» Eh oui, elle avait dans sa tête un type d'homme et elle se demandait comment j'aurais été si j'avais été blanc. J'espère qu'elle a compris: être africain, c'est être unique et, heureusement, remplaçable. Plus tard, avec la même copine anglaise ou une autre, je ne sais plus, nous nous sommes retrouvés à Hyde Park à Londres. Nous étions en août 1976 et il faisait très chaud. Un jeune orateur ougandais, juché sur une caisse de bière, prenait bruyamment la défense d'Amin Dada[3] devant des Britanniques éberlués. Il déclamait un plaidoyer en rupture. Etre africain, c'est une manière d'expliquer le monde. C'est entrer dans une logique où la logique des autres n'opère plus.

---

[1] **PNB**: Produit national brut   [2] **le marasme**: accablement, dépression   [3] Idi Amin Dada est l'ancien président de l'Uganda (1971–1979)

Aujourd'hui, quand j'écoute Manu Dibango,[4] je me tais. Les notes meublent le silence comme un tapis sonore. Le rythme n'a rien de frénétique, mais la musique balance comme une pirogue sur la lagune. Comment expliquer ce charisme bizarre qui sourd d'un saxophone devenu objet d'envoûtement? Etre africain, c'est entendre le silence du monde, c'est proposer un certain ordre face au chaos de l'univers.

ENTENDRE LE SILENCE DU MONDE

Et comment se sent-on quand un Kényan gagne le marathon de Boston, quand, même à travers la télévision, on perçoit cette odeur âcre de sueur et de terre? Que fait-on devant le regard éperdu de ces êtres qui gagnent tout parce qu'ils n'ont rien à perdre? On rit en pleurant parce qu'on appartient à ce peuple qui peine et souffre depuis la Préhistoire. Etre africain, c'est pouvoir regarder le monde en face, car l'Afrique n'a jamais fait de mal à personne.

Ces quelques affirmations apologétiques, incantatoires, pourraient émouvoir les lyriques, mais suffisent-elles à expliquer la différence africaine? Certes, non. Il devient alors indispensable de faire intervenir, dans la controverse intellectuelle, une grille plus... méthodologique. Je songe notamment à la typologie des déterminants socioculturels de Fernand Braudel.[5] D'après le grand homme, nous serions modelés par trois types de déterminants: les déterminants infrastructurels, les déterminants mésostructurels et les déterminants de projection.

Les déterminants infrastructurels nous renvoient à jamais à la géographie physique de notre milieu originel. Il s'agit d'un relief, d'un climat, d'une faune, d'une flore... Dans le désert et la savane, l'œil est hautain parce qu'il domine le paysage; le regard est prévisionnel parce qu'il voit venir. En forêt et en mer, l'attitude est faussement humble parce qu'elle est tactique: on vit au contact de forces inattendues, mystérieuses et écrasantes. En montagne, l'approche est stratégique parce qu'il faut sans cesse contourner des obstacles...

Les déterminants mésostructurels représentent le cumul des stratagèmes mis en place par nos ancêtres pour accommoder la nature et s'y adapter. C'est le système socio-économique. Allez donc trouver une épicerie fixe chez les Tuareg![6] Et pourquoi ne rencontre-t-on jamais de caravane de dromadaires au Gabon? Les déterminants de projection sont ceux que nous mettons en place pour assurer à la communauté un devenir regardé comme optimal: les codes, les valeurs, l'éducation...

Ce sont ceux qui mobilisent le plus d'énergie parce que leur installation, obtenue après analyse et interprétation des deux premiers, procède d'une dynamique dialectique. Pourquoi irait-on créer une caste de bûcherons dans le Tibesti?[7] Peut-on rendre la natation obligatoire à Bamako?[8]

---

[4] Manu Dibango est un musicien camerounais très populaire.   [5] Fernand Braudel fut un historien français (1902–1985) qui s'intéressa, entre autres, à l'identité de la France. [6] Les Tuaregs (ou Touaregs) sont un peuple nomade musulman. Ils vivent dans les régions ouest et centrale du Sahara près du fleuve Niger.   [7] Tibesti est un massif du Sahara formé de deux chaînes volcaniques.   [8] Bamako est la capitale et la plus grande ville du Mali, un pays sans accès à la mer.

Ainsi, récemment, au cours d'un bien ésotérique débat sur les écarts culturels spécifiques vis-à-vis des structures logico-mathématiques considérées comme transverses, je me suis violemment opposé à un collègue, sympathique au demeurant. Celui-ci se demandait à haute voix pourquoi les Africains maîtrisaient si mal la vision projective dans l'espace et d'autres prérequis au dessin technique. Je lui ai répondu que, sur un continent de dix habitants en moyenne au kilomètre carré, on n'avait guère besoin de symboliser l'espace puisqu'on disposait de l'espace réel nécessaire à l'expression d'hypothèses graphiques.

En argument de diversion, j'ai fait remarquer que les petits Africains, statistiquement, présentaient d'extraordinaires dispositions pour le calcul algébrique, car, là, on nomme l'inconnue, on déroule tout l'algorithme des opérations et l'on trouve la valeur de cette inconnue. Ce qui suggère, si besoin est, la chose suivante: quand une question est bien posée, la réponse existe toujours à l'intérieur même de la question. En revanche, un problème sans solution n'est pas un problème et ne mérite donc pas qu'on s'y attarde.

Quand donc l'Africain reconnaît publiquement qu'il existe des problèmes africains, c'est qu'il sait par intuition qu'il existe, à terme, des solutions africaines. Nous le constatons en Afrique du Sud: nous le vivons dans nos jeunes Etats, où la conquête de la démocratie, pour âpre et dure qu'elle soit, n'atteint pas le niveau d'horreur que nous donnent à voir, aujourd'hui même, certaines confrontations tribales au sein de la belle Europe la science. Ce qui est louche,[9] du reste, c'est l'empressement de l'Occident à se prétendre nécessaire à notre survie.

Nous vivons sur un socle solide, ce bon vieux continent ocre, riche et varié, qui se voit distinctement depuis la planète Mars. Nous y sommes depuis que l'humanité existe. Nous avons dû connaître des crises, des spasmes, des catastrophes, mais nous ne sommes pas morts, pas tous. Qui donc nous dira comment nous nous sommes toujours adaptés? La clé de notre futur n'est-elle pas enfouie quelque part, loin dans notre passé?

UNE COMMUNAUTE DE DESTIN

Axelle Kabou est écrivain, essayiste, auteur d'un pamphlet célèbre, «Et si l'Afrique refusait le développement?» Elle vit à Dakar.

Etre africain aujourd'hui: qu'est-ce que cela peut bien vouloir dire?

D'abord, un constat s'impose: l'Afrique, urbaine, péri-urbaine et, dans une certaine mesure, rurale, bouge. En ce siècle finissant, notre continent est marqué par l'émergence de nouveaux langages ou de vieilles revendications centrées autour du droit à la parole, à l'existence politique, économique et intellectuelle.

Etre africain aujourd'hui, c'est, dans 60 % à 80 % des cas, être condamné à crapahuter dans une économie «informelle» souvent faite d'expédients.

---

[9] **louche**: suspect, manquant de franchise

C'est, une fois sur quatre fois, vivre en deçà du seuil de pauvreté absolue: c'est souvent se sentir en danger en terre africaine (Zambie, Gabon, etc.).

L'EMEUTE COMME PLANCHE DE SALUT

Etre jeune en Afrique aujourd'hui, c'est souvent être condamné à développer une «culture de l'émeute» et de l'«indocilité» pour avoir des chances d'être entendu, à élaborer des stratégies agressives de redistribution des richesses, à instaurer une «démocratie du hold-up et du banditisme» pour survivre dans un continent où le travail n'est pas respecté. C'est n'avoir que l'émeute, la drogue, le hold-up, le meurtre et les sectes pour planches de salut.

Etre intellectuel en Afrique aujourd'hui, c'est travailler à la construction d'un imaginaire social dynamique fondé sur une conception internationale et contemporaine de l'identité. C'est rompre avec une tradition culturelle improductive de réhabilitation pour tenter de comprendre, de l'intérieur, pourquoi nous allons si mal.

Etre paysan en Afrique aujourd'hui, c'est souvent être dépossédé des moyens intellectuels et matériels qui, ailleurs, autorisent la conduite de révolutions agricoles sur lesquelles se fonde la prospérité des peuples, quel que soit le modèle de développement envisagé. Etre africain aujourd'hui, c'est, lorsqu'on ne peut pas servir l'Afrique de l'étranger, choisir de rentrer chez soi pour cesser d'exporter les charges révolutionnaires de notre continent et limiter la prolifération d'organisations non gouvernementales parfaitement remplaçables.

Etre africain aujourd'hui, c'est, malgré l'existence d'intégrismes politico-religieux et de mouvements xénophobes repérables un peu partout chez nous en ce moment, se convaincre que l'on partage avec tous les autres Africains une communauté de destin dont découle un devoir de solidarité agissante et surtout vigilante.

Africa international, N° 250 (juin 1992).

VERIFICATION

Expliquez chacune des phrases suivantes. Justifiez vos interprétations et clarifiez les ambiguïtés.

1. Etre Africain, c'est une manière de parler.

2. Etre Africain, c'est être unique et, heureusement, remplaçable.

3. Etre Africain, c'est une manière d'expliquer le monde.

4. Etre Africain, c'est entendre le silence du monde.

5. Etre Africain, c'est pouvoir regarder le monde en face.

A VOTRE AVIS

Répondez aux questions suivantes en justifiant vos réponses.

1. D'après la typologie des déterminants socioculturels proposée par Fernand Braudel, quel est le lien entre la géographie physique de notre milieu d'origine et notre regard sur le monde qui nous entoure?

2. Quels sont les déterminants de projection?

3. Qu'est-ce que l'auteur du premier article, Emmanuel Mvé, veut dire dans l'énoncé suivant: «Quand une question est bien posée, la réponse existe toujours à l'intérieur même de la question»?

4. Comment peut-on trouver la clé de l'avenir dans le passé?

5. Quelle est cette «communauté de destin» dont parle l'auteur du deuxième article, Axelle Kabou?

REVOIR: DES STRATEGIES POUR ECRIRE

Choisissez une des activités suivantes qui retracent des stratégies étudiées dans les chapitres précédents.

«L'Africain, peut-il fonder ses espoirs sur son passé?»

1. Faites un résumé du texte (voir ***Chapitre 1***, page 9).

2. Analysez le sujet du texte et recherchez les idées principales. Suivez les étapes méthodologiques (voir ***Chapitre 3***, page 54).

«Une Communauté de destin»

3. Choisissez trois citations du texte pour illustrer les emplois différents des citations (voir ***Chapitre 2***, page 29).

   a. Une citation pour rendre compte de l'opinion de l'auteur en conservant la formulation d'origine

   b. Une citation pour fournir un échantillon particulièrement caractéristique de la pensée et du style de l'auteur

   c. Une citation pour faire partager le plaisir qu'on a pris à lire l'écrivain

DISCUSSION

1. Qu'est-ce que l'auteur veut dire en notant que «l'Africain ne se réduit pas à un PNB ni à un taux: taux d'endettement, de mortalité, de scolarisation infantile, de pluviométrie, de natalité, d'analphabétisme»? D'où vient cette tendance à réduire les cultures étrangères à une liste de chiffres? Si on employait une telle perspective des Etats-Unis ou du Canada, quelle en serait l'image? Comment les chiffres font-ils un portrait réaliste? un portrait qui n'est pas réaliste?

2. Peut-on parler de valeurs américaines ou canadiennes? Quelles valeurs peut-on identifier à la société américaine ou canadienne?

EXPANSION

Complétez les phrases suivantes selon votre perspective du monde en Amérique du Nord. Ensuite, comparez vos réponses avec celles de vos camarades de classe.

1. Etre jeune en Amérique du Nord aujourd'hui, c'est...

2. Etre intellectuel(le) en Amérique du Nord aujourd'hui, c'est...

3. Etre paysan(ne) en Amérique du Nord aujourd'hui, c'est...

4. Etre Américain(e) ou Canadien(ne) aujourd'hui, c'est, dans 60% à 80% des cas,...

5. Etre Américain(e) ou Canadien(ne) aujourd'hui, c'est...

Etre Africain aujourd'hui: Partie II

UN SENTIMENT D'INFERIORITE DU A CINQ SIECLES DE DOMINATION

Etre africaine, pour moi, c'est avant tout être un humain appartenant à l'espèce humaine. Certes, il n'est pas toujours facile de le faire reconnaître ou admettre par les autres autour de soi; mais, pour moi, il n'appartient pas aux autres de fixer les critères d'appartenance à la nation humaine.

La traite[1] et la colonisation ont dénaturé les Africains, car c'est l'Africain(e) qui a vécu l'esclavage des temps modernes: d'où une profonde crise d'identité parmi bon nombre d'entre nous.

---

[1] **la traite**: *slave trade*

LE PROBLEME DE TOUS LES DERACINES

Le regard des autres nous pousse à nous déterminer par rapport à autrui. C'est le problème de tous les déracinés, notamment des élites africaines dirigeantes, et partiellement des populations urbaines assaillies par les modèles importés par ces élites, en particulier les médias.

Les populations rurales, qui représentent la majorité des habitants du continent, sont moins touchées par la quête de soi. Elles sont plutôt confrontées à la misère et aux problèmes de survie; désintégration des structures sociales, économiques, politiques et mimétisme social continuent de faire des ravages importants sur le continent; le développement urbain sauvage en est un exemple.

Désintégration égale rupture, rupture avec soi, son environnement, ses valeurs culturelles, et les élites sont les premières victimes de cette désintégration. L'esprit de défaitisme semble nous dominer et les raisons de ce défaitisme sont évidentes. Elles résultent du sentiment d'infériorité qui est ancré dans cinq siècles de domination. Ce sentiment d'infériorité est renforcé et perpétué par les nombreux échecs politiques et économiques qui ont suivi les années d'indépendance formelle.

Les élites dirigeantes ont un rôle et des responsabilités dans toute société; elles servent généralement de modèles aux populations et sont les catalyseurs du dynamisme de celles-ci. Or, il y a une réelle coupure entre les populations et les élites. L'acculturation de nombreuses élites africaines et leur assujettissement à des complexes idéologiques les ont empêchées de réfléchir sérieusement aux problèmes du continent. Le constat amer est qu'elles n'ont aucun projet de société à proposer en échange de cette déstructuration.

Depuis quelque temps, tout le monde parle des valeurs africaines comme des évidences, à commencer par les intellectuel(le)s africain(e)s. Pourtant rares sont ceux et celles d'entre nous qui sont capables de les décrire, de les faire comprendre et partager.

Famille, solidarité, respect des anciens, respect de l'ordre social et du rôle imparti à chacun dans la famille et la société, démocratie de dialogue et de consensus sont autant de valeurs actuellement remises en question, alors qu'elles ont constitué les fondements mêmes de nos sociétés.

En tant qu'Africaine, et à l'aube de l'an 2000, je suis également tiraillée comme chacun d'entre nous: je crois à l'enrichissement de l'être humain par l'apport d'autres cultures, mais je crois profondément aux valeurs africaines.

NOTRE «MONDE VILLAGE»

Ma préoccupation, en tant que femme, est de savoir comment utiliser cette valeur solidarité pour en faire un élément dominant de notre «monde village». A mon humble avis, s'il est une contribution fondamentale que nous autres, Africain(e)s, pouvons apporter au monde, c'est sans nul doute la certitude que l'expérience de la solidarité assumée collectivement est possible.

L'Afrique ne peut aller les mains vides à la rencontre du monde. Elle a beaucoup donné et elle a encore cette mine de valeur solidarité à exploiter pour en tirer de nouvelles formes.

Comment se réapproprier ces valeurs culturelles, les transformer pour qu'elles soient le fondement de nos sociétés tout en assumant les mutations? En tant que femme africaine, ma préoccupation est l'intégration des femmes dans tous les processus de développement et de démocratisation en cours. Tous les efforts s'avéreraient vains si elles, qui représentent plus de la moitié de la population, se retrouvaient exclues de ce processus et de ces structures. Il serait très important d'établir un rapport de solidarité entre hommes et femmes dans la lutte contre le «sous-développement».

En dépit des vicissitudes (désagrégation de systèmes de valeurs et de référence, «afropessimisme», crise d'identité, etc.), tous les espoirs sont permis avec le vent de la démocratie qui semble souffler sur l'Afrique.

Encore faudra-t-il que les élites dirigeantes nouvelles aient la sagesse d'écouter les populations et de les respecter. Une démocratie imposée et copiée, sans faire appel aux expériences profondes de nos sociétés, tuerait tout espoir de changement profond.

Tassoum L. Doual

PRENEZ-VOUS EN CHARGE!

Djibril Diallo, conseiller spécial du directeur général de l'Unicef[2] à New York. D'origine sénégalaise, il contribue régulièrement à notre journal.

J'ai parfois l'impression que nous avons tendance à attendre que l'Etat, la collectivité ou la famille fasse «quelque chose pour nous». Nos valeurs font que l'individu est constamment entouré par la famille et cette protection peut entraîner des abus et un manque d'esprit de responsabilité. Or, il est essentiel que l'individu se prenne en charge, permettant ainsi à l'ensemble du groupe d'évoluer. Les choses ne changeront pas du jour au lendemain, d'autant que l'Afrique traverse des moments difficiles.

A l'instar des autres régions du monde, le continent connaît un bouleversement social, politique, économique et culturel. Famine, guerre, réfugiés, sécheresse, analphabétisme, sida... La liste des fléaux est longue et l'on se demande parfois si les tenants de l'«afropessimisme» n'ont pas beau jeu. Certains n'hésitent pas à parler de «mal africain», à affirmer que les valeurs africaines volent en éclats, que les populations ne sont pas mûres pour la démocratie, que leurs dirigeants sont corrompus.

Il est indéniable que l'Afrique connaît des moments difficiles, mais elle n'est pas la seule. Il est vrai que les données sont effarantes: vingt-sept millions d'Africains menacés par la sécheresse et la famine; quarante millions «déplacés» par la guerre et la dégradation de l'environnement; trois millions de femmes seraient infectées par le virus du sida et dix millions d'enfants seraient orphelins d'ici l'an 2000. Près d'un tiers des 15 millions d'enfants qui meurent chaque année sont africains, alors que le continent n'abrite que 10 % des enfants du monde. Il est difficile d'être optimiste. Je le suis toutefois parce que le pessimisme ne sert à rien.

---

[2] **Unicef**: Fonds des Nations Unies pour l'enfance (*United Nations International*)

De plus, il est important de concentrer ses efforts sur les remèdes et les solutions, attitude beaucoup plus saine et efficace. Outre les remèdes habituellement proposés (meilleure gestion, privatisation, multipartisme, participation communautaire), l'élément le plus important pour un changement des conditions de vie des hommes et femmes africains est la prise de conscience que leur destin est entre leurs mains; que personne ne viendra de l'extérieur faire leur développement à leur place, ne se battra à leur place, n'assumera leurs responsabilités à leur place.

Personne ne vous libère, mais vous vous libérez vous-même. A partir du moment où chacun aura compris ce principe essentiel, je crois que la moitié des problèmes de l'Afrique sera résolue.

L'AFFIRMATION D'UN HUMANISME

Suzanne Kala-Lobé, militante politique, née au Cameroun. A été consultante de l'Unesco.[3]

La notion de «valeurs africaines» ou, plus exactement, d'identité culturelle: pour une raison inexplicable, la question de l'identité culturelle des peuples africains se trouve reformulée en un «concept» relativement flou qui serait celui de «valeurs africaines»; mais on pourrait accepter cette formulation, tant elle semble séduire la catégorie des Africains qui, précisément, n'a plus le sens de certaines valeurs.

Valeur: catégorie philosophique qui a une connotation morale, bien plus liée à l'éthique qu'à toute forme d'anthropologie sociale. Dès lors, la question pourrait être: y a-t-il une morale proprement africaine?

On voit la difficulté d'une telle «question» dès lors que l'on aborde le sens des mots.

Selon moi, pas plus qu'il n'y aurait de «valeurs proprement occidentales», il n'y aurait de «valeurs africaines», mais une morale constituée d'un ensemble de valeurs et qui, très problablement, traverserait la diversité des cultures ou, plus exactement, celle des pratiques culturelles pour se fondre en une problématique universelle: la place de l'être humain dans toute société et la valeur qu'on lui accorde.

Il y a cependant une vraie question: celle de l'identité culturelle des peuples africains. Question qui hante le plus les «élites» africaines ou, plus prosaïquement, la petite bourgeoisie.

Coincée dans un combat acharné pour se réapproprier sa mémoire (son passé), gênée dans cette recherche par une certaine forme d'aliénation culturelle (schèmes linguistiques et autres catégories de pensée, références scolaires...), effet de cinq siècles de domination, cette Afrique-là a, semble-t-il, du mal à affirmer son identité et donc son apport à la culture universelle. D'aucuns ont tendance, d'ailleurs, à penser que cet apport-là pourrait être la «valorisation des traditions africaines».

---

[3] **Unesco:** Organisation des Nations Unies pour l'éducation, la science et la culture (*United Nations Educational, Scientific and Cultural Organization*)

Bouleversée donc par autant de siècles ou de cycles d'assujettissement, traumatisée pour longtemps encore par l'esclavage, elle essuie les plâtres de l'asservissement linguistique et économique. Asservissement qui fait que tout le monde considère comme «normal», «historique» le fait qu'aucune langue africaine n'ait statut de langue internationale et qu'il n'existe pratiquement aucun grand journal africain de facture internationale en yoruba, en hawsa, en kiswahili...

Contrainte ou soumise à la francophonie, à l'anglophonie ou à la cacophonie, elle coule ses ans, pervertit son imaginaire, dilue sa créativité dans des langues d'emprunt et les schèmes culturels des autres.

Cependant, l'Afrique n'est pas une: il y a celle des «riches», qui, au fond, sont les frères jumeaux de tous les riches du monde, et il y a celle des «pauvres», qui, eux aussi, ont leurs jumeaux partout dans le monde.

Cette complexité fait de la question de l'identité culturelle africaine une question à plusieurs entrées.

«Etre africaine» se déclinerait donc à travers cette complexité de l'histoire, où le combat pour une nouvelle citoyenneté passe aussi bien par la défense d'une souveraineté inaliénable que par le développement de la créativité individuelle et collective.

«Etre africaine» serait l'affirmation d'un humanisme, d'un sens de la dignité qui ne tolérerait aucun compromis sur les valeurs essentielles: pour le respect des individualités humaines.

«Etre africaine», enfin, c'est combattre sans relâche, dans le respect d'une pluralité des voies et des formes, pour que demain, par exemple, ma fille ou mon fils puissent rêver, écrire de la poésie, voir des images où on leur parlerait en lingala, en duala, en wolof, en xhosa... en toutes les langues d'Afrique.

Africa international, N° 250 (juin 1992).

VERIFICATION

Répondez aux questions suivantes en justifiant vos réponses.

1. D'après le premier article, d'où vient ce sentiment d'infériorité de la part de beaucoup d'Africains?

2. Pourquoi est-il difficile d'identifier des valeurs africaines?

3. Traditionnellement, quelles sont les valeurs que l'on associe à la culture africaine? (Donnez trois exemples.)

4. Quelles sont les questions principales qui préoccupent Mme Doual à l'égard de l'avenir de l'Afrique? (Mentionnez deux problèmes.)

5. Quelle nouvelle valeur africaine pourrait être introduite au reste du monde dans les années qui viennent?

6. Selon Mme Kala-Lobé, pourquoi y a-t-il aujourd'hui une crise d'identité culturelle des peuples africains?

A VOTRE AVIS

1. D'après Mme Kala-Lobé, la valeur culturelle la plus importante doit être le respect d'une «pluralité des voies et des formes». Expliquez ce concept de **pluralité**. Etes-vous d'accord que cette valeur soit essentielle à l'avenir? Pourquoi ou pourquoi pas?

2. L'article de M. Diallo est dirigé vers un but, celui de proposer une seule notion comme la base de toute réforme et développement futur de l'Afrique. Expliquez cette notion. Pourquoi est-il parfois difficile de voir ou d'accepter cette idée de base?

REVOIR: DES TECHNIQUES D'ECRITURE

Choisissez une des activités suivantes qui retracent des stratégies étudiées dans les chapitres précédents.

«L'Affirmation d'un humanisme»

1. Préparez un circuit court pour la lecture de cet article. Coupez le texte d'une façon logique et identifiez les différentes parties en écrivant des sous-titres (voir **Chapitre 8**, page 167).

Le devoir écrit d'un de vos camarades de classe

2. Echangez un de vos devoirs écrits avec celui d'un(e) de vos camarades de classe. Après la lecture du travail écrit, faites des remarques sur:
   - l'introduction et la conclusion; (voir **Chapitre 5**, page 102);
   - la ponctuation; (voir **Chapitre 7**, page 146);
   - le style du texte. (voir **Chapitre 9**, page 193).

DISCUSSION

1. Les premiers mots du texte de Mme Doual soulignent l'importance de notre «village global» et la perspective qui sert de point de départ pour nos réponses. Etes-vous conscient(e) de votre rôle dans ce village global? Est-ce que vous vous considérez citoyen(ne) de la Terre? Vous identifiez-vous d'abord comme citoyen(ne) de votre ville? de votre région? de votre pays? de votre continent? de la planète? Dans quel ordre?

2. Quel est le rôle de l'humanisme dans ces trois articles?

EXPANSION

Dans son article, Mme Kala-Lobé propose qu'il n'y a pas de «valeurs africaines» mais «un ensemble de valeurs» qui dépassent les diversités culturelles et appartiennent à toute société qui respecte l'être humain. Quelles pourraient être ces valeurs universelles?

Africains aujourd'hui: Fiers et comment!

Qui a dit (ou fait croire) que les Africains étaient perdus à jamais, finis, irrécupérables? Sans doute la Banque mondiale et le Fonds monétaire international. Sûrement les «experts» de tout acabit, la presse qu'on sait et ses grands prêtres. Pas les Africains eux-mêmes!

Sauf pour rire.

Car l'humour, contrairement au riz, aux emplois et aux médicaments, n'est jamais «*conjoncturé*». D'autres qualités vitales non plus, qui, puisqu'on nous critique tant, doivent susciter mille élans de fierté. En toute légitimité, sans risquer d'être taxé d'autosatisfaction: à force d'entendre ses ennemis crier «au feu!» petit Yao se transforma en brindille[1] et s'embrasa (proverbe baoulé).[2]

ALORS, DE QUOI PEUT-ON ETRE FIER?

1. DES PEUPLES AFRICAINS, D'ABORD

Mais oui: exploités, appauvris, affamés, décimés, aliénés, déportés, bâillonnés et dénigrés à travers les âges, aujourd'hui comme hier, ils ont survécu pour incarner l'espoir, la vie, à laquelle ils font face avec optimisme, secouant la tête d'incompréhension lorsqu'on évoque le taux de suicide chez les nantis[3] de l'hémisphère nord...

LA FIN DU DOGMATISME

Fin de l'idéologie des deux blocs, fin du dogmatisme «pur et dur» en Afrique. Partout, Marx, Lénine, Mao, leurs imitateurs locaux et autres «Négus Rouge» ont été rangés, «déboulonnés». La nouvelle ère d'incertitude idéologique qui s'ouvre sur le continent semble néanmoins reposer sur une ferme volonté de pragmatisme. Bref, le retour à la raison.

2. LE SENS DE LA RECONCILIATION ET DE LA TOLERANCE

A force d'insister sur les «*guerres tribales*» que des naïfs ou intoxiqués ont pris pour une exclusivité africaine—demandez aux Yougoslaves, aux Roumains et aux Géorgiens—, qui souligne que les architectes de l'apartheid sont en passe de se transformer, sans transition, en «*gens respectables*», dignes de toutes les médailles, tandis que l'on juge encore des criminels nazis et que l'*intifada*[4] permanente ne donne aucun répit aux colons israéliens dans les territoires occupés? Plutôt que de poser des bombes dans les avions pour tuer sans discernement, les Africains préfèrent la conciliation. La fameuse «*palabre*», vous

---

[1] **une brindille**: une branche sèche, morte importante de la Côte-d'Ivoire   [2] **baoulé(e)**: l'un des groupes ethniques les plus   [3] **les nantis**: les personnes riches   [4] **l'intifada**: infanticide

connaissez? Exemples: la conférence nationale où les chefs combattus sont restés en place; Mobutu[5] et son Premier ministre «*ping-pong*», Nguza Karl I Bond[6] qui l'a traité de «*diable maléfique*» en démissionnant; Houphouët-Boigny[7] et Emmanuel Dioulo...[8]

Le corollaire en est la tolérance. L'islam, qui, ailleurs embrase les villes et réprime les femmes, est modéré sous les tropiques. Les intégrismes ont peu de prise sur les Africains qui ont plus été «*marxiste-léniniste*» par omission que par action.

3. QUAND IL Y EN POUR DEUX, IL Y EN A POUR TROIS

La crise économique sans précédent n'a pas encore eu raison de la solidarité africaine. Comment vivent les milliers de gens qui ont été «*compressés*» en masse à Abidjan, à Yaoundé ou à Dakar? De petits boulots, mais aussi du salaire de ceux qui travaillent encore. Ailleurs, les «*vieux*» sont impitoyablement écartés comme des nuisances indésirables. Pareil égoïsme barbare à l'égard des «*anciens*» et des «*sages*» n'est pas de chez nous!

4. LA VITALITE CREATRICE

Il y a des lustres que les garagistes de Kinshasa n'ont pas vu de pièces de rechange. Mais comment font-ils pour réparer des moteurs de camion, des turbines, des avions? Et les Nigérians qui peuvent reproduire des pièces d'ordinateur sur un simple coup d'œil et mettre en marche des systèmes

TOUT A COMMENCE AVEC EUX

Contre toute attente, ils sont descendus dans la rue pour secouer leurs chefs. Aujourd'hui, on se met à leur remorque. Cependant tous n'ont pas dit leur dernier mot. A l'origine de la contestation, ils doivent à l'arrivée en devenir les bénéficiaires dans ces démocraties naissantes.

La général Ibrahima Babangida, chef de l'Etat nigérian.

INTEGRATION ECONOMIQUE: LE CHEMIN DES CONCRETISATIONS

L'intégration peut être considérée comme l'un des chantiers économiques d'une importance capitale pour l'Afrique. De la zone franc où «*les mécanismes de solidarité financière doivent déboucher sur l'organisation d'un grand marché*» à la Communauté économique pour l'Afrique prévue pour 2025, les initiatives n'ont pas manqué lors de la 27e session de l'OUA[9] à Abuja (Nigeria), en juin 1991: création d'un secrétariat à l'intégration économique au Sénégal, propositions pour réfléchir aux outils permettant une meilleure circulation de l'information (carte de presse communautaire), compléter et restructurer les voies de communication, créer une compagnie aérienne régionale pour les vols entre les Etats membres, mettre en place un service commun d'exploitation des droits de trafic des compagnies de navigation ouest-africaines etc. L'Afrique de l'Ouest arrive en tête. Mais les autres régions ne sont pas en reste, notamment l'Afrique australe où l'éradication progressive de l'apartheid va donner un nouveau souffle à la zone d'échange préférentiel (ZEP) et à la Conférence de coordination pour le développement de l'Afrique australe (SADCC).

---

[5] Mobutu est Président du Zaïre depuis 1965. [6] Nguza Karl I Bond était ancien Premier Ministre sous Mobutu. [7] Houphouët-Boigny était Président de la République de Côte-d'Ivoire depuis son indépendance, en 1960, jusqu'à sa mort en 1993. [8] Emmanuel Dioulo est homme d'Etat ivoirien. [9] OUA est l'Organisation de l'Unité Africaine (créée en 1963).

AFRICAN CONNECTION

Du 17 au 19 avril 1991, s'est déroulé à Abidjan le premier sommet africain/africain-américain, sous la présidence de Félix Houphouët-Boigny et de l'homme d'affaires et pasteur américain Leon Sullivan. Cette rencontre a réuni de nombreux chefs d'Etat, ministres, diplomates, universitaires, hommes d'affaires africains, des représentants d'organisations non-gouvernementales (NAACP, SCLC, Centre Martin Luther King, Africare, OIC, etc.), des industriels, chefs d'entreprises, enseignants, journalistes afroaméricains ainsi que les membres du Black Caucus (groupe de pression constitué des représentants noirs-américains au Congrès des Etats-unis). Divers séminaires de recherche ont étudié les moyens de développer la coopération et les échanges économiques, scientifiques et culturels entre Africains et Africains-américains. Le secrétariat permanent du sommet est établi à Philadelphie, en Pennsylvanie.

Félix Houphouët-Boigny et Leon Sullivan

LA CALIFORNIE VEUT DE LA NGOK

Les produits africains peuvent aller à l'assaut du marché américain. Rien d'impossible à cette prouesse que vient de réaliser le Congo avec l'exportation en Californie de l'une de ses marques de bière, très appréciée des Congolais, appelée Ngok. 30 000 bouteilles de cette bière ont déjà fait découvrir le goût congolais aux Américains. Friands de leur nouvelle découverte, les Californiens attendent, pour l'année prochaine, 300 000 bouteilles de Ngok.

hydrauliques inconnus? La même vitalité profite aux beaux-arts, au stylisme, aux goûts vestimentaires, au cinéma, à la littérature...

5. L'AMOUR DU TRAVAIL

Le continent ne compte pas moins de 80 % d'agriculteurs qui triment dur, avec des moyens archaïques, parfois sous un soleil à terrasser King Kong, pour nourrir des communautés entières. Avec succès, sauf, bien sûr, dans les zones de catastrophe écologique ou de conflits armés. Malgré cette évidence numérique prévaut, dans biens des milieux, l'image exclusive (mais si commode) de fonctionnaires feignants et de politiciens corrompus. Après avoir exterminé les Indiens, note James Earl Browne, les esclavagistes américains n'auraient pas tant dépeuplé l'Afrique si ses habitants avaient été inaptes ou peu enclins au dur labeur des champs de coton et de canne à sucre...

Africa international, N° 246 (février 1992).

VERIFICATION

En Afrique, de quoi peut-on être fier? Expliquez brièvement les réponses suivantes.

1. «Des peuples africains, d'abord»

2. «Le sens de la réconciliation et de la tolérance»

3. «La vitalité créatrice»

4. «L'amour du travail»

A VOTRE AVIS

Expliquez comment chacune des phrases suivantes tirées du texte contribue à la création d'une nouvelle image de l'Afrique moderne.

1. «Des peuples africains ont tout survécu pour incarner l'espoir, la vie, à laquelle ils font face avec optimisme.»

2. «Plutôt que de poser des bombes dans les avions pour tuer sans discernement, les Africains préfèrent la conciliation.»

3. «Quand il y en a pour deux, il y en a pour trois.»

4. «Les Nigérians peuvent reproduire des pièces d'ordinateur sur un simple coup d'œil et mettre en marche des systèmes hydrauliques inconnus.»

5. «Les produits africains, comme la bière *Ngok*, sont entrés (et ont eu du succès) dans le marché américain.»

6. «Divers séminaires de recherche ont étudié les moyens de développer la coopération et les échanges économiques, scientifiques et culturels entre Africains et Africains-américains.»

REVOIR: DES STRATEGIES POUR S'EXPRIMER

Préparez une présentation orale sur le sujet suivant (voir **Chapitres 4, 5** et **8**, pages 86, 107 et 173).

«Ailleurs, les *vieux* sont impitoyablement écartés comme des nuisances indésirables.»

Quelles sont les conditions de vie des personnes âgées dans votre société? Quel est le rôle des «vieux» dans la société? Où habitent-ils? Que font-ils?

DISCUSSION

Les auteurs de cet article prétendent qu'une marque de la tolérance est que la pratique de l'islam est plus modérée sous les tropiques qu'ailleurs. Etes-vous d'accord avec cette opinion? Pourquoi ou pourquoi pas?

EXPANSION

Selon les auteurs: «l'intégration peut être considérée comme l'un des chantiers économiques d'une importance capitale pour l'Afrique.» Ils annoncent la Communauté économique pour l'Afrique prévue pour 2025. Quels changements économiques et politiques est-ce que vous envisagez pour le monde de l'an 2025? Quel rôle l'Afrique jouera-t-elle dans l'économie mondiale? Est-ce qu'il y aura d'autres «communautés» que celles de l'Europe et de l'Afrique? Lesquelles?

SYNTHESE DE L'UNITE

EXPRESSION ORALE

Présentation orale: Les auteurs de ces articles nous ont offert cinq raisons qui expliquent leur fierté d'être Africains aujourd'hui. Quelle est votre réponse à cette même question au sujet de votre pays natal? De quoi peut-on être fier? Faites une présentation à la classe en offrant au moins cinq raisons pour soutenir vos idées.

EXPRESSION ECRITE

Parmi toutes les valeurs présentées dans ces deux chapitres, laquelle vous semble la plus importante? (chez un[e] ami[e]? chez un[e] président[e]?) Trouvez-vous que cette valeur est moins évidente aujourd'hui qu'autrefois? Pourquoi ou pourquoi pas? Justifiez votre opinion.

TEXT CREDITS

We wish to thank the authors, publishers, and copyright holders for their permission to reproduce the following:

«STRATEGIES» AND «TECHNIQUES LINGUISTIQUES»

Français: Méthodes et techniques (classes de lycées), F. Crépin, M. Loridon, E. Pouzalgues-Damon, Editions Nathan, 1988. p. 29 «Comment employer les citations», p. 95 «Comment renforcer les idées avec des exemples», p. 107 «Comment convaincre les autres dans une présentation orale», p. 151 «Registres de langue», p. 193 «La révision du style».

Français: Méthodes et techniques (Bac/Pro), J. C. Pouzalgues, F. Crépin, T. Dayon, M. Loridon, E. Pouzalgues-Damon, Editions Nathan, 1989. p. 9 «Comment faire un résumé», p. 16 «Les composants du paragraphe», pp. 20–21 «Comment relier les idées entre elles», p. 44 «Comment prendre des notes en classe», p. 200 «Comment opposer ou défendre l'opinion d'autrui».

La Pratique de l'Expression écrite, C. Peyroutet, Editions Nathan, 1991. p. 102 «Introduction et conclusion», p. 129 «Comment révéler ses sentiments», p. 140 «Comment rapporter objectivement», p. 146 «Ponctuation», p. 157 «Comment créer une description», p. 167 «Prévoir deux circuits de lecture», p. 173 «Comment livrer une opinion», p. 182 «Comment dire l'essentiel».

Français (BEP 1), C. Bouthier, C. De Marez, J.–L. Galus, D. Gonifei, C. Williame, Editions Nathan, 1991. p. 37 «L'Analyse d'un poème», p. 74 «Comment choisir sa stratégie de raisonnement», p. 123 «La voix narrative», p. 178 «Etablir une logique interne».

Modes d'Emploi: Grammaire Utile du Français, E. Bérard, C. Lavenne, Hatier, 1989. p. 42 «Comment se servir du discours rapporté».

Ecrire en 3ᵉ, A. Garrigue, M.–T. Poirier, Editions Magnard, 1988. p. 54 «Analyser un sujet et rechercher des idées».

Parler et Convaincre, G. Vigner, Hachette, 1979, p. 86 «L'Organisation des idées».

L'Expression française écrite et orale, Abbadie, Chovelon, Morsel, Presses universitaires de Grenoble, 1990. pp. 20–21 «Comment relier les idées entre elles».

OTHER SELECTIONS

pp. 4–5 «Francophonie: un terme qui recouvre trois notions» and «Les Francophones dans le monde», *Les Enjeux de la Francophonie,* Centre National de Documentation Pédagogique, 18 mars 1992; p. 31 définition du terme «griot», *Afrique: les mots clés*, Bordas, 1992; p. 36 «Sources», *TDC Actualités*, CNDP, 22 février 1989; pp. 60–61 «Problèmes majeurs de l'environnement pour le prochain siècle», J. Theys, dans *Environnement et gestion de la planète–Cahiers Français No. 250*, La Documentation Française, mars–avril 1991; p. 67 «Objectif Terre», *Notre Temps*, juin 1992; p. 145 «Résultats du sondage», *Francoscopie*, 1991; p. 147 Application: textes 1 et 2, *Francoscopie*, 1993; p. 158 Application texte, Seyid Ould Bah, *Maghreb Magazine*, mars 1993.

CARTOONS, GRAPHS, AND MAPS

pp. 22–23 «Cartes des DOM-TOM», *La Géographie de la France*, Editions Nathan, 1989; p. 39 «La crème glacée», p. 41 «Le Sablier de l'ambiguïté», et p. 43 «Les Cinq Types de Québécois», *L'Actualité*, juillet 1992; pp. 46–47 «Les Douze Urgences à Régler», *Notre Temps*, juin 1992; p. 49 «La carte de la France», *La Géographie de l'Europe des 12*, Editions Nathan, 1991; p. 51, p. 71 F. Jackson, illustrateur, France; p. 56 J.–F. Batellier, illustrateur, France; p. 183 «Les Grands Mots», *Le Point/Infométrie*, janvier, 1990; p. 195 «Thème et Classement», *Francoscopie*, 1993.

PHOTO CREDITS

89	B. Goldberg
132	Foto Marburg/Art Resource
179	P. Versele/Gamma Liaison
195	M. Antman/Stock, Boston